全国城市轨道交通专业高职高专规划教材

Chengshi Guidao Jiaotong Piaowu Guanli

城市轨道交通票务管理

(第2版)

于 涛 主 编
邝青梅 周永福 副主编
施建年 主 审

人民交通出版社

内 容 提 要

本书是全国城市轨道交通专业高职高专规划教材。主要内容包括:城市轨道交通票务系统概述,自动售检票系统,票卡媒介,自动售检票系统终端设备与操作,AFC 设备典型故障、日常巡视与维检修,票务管理程序,正常情况下票务作业,特殊情况下票务处理,票款清分结算管理,共 9 个单元。

本书是城市轨道交通专业的核心教材,可供高职、中职院校教学选用,也可作为城市轨道交通行业岗位培训或自学用书,亦可供城市轨道交通行业工程技术人员学习参考。

图书在版编目(CIP)数据

城市轨道交通票务管理 / 于涛主编. —2 版. —北京:人民交通出版社,2012.8
全国城市轨道交通专业高职高专规划教材
ISBN 978-7-114-09953-3

Ⅰ.①城⋯ Ⅱ.①于⋯ Ⅲ.①城市铁路 – 旅客运输 – 售票 – 管理—高等职业教育—教材 Ⅳ.①U293.2

中国版本图书馆 CIP 数据核字(2012)第 166577 号

全国城市轨道交通专业高职高专规划教材

书　　名:	城市轨道交通票务管理(第 2 版)
著 作 者:	于　涛
责任编辑:	袁　方　周　凯
出版发行:	人民交通出版社
地　　址:	(100011)北京市朝阳区安定门外外馆斜街 3 号
网　　址:	http://www.ccpress.com.cn
销售电话:	(010)59757973
总 经 销:	人民交通出版社股份有限公司发行部
经　　销:	各地新华书店
印　　刷:	北京市密东印刷有限公司
开　　本:	787×1092　1/16
印　　张:	15
字　　数:	345 千
版　　次:	2011 年 6 月　第 1 版　2012 年 8 月　第 2 版
印　　次:	2019 年 1 月　第 13 次印刷　总第 16 次印刷
书　　号:	ISBN 978-7-114-09953-3
定　　价:	36.00 元

(有印刷、装订质量问题的图书由本社负责调换)

全国城市轨道交通专业高职高专规划教材
编审委员会

主　　任：施建年(北京交通运输职业学院)
副 主 任：(按姓氏笔画排序)
　　　　　王　彤(辽宁省交通高等专科学校)
　　　　　李加林(广东交通职业技术学院)
　　　　　杨金华(云南交通职业技术学院)
特邀专家：(按姓氏笔画排序)
　　　　　尹相勇(北京交通大学交通运输学院)　　王　英(北京京港地铁有限公司)
　　　　　史小俊(苏州轨道交通有限公司)　　　　刘卫民(长春市轨道交通集团有限公司)
　　　　　佟关林(北京市地铁运营有限公司)　　　周庆灏(上海申通地铁集团有限公司)
　　　　　林伟光(北京京港地铁有限公司)　　　　郑树森(香港铁路有限公司)
　　　　　徐树亮(南京地下铁道有限责任公司)　　徐新玉(苏州大学城市轨道交通学院)
委　　员：(按姓氏笔画排序)
　　　　　万国荣(广西交通职业技术学院)　　　　王　华(四川交通职业技术学院)
　　　　　王劲松(广东交通职业技术学院)　　　　王建立(北京铁路电气化学校)
　　　　　王　越(辽宁铁道职业技术学院)　　　　田　文(湖北交通职业技术学院)
　　　　　邝青梅(广东省交通运输技师学院)　　　刘　奇(西安铁路职业技术学院)
　　　　　刘　杰(北京市电气工程学校)　　　　　刘柱军(黑龙江第二技师学院)
　　　　　吕建清(青岛港湾职业技术学院)　　　　江　薇(武汉市交通学校)
　　　　　张洪革(辽宁省交通高等专科学校)　　　张　莹(湖南铁道职业技术学院)
　　　　　张　燕(成都市工业职业技术学校)　　　李士涛(南京交通职业技术学院)
　　　　　李中秋(河北交通职业技术学院)　　　　李　军(北京交通运输职业学院)
　　　　　李志成(安徽交通职业技术学院)　　　　李　季(北京市自动化工程学校)
　　　　　杨亚芬(云南交通职业学院)　　　　　　汪成林(武汉铁路职业技术学院)
　　　　　汪武芽(江西交通职业技术学院)　　　　沈　艳(哈尔滨铁道职业技术学院)
　　　　　单　侠(北京市外事学校)　　　　　　　周秀民(吉林交通职业技术学院)
　　　　　罗建华(北京地铁技术学校)　　　　　　范玉红(南通航运职业技术学院)
　　　　　俞素平(福建船政交通职业学院)　　　　耿幸福(南京铁道职业技术学院)
　　　　　郭凯明(甘肃交通职业技术学院)　　　　都娟丽(西安科技商贸职业学院)
　　　　　阎国强(上海交通职业技术学院)　　　　谭　恒(广州市交通运输职业学校)
秘　　书：袁　方(人民交通出版社)

出版说明

21世纪初,随着我国城市轨道交通建设进入快速发展时期,各地职业院校面临这一大好形势,纷纷开设了城市轨道交通相关专业。为了满足我国城市轨道交通专业高职高专教育对教材建设的需求,我们在人民交通出版社2009年推出的"全国职业教育城市轨道交通专业规划教材"基础上,协同中国交通教育研究会职业教育分会城市轨道交通专业委员会,组织北京交通运输职业学院、南京铁道职业技术学院、上海交通职业技术学院、湖南铁道职业技术学院、广东交通职业技术学院、辽宁省交通高等专科学校等一线资深教师组成的编写团队,同时组建由北京交通大学交通运输学院、苏州大学城市轨道交通学院、香港地铁、北京地铁、京港地铁、上海地铁、南京地铁等资深专家组成的主审团队,联合编写审定了"全国城市轨道交通专业高职高专规划教材"。

为了做好教材编写工作,促进和规范城市轨道交通行业职业教育教材体系的建设,打造更为精品的城市轨道交通专业教材,我们根据目前职业教育"校企合作,工学结合"的教学改革形势,在多方面征求各院校的意见后,于2012年推出以下16种:

《城市轨道交通概论(第2版)》

《城市轨道交通客运服务英语(第2版)》

《城市轨道交通客运组织(第2版)》

《城市轨道交通行车组织(第2版)》

《城市轨道交通运营安全(第2版)》

《城市轨道交通票务管理(第2版)》

《城市轨道交通车站设备(第2版)》
《城市轨道交通客运服务(第2版)》
《城市轨道交通通信信号(第2版)》
《城市轨道交通车辆构造》
《城市轨道交通导论》
《城市轨道交通运营组织》
《城市轨道交通通信与信号系统》
《城市轨道交通安全管理》
《城市轨道交通设备管理》
《城市轨道交通调度指挥》

本套教材具有以下特点:

1.体现了工学结合的优势。教材编写过程努力做到了校企结合,将北京、上海、广州、南京等地先进的地铁运营管理经验吸收进来,极大地丰富了教材内容。

2.突出了职业教育的特色。教材内容的组织围绕职业能力的形成,侧重于实际工作岗位操作技能的培养。

3.遵循了形式服务于内容的原则。教材对理论的阐述以应用为目的,以够用为尺度。语言简洁明了,通俗易懂;版式生动活泼、图文并茂。

4.整套教材配有教学课件,读者可于人民交通出版社网站免费下载;单元后附有复习思考题,部分单元还附有实训内容。

5.整套教材配有课程标准,以便师生教学参考。

希望该套教材的出版对职业院校城市轨道交通专业教材体系建设有所裨益。

全国城市轨道交通专业高职高专规划教材
编审委员会
2012年7月

前言

当前,为了适应我国城市轨道交通行业的发展,为行业培养一支具有岗位知识丰富、技能强,同时具备本行业特有职业道德的高水平人才队伍是当务之急。就目前城市轨道交通专业教材来看,理论知识涉及较多,对学生专业领域实践训练不足,动手能力难以满足城市轨道交通运营企业的要求;另外,站务人员是城市轨道交通开通运营后需求量最大,对经验和技能要求均较高的岗位,鉴于此,在北京地铁、京港地铁、广州地铁和成都地铁等的支持下,我们整理和深化了近几年关于票务管理方面的成果和经验,编写了这本理实一体化的、适合于培养站务岗位技能的教学用书。

本教材包括九个单元,介绍了以下四方面知识:

(1)介绍城市轨道交通票务系统的一般知识;

(2)自动售检票系统及其设备运作与管理;

(3)车站票务管理工作职责、一般和特殊票务作业流程;

(4)票款清分结算管理。

每个教学单元都有学习目标,实训任务和指导,理论内容穿插"知识链接"和"想一想"等模块,以激发学生学习兴趣。

本教材由北京交通运输职业学院于涛编写第4、6单元并任主编,广东省交通运输技师学院邝青梅编写第2单元并任第一副主编,吉林交通职业技术学院周永福编写第9单元并任第二副主编,西安科技商贸职业学院都娟丽编写第5单元,西安科技商贸职业学院孙佩编写第1、3单元,成都市工业职业技术学校张燕编写第7、8单元,北京交通运输职业学院王珂编写第

2单元,北京交通运输职业学院丁楠编写第9单元。全书由北京交通运输职业学院施建年主审。为方便教学,本书还配有电子课件,可从人民交通出版社网站下载使用。

由于编者水平有限,书中不足之处,敬请读者批评指正。

编 者
2012 年 7 月

目录 MULU

单元1 城市轨道交通票务系统概述 ·· 1
 1.1 城市轨道交通票务系统发展现状 ·· 3
 1.2 城市轨道交通票务系统 ·· 7
 复习与思考 ·· 10

单元2 自动售检票系统 ·· 11
 2.1 自动售检票系统基本架构 ··· 13
 2.2 自动售检票系统设备配置与布局 ·· 22
 复习与思考 ·· 25

单元3 票卡媒介 ··· 26
 3.1 票卡媒介与售检票方式 ·· 27
 3.2 纸票与磁性票卡 ··· 29
 3.3 智能票卡 ·· 35
 3.4 AFC 系统票卡种类及其适用范围 ·· 46
 3.5 一卡通在 AFC 系统的应用 ··· 53
 复习与思考 ·· 57

单元4 自动售检票系统终端设备与操作 ·· 58
 4.1 自动检票机 ··· 60
 4.2 自动售票机 ··· 72
 4.3 半自动售票机 ·· 80
 4.4 自动查询机 ··· 88
 复习与思考 ·· 92

单元5 AFC 设备典型故障、日常巡视与维检修 ································· 93
 5.1 线路中心 AFC 设备典型故障、日常巡视与维检修 ······················· 94
 5.2 车站中心 AFC 设备典型故障、日常巡视与维检修 ······················· 98
 5.3 售票类设备典型故障、日常巡视与维检修 ································· 100
 5.4 检票类设备典型故障、日常巡视与维检修 ································· 106

复习与思考 ……………………………………………………………… 112
单元 6　票务管理程序 ……………………………………………………… 113
　6.1　票务管理工作职责 …………………………………………………… 114
　6.2　各岗位票务管理工作职责 …………………………………………… 117
　6.3　票据与台账管理 ……………………………………………………… 121
　6.4　自动售检票 AFC 系统现金管理 ……………………………………… 129
　6.5　福利票换发管理 ……………………………………………………… 140
　6.6　车站票务备品管理 …………………………………………………… 143
　　复习与思考 ……………………………………………………………… 150
单元 7　正常情况下票务作业 ……………………………………………… 151
　7.1　车站各岗位票务作业流程 …………………………………………… 152
　7.2　售检票作业 …………………………………………………………… 158
　7.3　退票作业 ……………………………………………………………… 169
　7.4　钱箱更换及钱箱内现金清点作业 …………………………………… 171
　7.5　票款收缴作业 ………………………………………………………… 177
　7.6　乘客票务处理 ………………………………………………………… 178
　　复习与思考 ……………………………………………………………… 183
单元 8　特殊情况下票务处理 ……………………………………………… 184
　8.1　AFC 正常与降级处理模式 …………………………………………… 185
　8.2　售票设备故障时的票务处理 ………………………………………… 191
　8.3　自动检票机故障时的票务处理 ……………………………………… 196
　8.4　降级运营模式的票务应急处理 ……………………………………… 198
　　复习与思考 ……………………………………………………………… 201
单元 9　票款清分结算管理 ………………………………………………… 202
　9.1　票款清分结算概述 …………………………………………………… 203
　9.2　清分对象与清分受益方 ……………………………………………… 207
　9.3　清分方案 ……………………………………………………………… 208
　　复习与思考 ……………………………………………………………… 221
附录 1　AFC 常用缩略语英汉对照表 …………………………………… 222
附录 2　《城市轨道交通票务管理（第 2 版）》课程标准 ……………… 223
参考文献 …………………………………………………………………… 229

单元 1

城市轨道交通票务系统概述

 教学目标

1. 了解城市轨道交通票务发展现状;
2. 了解城市轨道交通票务系统的业务管理与实施。

 建议学时

2 学时

> **教学导入**

随着我国改革开放进程的不断深入,城市化进程高速发展,城市人口暴增,特别是北京、上海、广州、深圳等大城市,人口都已经超过千万,甚至达到2000万。城市人口的急剧增长,给社会可持续发展带来了极大挑战,特别是城市交通问题。截至2012年2月,首都北京的机动车保有量已经达到500万辆,城市地面道路交通拥堵不堪。可以说,首都交通问题已成为阻碍首都经济、文化发展的"拦路虎"。为解决首都北京的交通难题,北京提出建设"公交城市"和打造"人文交通、科技交通、绿色交通"的和谐城市。在这一背景下,城市轨道交通在北京,乃至全国大中城市,都遇到前所未有的发展机遇。

在北京,确立城市轨道交通在城市公共客运系统中的骨干地位,可发挥其引导与支撑城市空间结构优化调整的作用。应按照"安全、质量、功能、成本和效率"相统一的原则,加快轨道交通新线建设,扩大规模,增加中心城线网密度。2010年底轨道交通运营里程达336km,2012年达420km,2015年达666km,形成"三环、四横、五纵、八放射"的网络体系。五环路内线网密度达$0.51km/km^2$,平均步行1000m即可到达轨道交通站点。全市轨道交通日均客运量达1000万人次以上,运营管理达到国际先进水平。除了北京,目前上海、广州、深圳、天津和南京等城市都已经建成地铁或轻轨网络,其他更多的城市轨道交通也在规划中。未来,城市轨道交通将成为所有大中城市不可缺少的配套基础设施。

与传统的交通工具不同,城市轨道交通自动化程度较高,也是最有效率的城市交通工具。城市轨道交通的最大特点就是客运量大,目前,北京地铁一天客运量超过600万人次。如此庞大的客运量,使用传统的纸质车票和检票方式已经远远不能满足客运要求。因此,自20世纪60年代末,在法国巴黎最早出现了自动检票设备,如图1-1所示。

图1-1 早期城市轨道交通使用自动检票设备

时至今日,城市轨道交通票务系统已发展成为自动化程度高,功能完备的自动售检票系统(Automatic Fare Collection System,简称AFC系统)。从城市轨道交通建设费用组成来看,自动售检票系统只是整个工程中很小一个部分,但从功能角色来看,AFC系统却是保证业务正常运营的支撑系统之一。

1.1 城市轨道交通票务系统发展现状

一、国外城市轨道交通票务系统发展现状

目前,世界上城市轨道交通票务系统主要有印制纸票人工售检票系统、印制纸票半自动售检票系统、一次性磁票自动售检票系统、重复使用磁票售检票系统、接触式智能卡自动售检票系统、非接触式智能卡自动售检票系统等,如图1-2所示。本单元以如下几个城市的自动售检票系统为例,介绍城市轨道交通票务系统的发展。

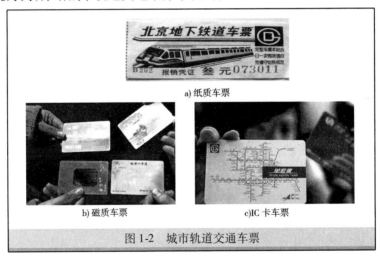

图1-2 城市轨道交通车票

1 莫斯科

1996年,莫斯科地铁全面安装自动售检票系统。1997年,第一代磁卡车票应用于自动售检票系统。莫斯科地铁采用单一票价,车票类型包括单次车票、月票、季票、年票及学生票。

莫斯科地铁网络采用了环状与放射状相结合的方式,线路密集、分布均匀,最大限度地覆盖了整个城市区域。莫斯科地铁运营里程已达278.3km,共172个车站,换乘十分方便。根据不完全统计,2007年,莫斯科地铁的年客流量为32亿人次,位居世界第一。

莫斯科地铁计划采用计程票价代替"单一票价"运价表,并采用储值票。整个地铁自动售检票系统模块包括验票软件、车站管理和通信服务器、CSC(Contactless Smart Card,简称CSC)票信息终端软件、中央交易处理和报表软件、自动售票机软件(仅为离线),其中,自动售检票系统的中央控制系统和报表系统每天可以处理600万人次客流量的售检票和乘客旅程统计分析,图1-3为莫斯科地铁检票闸机。

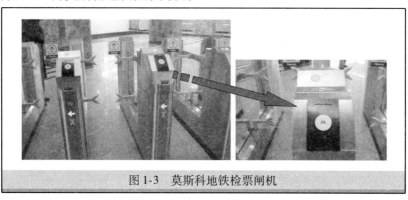

图1-3　莫斯科地铁检票闸机

2 东京

东京的地铁由两家公司负责经营、维护和技术管理,分别为营团地铁和都营地铁,运营管理13条地铁线路,地铁运营里程为286km,每天的运送能力为740万人次左右。

东京地铁的自动售检票系统采用的票种较多。东京轨道交通的票制为磁卡票,票种有单程票、一日票、月票、多次票和SF储值票等。单程票的有效期为1天。多次票和月票享有优惠,所有票种都可灵活使用和换乘。系统收益清分统一简捷,东京轨道交通行业的20家地铁和私铁公司等组成一个PASSNET联盟,制订各公司之间的票务清分原则。他们遵循统一的原则,每月结算一次,数据以磁带形式提交给第三方公司统一进行清分处理,各公司根据清分结果自行通过银行划账结算。换乘处理灵活,乘客在车站可以购买单程票或换乘联票、月票和储值票等;进出站闸机以常开式双向闸机为主,如图1-4所示。换乘方式为多种并存,有不出站之间换乘,也有出站换乘,还有通过专门通道进行换乘的方式。进出站采用

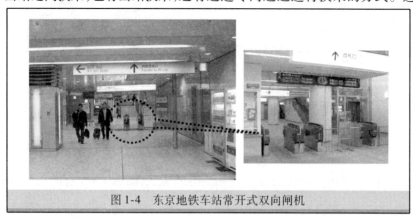

图1-4　东京地铁车站常开式双向闸机

双向闸机,多名乘客可以一次将多张车票投入闸机进行检票,最多可同时识别9张车票,且车票正向着智能化发展。自动售检票机可识别纸质和硬质车票,并可自助进行退票操作,不收手续费;车站设有较宽敞的残疾人通道和大件行李通道,自动售检票机上设置有盲文引导系统。

二 国内城市轨道交通票务系统发展现状

1 北京

北京轨道交通早在1985年就开始进行自动售检票系统的可行性研究,但应用较晚。2003年12月31日,北京第一套单线自动售检票系统在地铁13号线投入使用,这是一套基于磁票的自动售检票AFC系统,集成商为日本信号公司,系统单程票为一次性纸质磁票。为了响应北京市政府关于推行"市政交通一卡通"的理念,该系统也增加了对一卡通储值卡的支持功能。

2008年6月9日,北京轨道交通路网自动售检票AFC系统投入使用,实现了真正意义上的"一卡通行、一票通行"和无障碍换乘。系统单程票为可以回收使用的超轻薄型IC卡,支持一卡通储值票的使用。

北京地铁票制改革于2014年12月28日正式实施,结束了多年来的单一票制,实行计程限时票制。实行计程限时票制票价(除机场线外):6km(含)内3元,6~12km(含)4元,12~22km(含)5元,22~32km(含)6元,32km以上部分,每增加1元可乘坐20km,票价不封顶(随着路网里程的增长,票价会增加。截至2014年年底,路网最高票价为9元,即3~9元)。

2 上海

2000年,上海地铁1号线自动售检票系统,叠加了由上海生产的以上海公交卡作为储值票的系统,形式同磁卡和非接触城市公共交通卡,同时实现了地铁运营商与公共交通卡公司的数据交易与账务结算。2001年,上海地铁2号线投入运营,同步将1号线自动售检票系统扩展到2号线。上海地铁3号线于2001年10月启用西班牙INDRA公司的自动售检票系统,使用一次性卡型纸质磁票。2002年地铁1号线北延伸段11个站开通,采用上海生产的自动售检票系统,车票采用与原地铁1号线兼容的塑质磁卡票,采用中央系统间互联交换数据。2005年12月建立了上海新标准的自动售检票网络化系统,完成了对原地铁1、2、3号线系统的改造,建立了4、5号线自动售检票系统,设立路网清分结算中心,负责票卡发行、数据汇集处理等工作。

 知识链接

上海轨道交通售检票系统的票价体系大致经历了以下四个阶段。

(1)第一阶段:人工售检票阶段,单一票价,纸质车票,如1号线开通初期。
(2)第二阶段:人工售检票方式,如3号线试运营期间,票价采用多级计程票制,纸质车票。
(3)第三阶段:使用自动售检票系统,采用计程票价制,如1、2、3号线,车票介质包括磁卡和IC卡。
(4)第四阶段:使用路网自动售检票系统,计程票价,实现收费区内直接换乘和多元收益方的精细清分,使用IC卡车票。

❸ 广州

广州地铁1号线采用美国CUBIC公司的磁卡自动售检票系统,并于1999年初全线投入使用。为适应换乘和清分的要求,对系统进行了改造。现系统使用非接触式IC卡车票实现换乘。单程票在售出当站、当日有效,出站时,车票由出站闸机回收。广州地铁车票分为地铁单程票、储值票(含普通储值票、中小学生储值票和老年人储值票)、老年人免费票、纪念票、羊城通交通卡(即羊城通)。其地铁的自动售检票系统主要由非接触式IC卡车票、售票机、闸机、车站系统和中央系统等组成。系统能兼容"羊城通"票卡,与广州市其他公交系统能实现"一卡通"结算,如图1-5所示。闸机采用剪式闸机,提高了乘客通行能力,同时也方便了乘客。安装在非付费区的验票机,方便乘客查询车票和"羊城通"储值票的余值、有效使用时间等车票信息。

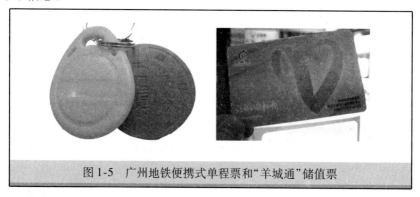

图1-5 广州地铁便携式单程票和"羊城通"储值票

❹ 香港

香港地铁(MTR)始建于1975年,1979年首条线路开通运营,并采用了自动售检票系统。香港地铁现在已成为香港公共交通的重要方式,是世界上最繁忙的城市轨道交通之一。

香港地铁与售检票系统相关的工作包括自动售检票系统、收益管理、电子工厂和自动售检票系统训练中心四大部分。其中收益是核心,自动售检票系统是基石,各部分相互依赖、相互协作、相互配合,以自动售检票系统为主线,将四大部分有机地结合在一起,使轨道交通高效、稳定、可靠地运作。香港地铁自动售检票系统使用的单程票是磁卡,储值票采用Felica非接触式IC卡,即"八达通"卡。乘坐地铁时,"八达通"卡的使用比例超过85%。

香港地铁自动售票机如图1-6所示,香港地铁三杆式出站闸机如图1-7所示。

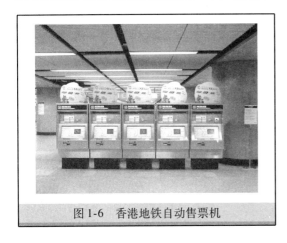
图1-6　香港地铁自动售票机

图1-7　香港地铁三杆式出站闸机

1.2 城市轨道交通票务系统

为适应城市轨道交通大客运量和运营快捷等特点,在售检票方面必须采用先进、方便、快捷的自动售检票系统。随着自动售检票AFC系统技术的不断进步,先后投入使用的终端设备存在较大差异性。

国外在自动售检票AFC系统的研制、投入运营方面起步较早。早期的磁卡技术无论在技术还是应用方面,发展都比较成熟,因此车票媒介基本上以磁卡为主(如法国巴黎轨道交通收费系统)。随着技术进步,很多国家的票卡正逐步向非接触智能卡(Contactless Smart Card,简称CSC)的新技术方向发展。在我国,由于城市轨道交通建设起步较晚,虽然北京、上海、广州、天津、深圳、大连、南京、重庆、武汉等城市已有多年轨道交通运营经历,但使用自动售检票系统的经验还不足,比如在北京地铁还专门设置了车站自动售检票AFC综合作业岗以确保自动售检票AFC系统的正常运转。目前,杭州、成都、西安、苏州、宁波等城市的轨道交通正在建设中,可以在自动售检票AFC技术的应用方面直接采用高起点,选用非接触式智能卡技术的车票媒介。

一 城市轨道交通票务系统的业务管理与实施

票务系统的业务管理是借助自动售检票系统来实现的。主要内容有:票卡管理、规则管理、信息管理、账务管理、模式管理和运营监督等。

① 票卡管理

票卡就是乘客使用的车票,用于记载乘客的出行和费用信息,是乘车的有效凭证。票卡管理就是对票卡的发行、使用、更新等全过程进行的有效管理。票卡发行及其使用主要包括车票编码定义、车票初始化、车票的赋值发售、车票的使用等。相关资源见二维码1。

② 规则管理

为保证票务系统能够在多部门和多环节高效运行,就必须制订一套科学、严密的规则、流程,包括票价策略、结算规则、权限管理和操作流程等。票价基本政策主要指城市轨道交通运营企业对计价方式、乘车时限、乘车限制等方面的规定。

二维码1

③ 信息管理

信息化是自动售检票系统的一个基本特征。为进行有效的管理和为决策提供可靠的信息,需对系统收集的基础数据进行深度挖掘、加工,开展统计分析并发布信息。

④ 账务管理

账务管理是对系统内的票务收入进行汇缴、清算、入账等过程的管理,包括账户设置、票款汇缴、登账稽核、收益清算、资金划拨和对凭证进行有效管理等。

⑤ 模式管理

模式管理就是针对不同的运营状况、条件所作出的相应操作行为的选择和实施,包括正常运营模式、降级运营模式以及相配套的运营管理。

⑥ 运营监督

运营监督就是通过系统设备以及所具有的完整、严密、及时的信息流,对运营状况进行实时跟踪监督,以提高运营质量和服务水平。它包括信息传输状况监督、客流状况监督、调配监督、收款监督及收益监督等。

二 城市轨道交通票务系统与自动售检票系统的关系

城市轨道交通票务系统是自动售检票系统的必要环境和基础;自动售检票系统则是城市轨道交通票务系统的实现手段之一,能有效提高城市轨道交通票务系统的管理水平和效益。

自动售检票系统的使用可大量减少票务管理人员,提高城市轨道交通系统的运行效率和效益。同时，通过该系统对客流量、票务收入等综合业务信息的汇总分析，可以强化客流分析预测能力，合理地调配车辆，提高票务系统工作效率，进而提高网络化运营管理水平。

自动售检票系统与票务策略的对应关系主要表现在客流、票制、统计与结算、车票处理等方面。

❶ 客流

自动售检票系统可根据交易信息为决策或规则提供客流信息。自动售检票系统通过其良好的票务管理水平和高效的客流信息处理能力，成功实现低成本、高效率的系统运作。

提高信息利用率、增强自动售检票系统的决策分析能力是自动售检票系统的发展方向之一。应强化系统整理分析原始数据和信息的能力，将票务系统与其他信息管理系统相结合，通过票务系统的信息挖掘，可以进一步了解区域客流特征，为管理提供量化的决策依据，也可以为相关的经济行为提供客流行为支持，提高服务和管理决策的针对性和准确性。

❷ 票制

自动售检票系统根据票务政策的计费原则和计费方式进行售票、检票、统计。对于单一票制、计程票制和混合票制，应结合不同的票制原则以及相应的优惠措施制订执行方案。

单一票制是根据乘车次数进行计费，与实际乘坐的距离长短无关。

计程票制是经进出站检票，严格按照实际乘坐距离长短(里程或乘坐车站数)并根据票价计费标准计算乘车费。

混合票制也称分区域计程制。即将运营线路总长度分为若干个区域，根据票价计费标准，在各区域内采用统一票价。实际运营距离跨越一个或多个区域时，根据占用的区域数进行计费。

❸ 统计与结算

票务统计与结算的基础是交易数据。线路每天的客流量是该线路各站的单程票、储值票及特种票的进站数及换乘至该站人数之和。各线日车票收入，以单线各站的单程票发售收入与储值票的出站扣值及当天票补收入之和，减去退票款后，按乘客在各换乘线路乘坐的情况核算。

自动售检票系统可对客流量、票务收入以及单程票的使用进行统计和分析，并编制相应的报表。

自动售检票系统对不同线路或不同收益载体进行票务收入清分，对路网系统与其他兼容系统进行清分，并可通过银行结算系统进行及时结算。

❹ 车票处理

车票处理包括对单程票、储值票和许可票的处理。一般情况下，单程票是当日当站使用的车票,通常要制订退票规则,包括是否允许退票、退票时间要求、手续费的收取等。储值票有记名和不记名之分。不记名票通常不办理挂失、退票。当储值票不能正常使用时,由车站受理,交专门部门进行查询、分析并做相应处理。特种票不能正常使用时,由专门部门进行查询、分析并做相应的处理。

 ## 实训任务

调查研究你所在城市的轨道交通票务系统。

1. 任务说明

根据本单元内容,结合你所在城市的城市轨道交通现状,编写一份城市轨道交通票务系统(或者你所在城市铁路车站的票务系统)调研报告。

2. 任务目标

深入理解城市轨道交通票务管理系统的功能、设备种类和车票媒介的作用。

3. 任务要求

在本次实训任务中,所形成的报告最终以 PPT 的形式展示,应图文并茂,具有说服力。报告中,可以以下列命题的主题开展:

(1) 你所在城市的城市轨道交通车站有哪些设备与票务有关?

(2) 介绍你所在城市的城市轨道交通使用的车票。

(3) 介绍你所在城市的城市轨道交通的票价。

 ## 复习与思考

1. 简述城市轨道交通运营模式有哪些?举例说明。
2. 我国城市轨道交通的补贴形式有哪几种?
3. 城市轨道交通票务管理系统与自动售检票系统有什么关系?

单元 2

自动售检票系统

 教学目标

1. 掌握自动售检票系统的架构层次；
2. 理解自动售检票系统各层次的主要功能；
3. 掌握自动售检票系统设备配置与布局的考虑因素；
4. 掌握自动售检票系统设备配置的原则。

 建议学时

6 学时

教学导入

自动售检票系统作为城市轨道交通向公众提供服务的窗口,是城市轨道交通系统运营服务的核心子系统。面对日益增强的社会需求,自动售检票系统在城市轨道交通建设和运营中受到高度重视。

自动售检票系统大量采用国际先进水平的现代化机电设备,以确保城市轨道交通系统安全、快捷、准点、有效地运营。自动售检票系统体系复杂、技术含量高、专业面广、运营维护困难,并且需要根据业务需求不断地进行更新改造。自动售检票系统集计算机技术、机电一体化技术、模块识别技术、商业智能技术等多种高新技术于一体。随着电子、生物及人工智能技术的高速发展,自动售检票系统的理念和技术也发生了巨大变化。

自动售检票系统经二十多年的使用,其技术设备已比较成熟,在系统应用方面也积累了丰富经验。目前,国内外自动售检票系统和设备的主要生产供应商有:CUBIC(美国)、CGA(法国)、ERG(澳大利亚)、SAMSUNG(韩国)、GUNNEBO(瑞典)、ASCOM(瑞士)、上海华虹、熊猫电子等。

城市轨道交通自动售检票系统的架构是多种多样的,系统架构的选择与轨道交通网络结构、售检票方式、清分需求和车票媒介等相关联。在多条线路组成的城市轨道交通路网中,根据投资主体、运营管理、换乘方式、轨道交通线路的构成,以及票务处理、票务分析和票务结算系统的需求,实现自动售检票系统的基本架构。一般有线路式架构、分散式架构、区域式架构、完全集中式架构、分级集中式架构五种。

表2-1为自动售检票系统各层级设备。

自动售检票系统各层级设备　　　表2-1

系　统	组　成
清分系统	收益清分
线路中央计算机系统	中央服务器: ——数据库服务器; ——磁盘阵列; ——磁带库; ——光纤交换机。 通信服务器。 报表服务器。 监控工作站。 操作员管理工作站
车站计算机系统	车站服务器; 车站工作站; 紧急按钮
车站设备	自动售票机(TVM机); 自动检票机(AGM机); 票房售票机(BDM机); 自动验票机(TCM机)

2.1 自动售检票系统基本架构

城市轨道交通网络化运营对自动售检票系统提出的技术要求包括:在城市轨道交通运营网络内,所有运营线路间实现"一卡换乘";实现在各线路之间的票务清分、结算;实现线路与城市公共交通卡发行、管理部门的清算。不同城市为实现以上要求,按照各自需要构建了不同的自动售检票系统架构。相关资源见二维码2。

自动售检票系统的基本架构形式有线路式架构、分散式架构、区域式架构、完全集中式架构、分级集中式架构五种,如图2-1、图2-2所示。

二维码2

图2-1 自动售检票系统基本逻辑架构

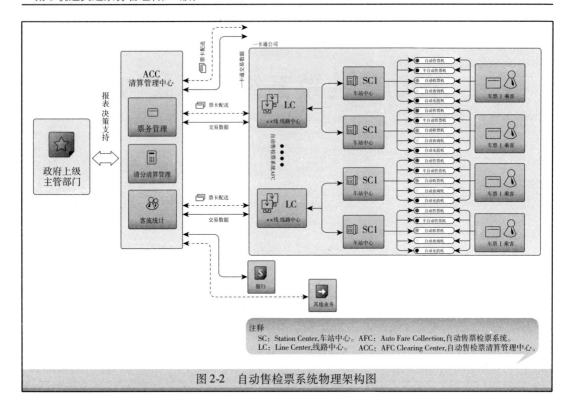

图 2-2　自动售检票系统物理架构图

一　线路式架构

1　基本架构形式

线路式架构的自动售检票系统是根据符合运营线路独立管理自动售检票系统和票务的设想，在路网中表现系统架构形式，如图 2-3 所示。

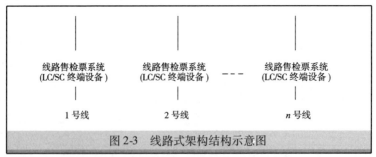

图 2-3　线路式架构结构示意图

在线路式架构中，每条运营线路建有一套独立的自动售检票系统，包括中央计算机系统、车站计算机系统、终端设备和车票媒介。中央计算机系统完成线路轨道交通自动售检票的管理、票务统计和票务结算，并单独与外部卡清算系统连接，实现与外部卡清算系统的交易数据转发、对账和结算等。不同线路之间的自动售检票系统是彼此独立的，票务信息不能共享，无法满足站内跨线换乘票务清分的应用需求。

② 特点分析

从技术的角度看,自动售检票系统管理线路式架构易实现,能满足各条线路自动系统的运营管理要求。如果需实现站内跨线换乘票务清分,则需在各线路之上增加一个跨线换乘票务清分中心,同时要求至少把各线路有进站、无出站或有出站、无进站的所有进或出站的检票交易上传给清分中心,由清分中心进行进、出站配对并按某种预定的规则清分后给出清算报表,据此可实现线路间关于营收款应收、应付账的结算。实际上,线路独立式自动售检票系统之上不可能有票务清分系统(这种管理方式对应票务管理分级集中式架构),所以无法实现跨线站内换乘。

③ 适用性

线路式架构的自动售检票系统只能够适用的环境为:单线式轨道交通线路和分离式轨道交通线路。

二 分散式架构

① 基本架构形式

轨道交通网络由若干个区域构成,每个区域由若干条线路组成,但各个区域相互独立,完成本区域线路的票务处理和运营管理,构成分散式架构,其基本形式如图2-4所示。

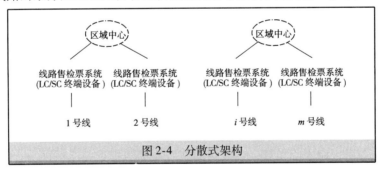

图2-4 分散式架构

区域中心负责获取所管辖范围内线路交易数据,确定其管辖范围内各线路的换乘结算模式,并对所管辖范围内各线路的跨线交易数据进行实时清分。每一个区域清分中心负责相应区域线路的清分,区域中心与外部卡清算中心连接,交换外部卡交易数据和清分结果。由于区域清分中心是相互独立的,区域清分中心之间不能实现互联,乘客不能跨区域直接换乘,但能够在区域内直接换乘。

② 特点分析

从技术的角度看,构造分散式架构的路网不能实现跨区域换乘。
从运营管理的角度看,分散式架构的售检票系统可以设置若干区域,每个区域之间相互独立,每个区域仅能对本区域的线路实现票款、客流统计和收支分离等方面的管理。如果实现路网全面管理的话,必须将若干区域清分中心的数据进行汇总、分析和统计。对分散式系统架构而言,区域清分中心管辖的线路少,发生换乘的路径将大大减少,清分工作量相对较小。但是,不同区域清分系统之间的线路不能够直接换乘,增加了路网的运营管理工作量。

③ 适用性

分散式架构的自动售检票系统能够适用的环境为:条状形区域管理的轨道交通线路和由一个投资和运营方管理的多条线路。

三 区域式架构

① 基本架构形式

区域式架构是在分散式架构和线路独立式架构基础上设置一个路网中心,此架构如图2-5所示。

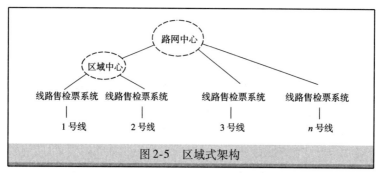

图2-5 区域式架构

路网中心直接与独立线路的售检票系统连接,同时与区域中心连接,区域中心直接与所管辖线路的自动售检票系统连接。区域中心负责获取所管辖线路的交易数据,确定其管辖范围内各线路的换乘清分方式和结算,并对所管辖范围内各线路的跨线交易数据进行实时清分。路网中心负责获取全路网交易数据,确定区域中心和其余各线路的换乘结算方式和数据公共接口,并对区域中心和其余各线路的跨线交易数据进行实时清分。路网中心具有与外部卡清算系统的接口,用于转发数据、对账和结算等。

② 特点分析

从技术角度看,线路收益的清分、统计和管理分布在两个不同的层面上,路网中心无法直接了解区域线路之间的清分数据,只能通过区域售检票系统查询相应的数据。

从运营管理角度看,如果区域中心对应的线路由一家投资方投资和一家运营公司管理,则可将此区域视为一条线路,系统就可简化成一个区域中心;如果区域的线路由多方投资和多家运营公司管理,则此时采用两个层面进行清分。采用区域式架构的自动售检票系统会给管理带来麻烦,但它保护了原有的投资,并可通过区域中心实现跨线换乘。

3 适应性

区域式架构的自动售检票系统能够适用于由区域式线路和独立线路构成的轨道交通网络。

四 完全集中式架构

1 基本架构形式

完全集中式架构是将轨道交通网络中所有的线路拟为一条路网式线路,设置一个路网中心,线路上的车站计算机系统集中后,通过通信设备直接与路网中心连接,即不设置线路中心系统进行相应的清分处理。路网中心相当于自动售检票系统的中央数据处理系统,负责获取全路网的所有交易数据并负责各线路的数据处理和结算,同时负责线路的运营管理,其架构如图2-6所示。

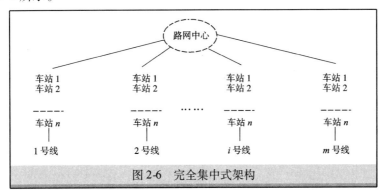

图2-6 完全集中式架构

完全集中式架构的自动售检票系统的路网中心(中央数据处理系统)与各独立线路的车站系统直接连接,路网中心替代线路中央系统的职责,同时负责对各线路的清分、统计和管理。路网中心负责全路网所有线路单程票/储值票交易数据的收集、处理、清分、对账和结算处理,负责路网所有线路外部卡交易数据的收集、转发、处理、清分,负责路网车票的统一编码和管理,负责与"公共交通卡"清算中心的清分。全路网数据的管理与结算由路网中心独立完成。

2 特点分析

从技术的角度看,完全集中式系统架构清晰,可以实现路网内所有线路的换乘和清分(实质上是一条路网式线路),满足路网便捷化的需求。由于路网的所有信息都由路网中心统一处理,路网中心需要具备较大存储容量和高速处理能力,同时,由于完全集中的管理,对路网中心的可靠性也提出较高的要求。

从运营管理的角度看,完全集中式架构的自动售检票系统实质上为线路售检票系统,在全路网范围内实施票款、客流和运营的管理。

❸ 适用性

完全集中式架构的自动售检票系统能够适用于单一线路或运营商和多个独立的运营商管理的多线路。

知识链接

日本东京的12条地铁线路由两家运营公司管理,以车站为基本单元,车站汇总计算机负责收集交易数据,每天定时通过网络将交易数据送到公司的数据汇总计算机,公司数据汇总计算机对交易数据进行处理。

五 分级集中式架构

❶ 基本架构形式

分级集中式架构是在线路式架构的基础上设置一个路网中心,路网中心负责获取全路网交易数据,确定各线路的换乘结算方式和数据公共接口,并对各线路的跨线交易数据进行实时清分,其架构如图2-7所示。

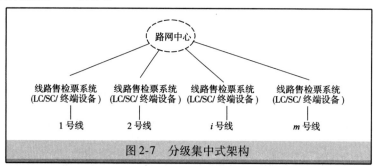

图2-7 分级集中式架构

分级集中式架构的自动售检票系统的路网中心直接与各独立线路售检票系统的线路中央计算机系统连接,路网中心负责对各独立线路进行清分、统计和管理。路网中心负责全路网所有线路售检票系统单程票/储值票换乘交易数据的收集、处理、清分和清算,负责路网所有线路外部交易数据的收集、转发、处理、清分和结算,负责路网车票的统一编码和管理,负责与外部卡清算中心统一接口的处理。线路中央计算机系统负责线路交易数据的收集、处理、分析和管理,并与路网中心交换数据。清分交易数据的管理由路网中心与线路中央计算机系统共同完成。

❷ 特点分析

从技术的角度看,分级集中式系统架构清晰,可以实现路网不同线路的换乘和清分,满足路网捷运化和信息化的需求。但在分级集中式票务系统架构中,由于乘客换乘的路径较多,则跨线换乘票务清分规则的确定和计算较复杂。

从运营管理的角度看,分级集中式架构的售检票系统可以实现对全路网票款、客流的全面管理,可实施收支分开的管理。

从投资的角度看,分级集中式架构的自动售检票系统由多套线路售检票系统和一个路网中心构成,路网中心负责与线路售检票系统的连接,同时也负责与外部卡清算中心的连接。从投资的角度看,由于分级集中式架构只建设一个路网中心(考虑主备系统),所以相应的投资也较少,即采纳此架构建设的票务系统在总投资上将相对减少。

3 适用性

分级集中式架构的自动售检票系统能够满足轨道交通网络化的基本需求。

 知识链接

上海轨道交通自动售检票系统采用的是分级集中式架构。分级集中式票务系统根据功能可分为五个层级:第一层是路网级,第二层是线路级,第三层是车站级,第四层是终端级,第五层是车票级,系统架构的参考模型如图2-8所示。

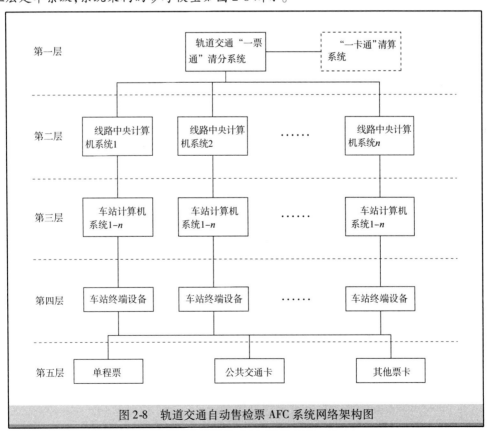

图2-8 轨道交通自动售检票AFC系统网络架构图

(1)城市轨道交通清分结算系统(ACC)

城市轨道交通清分结算系统负责不同收费系统之间的账务清分、结算。以上海为例，这一层面上设有城市公共交通卡清算系统和城市轨道交通"一卡通"清分系统，如图2-9所示。

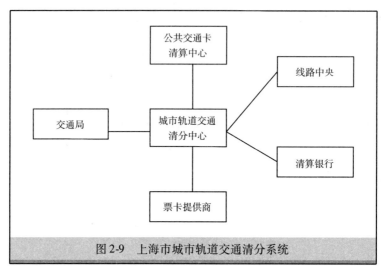

图2-9 上海市城市轨道交通清分系统

公共交通卡清算系统负责"一卡通"车票的发行和管理。"一卡通"车票可以在城市轨道交通、公交、轮渡、出租车等不同领域中使用，由公共交通卡清算系统对公共交通卡交易数据进行采集和资金清算，并对公共交通卡参数进行管理。

轨道交通"一卡通"清分系统负责城市轨道交通"一卡通"车票的发行和管理。"一卡通"车票可以在城市轨道交通线路中使用。由轨道交通"一卡通"清分系统对单程票、公共交通卡的交易数据进行采集和票务清分，并对线路自动售检票系统进行运营管理。例如，统一制订费率表、票务处理、运营数据分析、客流统计、发布运营模式信息等。

(2)线路中央计算机系统(LC)

线路计算机系统是城市轨道交通线路自动售检票系统的管理与控制中心，负责本线路中的票务管理、交易与设备状态的采集、运行管理、客流管理、黑名单管理、软件版本管理、收益管理、统计报表等。城市轨道交通线路中央计算机系统基本功能如下：

①票务管理应具有的功能：车票交易数据处理、车票发售收益统计、运营收益统计、运营报表处理、票务对账结算、车票发售现金收入管理。

②运营管理应具有的功能：系统运营参数管理、在线设备状态监控、系统运营模式管理、客流统计与分析、车票分拣、票卡库存管理、系统通信监测。

(3)车站计算机系统(SC)

车站计算机系统是车站自动售检票系统的管理中心，负责车站级的票务管理、运行管理、客流管理、交易数据采集、车站终端设备管理(如检票机、售票机等，状态采集、收益管理、

统计报表等)。城市轨道交通车站计算机系统基本功能如下:

①系统数据管理应具有的功能:接收和储存车站各终端设备上传的交易数据;将交易数据上传给线路中央计算机系统;接收线路中央计算机系统的各类系统运行参数;接收线路中央计算机系统的控制命令和指令信息。交通卡充值授权的管理功能包括,正常授权和降级授权。

②运营管理应具有的功能:实时监控本车站自动售检票 AFC 系统的设备运行状态;提供与车站运营业务有关的统计分析报告;车票的发售和现金管理;客流监控;票卡库存管理;紧急情况下自动售检票 AFC 系统设备的管理。

(4)车站设备(SLE)

车站设备安装于各轨道交通线路车站,是进行车票发售、进站检票、出站检票、充值、验票分析等读写交易处理的终端设备。

(5)车票/卡(Ticket)

车票/卡是轨道交通乘车凭证,车票主要类型有单程票、公共交通卡,采用非接触集成电路卡,车票芯片内记录乘客进行轨道交通旅行的有关数据,数据的读写由终端设备进行。城市轨道交通车票使用流程,如图 2-10 所示。

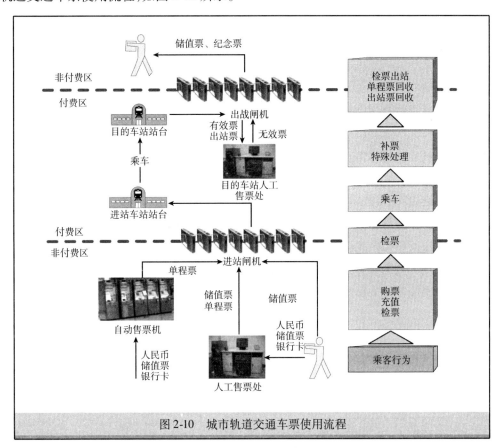

图 2-10 城市轨道交通车票使用流程

2.2 自动售检票系统设备配置与布局

一 自动售检票 AFC 系统设备配置与布局的影响因素

车站自动售检票 AFC 系统设备配置是研究解决自动售检票 AFC 系统设备的选型和配置数量的问题,而车站自动售检票 AFC 系统设备布局则是研究解决自动售检票 AFC 系统设备空间布置的问题。影响车站自动售检票 AFC 系统设备配置与布局的因素主要有以下几个方面。

❶ 高峰小时进出站客流

高峰小时进出站客流的数量是决定车站自动售检票 AFC 系统设备配置的主要因素,高峰小时进出站客流的流向则是决定车站自动售检票 AFC 系统设备布局的基本依据。

根据客流统计资料数据分析,车站客流的进出站高峰小时出现时间与断面客流的高峰小时出现时间通常不同,车站客流的进站高峰小时与出站高峰小时出现的时间通常不同,工作日高峰小时进出站客流通常大于双休日高峰小时进出站客流,因此,一般采用工作日高峰小时进出站客流作为计算车站自动售检票 AFC 系统设备配置的依据。

从客流的空间分布角度,应根据车站内乘客流向及行程轨迹,分别对各个收费区及各组检票机的进出站客流进行分析,还应该对上、下行方向客流的到发特征,进出站客流到检票口的特点和进出站客流的路径交叉等进行分析。

❷ 车站自动售检票 AFC 系统设备使用能力

车站自动售检票 AFC 系统设备使用能力是指车站自动售检票 AFC 系统设备在单位时间内(通常为1min)的出票张数或通过人数等。车站自动售检票 AFC 系统设备通过能力可以分为设计能力和使用能力。设计能力是理想状态下的设备能力,根据自动售检票 AFC 系统文件提供的数据确定。比如检票机的设计能力,主要取决于票卡读写时间、闸门开启时间和乘客通过闸门时间等。但实践中,由于乘客特性、使用熟练程度、设备利用不均匀等原因,车站自动售检票 AFC 系统设备的使用能力小于设计能力。因此,在自动售检票 AFC 系统设备配置数计算时,应考虑其使用能力。

❸ 站台与站厅层设计布局

站台、站厅层设计布局主要设计站台类型、车站控制室的位置、升降设备的位置和车站出入口的布置等。

站台、站厅层设计布局对收费区及检票机的设置有较大影响,从而影响车站 AFC 设备的配置和布局。比如,岛式站台车站,收费区的自动扶梯、步行楼梯设置在站厅的中央区域,客流量比较大的车站,在收费区两侧布置验票机,会增加检票机数量。

二 自动售检票 AFC 系统设备配置的原则

自动售检票 AFC 系统设备的配置需要考虑以下三点:
(1)城市轨道交通车站的设备配置首先要满足面向乘客服务的要求。
(2)其次要强调设备配置的能力匹配与经济性。
(3)最后要体现出轨道交通服务方式在各类城市公共交通服务模式中的先进性。
在充分考虑这三方面内容的基础上,能够围绕以下原则来配置相应的设备设施。

❶ 实用性原则

车站的设备配置要符合车站服务的特点,即服务的短暂性和高频率。轨道交通车站主要解决乘客在该服务系统中汇聚与疏解,有很强的时效性;乘客的基本要求是在短暂的移动过程中充分享受车站所提供的舒适服务。因此,设备的实用性是车站首先考虑的问题。

❷ 功能匹配原则

由于轨道交通系统投资巨大,城市轨道交通车站的设备配置要满足乘客所需的服务要求,同时也要防止出现设备能力闲置,降低设备的使用效率以及系统运营的经济效益(不包括正常的设备能力储备),即车站设备服务能力与乘客所需的服务容量的匹配。另一方面,车站设备配置的能力匹配,还包括各设备之间的容量与能力匹配,如列车运营密度对售检票能力都提出了相应的配套要求,这一要求首先就是售检票系统和车站各配置设备之间的能力协调。

❸ 先进性原则

城市轨道交通系统作为先进的大容量、快捷交通运行工具,同时也是一个复杂的运营系统。高技术、高智能化是其基本特征,而要体现这一高技术、高智能化特征,构成这一系统的诸设备必须有相当的先进性,就目前而言,应以计算机技术、信息技术和控制技术为主要应用对象,提高车站设备的技术和应用层次。

4 经济性原则

在满足乘客乘降需求的前提下,本着提高设备利用率的原则,售检票系统配置相关设备必须有一个符合经济性的问题,即从设备的等级、规模、先进的程度等方面出发,体现够用的原则,从而使车站售检票系统的建设投资恰到好处。

5 安全性原则

与其他各类交通工具一样,城市轨道交通系统的运营也十分强调其运营的安全性,它是所有被考虑因素中的第一位要素。而安全运营的实现除了依靠严格而又科学的运营管理以外,设备的运行可靠程度也是严格的决定性因素。对于售检票系统设备的配置来说,要从所配置设备的安全可靠性上严格把关,同时还要配备必要的应急设备,以防万一。

三 自动售检票系统设备布置应满足的要求

1 正确设置售检票系统设备的位置

售检票系统设备的位置与出入口、楼梯应保持一定距离。售检票系统设备的位置一般不设置在出入口、通道内,并尽量保持与出入口、楼梯有一定的距离,从而保证出入口和楼梯的畅通。相关资源见二维码3。

售检票系统设备的位置一般选择在站厅内宽敞位置设置,保持售检票系统设备的位置前通道宽敞,便于售检票系统设备位置前客流的疏导,售检票系统设备的位置应适当保持一定距离,避免排队时拥挤。

二维码3

图 2-11、图 2-12 分别为深圳地铁车站站厅层布置图(一)和(二)。

图 2-11 深圳地铁车站站厅层布置图(一)

图 2-12 深圳地铁车站站厅层布置图(二)

2 合理布置付费区

售检票系统设备的位置根据出入口数量相对集中布置,并满足客流流向要求。因轨道交通车站一般有多个出入口,为了减少乘客进入车站后的走行距离,一般设置多处售检票系统设备,但过多设置售检票系统设备容易造成设备使用的不平衡,降低设备使用效率,并且不利于管理,因而售检票系统设备位置应根据车站客流的大小集中布置。

图 2-13 为深圳市地铁车站站厅层布置图(三)。

图 2-13　深圳市地铁车站站厅层布置图(三)

❸ 设备应采用相对一致的外尺寸

每个付费区内至少设置 1 台补票机,每个出入口的检票机数量不应少于 2 台。

知识拓展

我国正在建设地铁的城市,如北京、天津、沈阳、成都、杭州、武汉、重庆等,都将自动售检票 AFC 系统作为一个重要的组成部分,分别采用不同的自动售检票 AFC 技术。国外企业,如日本欧姆龙公司、日信公司,法国 THALES 公司、ASCOM 公司,美国 CUBIC 公司、韩国三星数据公司等国外公司纷纷进驻中国市场。国内企业,如深圳现代、上海华虹等公司成为国内自动售检票 AFC 行业的代表,但技术路线不一,没有一个统一的标准,容易形成轨道交通每一条线路自动售检票 AFC 系统的不一致,造成接口复杂,甚至重复投资。

复习与思考

1. 自动售检票系统包含哪些架构形式?
2. 自动售检票系统分级集中式架构体系分哪几个层次?
3. 自动售检票系统设备的配置与布局应考虑哪些因素?
4. 简述自动售检票系统设备配置的原则。

单元 3

票 卡 媒 介

 教学目标

1. 理解售检票方式及票卡的识别方式,掌握票卡的分类;
2. 掌握纸票、磁卡、智能卡的构成、分类及特点;
3. 掌握自动售检票 AFC 系统中各类型票卡的定义及适用范围;
4. 了解我国主要城市一卡通的应用情况及一卡通使用的一般要求。

 建议学时

8 学时

教学导入

票卡就是乘客使用的车票,用于记载乘客的出行和费用信息,是乘坐轨道交通的有效票据或凭证。票卡记载了乘客从购票开始,到完成一次完整旅行所需要和产生的费用、时间、乘车区间等信息。由于票卡上记载了有关乘车信息,因而也将其称为票卡媒介。

不同票卡媒介记载信息的方式和数量是不同的,根据信息记录方式的不同,识别方式也不同。因此,不同的票卡媒介将对应不同的识别系统。

早期地铁一般都采用纸票作为车票,但随着计算机、网络通信、电子、智能卡等技术的不断发展,先后出现了磁卡和智能IC卡。纸票需要大量的工作人员且需人工进行售检票,因而工作效率极其低下;另外,纸票的使用只有一次,容易造成资源浪费,并且在车票和现金的管理上也存在漏洞。磁卡利用磁性载体(如磁条)记录车票的相关信息,磁卡的读写相对简单容易,使用也比较方便,而且可以重复使用。IC卡是集成电路卡(Integrated Circuit Card)的英文简称,在有些国家也称之为智能卡、智慧卡、微芯片卡等。IC卡按其与外界数据传送方式的不同,一般分为接触式IC卡和非接触式IC卡。IC卡具有磁卡无法比拟的许多优点,如存储容量大,信息记录的高可靠性与高安全性、高保密性以及可脱机使用等特点,因此得到了广泛使用。

目前,国内各大城市,如北京、上海、南京、广州、深圳等,其地铁自动售检票AFC系统的票卡媒介一般都采用非接触式IC卡,并且都已成功实现"一卡通"业务,即除在地铁系统换乘之外,还可以实现在公交、出租、轮渡、市郊铁路等系统的换乘;另外,还可实现在停车场、加油站、便利店、超市、影院等地的刷卡消费,该技术还将在其他领域里不断完善。

3.1 票卡媒介与售检票方式

票卡按其信息记录介质的不同,可分为印刷、磁记录和数字记录三种;根据信息认读方式的不同,可分为视读和机读两种。售检票方式有人工方式、半自动方式和自动方式。每种售检票方式都要涉及不同的车票媒介和识别技术(由不同的终端设备或人工完成)。

一 票卡媒介

目前常见的票卡媒介有三种：纸质车票、磁卡车票、智能卡车票。

① 纸质车票

常见的纸质车票有普通纸票和条形码纸票。

（1）普通纸票

普通纸票是指将车票的所有信息都直接印制在车票上，由票务人员视读确认。

（2）条形码纸票

条形码纸票是将车票的相关信息通过条形码编码存储，由条形码扫描仪完成信息识别，标识的信息只供读取而不能改写。

② 磁卡车票

磁卡车票是指在基质上设置磁记录区域，通过磁性载体记录有关信息，由磁卡读写设备获取相关信息，信息是可修改的。常见的磁卡车票有单程磁卡和储值磁卡。

③ 智能卡车票

智能卡车票是将车票的所有信息储存在车票的集成电路中，由智能卡读写设备获取相关信息。信息存储量大，且可修改。智能卡按其与外界数据的交换方式，分为接触式 IC 卡和非接触式 IC 卡。

二 售检票方式

售检票系统是城市轨道交通运营管理的一个非常重要的环节，根据售检票作业环境的不同，可分为开放式售检票作业方式和封闭式售检票作业方式。

（1）开放式售检票指在车站不设检票口，乘客上车前（指进入付费区）或在列车上检票，并随机查票的作业方式。一般适用于客流量较小的系统且要求乘客有较高的素质。

（2）封闭式售检票指在乘客进出付费区前都要经过检票口检票的作业方式，一般分为人工售检票、半自动售价票和自动售检票三种。

图 3-1 为城市轨道交通票务系统售检票方式。

在轨道交通系统中，售检票方式取决于不同的票卡媒介和设别设备。目前，世界上常见的轨道交通售检票方式有印制纸票人工售检票系统、印制纸票半自动售检票系统、一次性磁票自动（半自动）售检票系统、重复使用磁票自动（半自动）售检票系统、接触式智能卡自动（半自动）售检票系统、非接触式智能卡自动（半自动）售检票系统。上述六种售检票模式中，票卡媒介基本上为普通纸质车票、条形码车票、单程磁票、储值磁票、接触式 IC 卡及非接触式 IC 卡。由于票卡介质不同，识别终端不同，售检票模式在很大程度上就发生了变化。

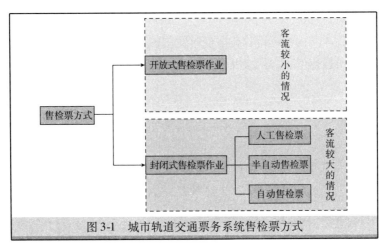

图3-1 城市轨道交通票务系统售检票方式

因此,城市轨道交通自动售检票AFC系统中影响最大的因素之一是车票制式,它决定了系统信息的组成。票卡媒介是乘客使用情况的信息载体,是系统运营数据的关键源头。一旦系统的车票制式确定,再对其进行更改将会造成极大的影响。所以,售检票系统对于信息源头——票卡的选择尤为重要。

3.2 纸票与磁性票卡

一、纸票

纸票是事先在车票上印刷相关的车票信息,由人工方式或自动方式售票,通过视读或扫描仪确认票面信息。纸票分为普通纸票和条形码纸票两种。相关资源见二维码4。

1 普通纸票

普通纸票将车票的相关信息印制在票面(纸质)上,由票务人员视读确认。票面上的基本信息包括:车票编号、出票站点、乘车日期、乘车车次、乘车区间、票款金额、时间限制以及换乘等信息,既对购票人有明示作用,同时也便于票务人员检查核对。

二维码4

普通纸票的信息是只读信息,因此不能作为储值票,只能作为单程票或特殊用途的车票。

印制纸票适用于人工售检票的票务运作模式中,每张纸票相当于一张定额发票,只能提供给乘客乘坐一次地铁的服务承诺,而且其寿命也只有一次。普通纸票一般由存根、主券、进站副券和出站副券四部分构成。乘客在购票过程中,票务人员从车票存根处撕下后将其余部分交给乘客,存根是地铁车站内部进行收益稽核时使用的;进/出站副券分别是乘客在进、出站检票时,提供给检票人员检查的;主券是最后留给乘客,供乘客收藏或作为报销凭证使用。

想一想

乘坐地铁后,留给乘客的主券有什么收藏价值?

知识链接

正常情况下纸票的操作程序

(1)乘客进站时,检票人员撕下乘客纸票的副券Ⅰ。

(2)乘客出站时,检票人员核查乘客所持纸票上的站名、日期章以及纸票票价无误后,撕下乘客纸票的副券2。对超程使用的1元纸票出站时,车站员工也需撕下相应的副券联。

(3)若乘客的车票超程时,需在票务处补足相应的车费(乘客携带的行李票超程时,乘客需补交行李相应的超程费用)。

普通纸票由于所有信息印制在票面上,故其保密性不好,容易伪造,需要增加一些防伪措施,可在票面上印刷加密图形等安全信息,但同时也会给视读带来较大的困难。车票的有效性只能靠票面上的加密图案来保证。设计纸票时,可根据应用环境来确定票面相关信息,加密图形可以以节日、大型活动或者商业广告为题材。

图3-2所示为普通纸票的形式。

图3-2 普通纸票

知识链接

北京地铁38岁纸票正式"退休"

2008年6月8日晚上,随着最后一班地铁列车的开启,和北京市民相伴了38年的地铁纸质车票正式退出流通,自动售检票系统开始上岗。启用自动售检票系统后,北京地铁的票制、票价维持不变,仍为全路网每人次2元。

地铁纸票大事记:

1971年1月15日,北京地铁一期工程线路开始试运营,凭单位介绍信在各车站购票,单程票价壹角。

1987年12月19日,北京地铁环线建成通车后,一线及环线两线地铁票都定为贰角。图3-3所示为壹角面额纸票,图3-4为贰角面额纸票。

图3-3 壹角面额纸票

图3-4 贰角面额纸票

1990年9月,"盼盼"登上地铁车票(图3-5)。

1991年1月1日,北京地铁票价调整为伍角(图3-6)。

1992年,车票出现真正的商业广告。

1996年1月1日,北京地铁开始调整地铁票价,普票从0.5元调至2元。图3-7为贰元面额纸票。

图3-5 "盼盼"纸票

图3-6 伍角面额纸票

图3-7 贰元面额纸票

1999年12月10日,北京地铁票价调整为3元。

2002年年底,北京地铁车票实行色标管理。其中地铁1号线车票颜色为粉红色;2号线(包括两个换乘站)车票为湖蓝色。

2003年1月9日,13号线正式贯通试运营,单程票价3元。

2007年10月7日,北京地铁实行单一票制,统一为2元。

2008年6月9日,北京地铁全部实行自动售检票。纸质车票退出历史舞台。

 想一想

纸票已经退出了历史舞台,车站还会不会再出现纸票呢?

② 条形码纸票

条形码(Barcode)是将宽度不等的多个黑条和空白,按照一定的编码规则排列,用以表达一组信息的图形标识符(图3-8)。常见的条形码是由反射率相差很大的黑条(简称条)和白条(简称空)排成的平行线图案。这些条和空组成的数据编码可以供机器识读,而且很容易译成二进制数和十进制数。这些条和空可以有各种不同的组合方法,构成不同的图形符号,即各种符号体系,也称为码制,应用于不同的场合。目前,我国干线铁路旅客运输的车票采用此种方式。

图3-8　一维和二维条形码

条形码系统是由条码符号设计、制作及扫描阅读组成的自动识别系统。条形码的扫描需要扫描器,扫描器利用自身光源照射条形码,再利用光电转换器接受反射的光线,将反射光线的明暗转换成数字信号。在条形码车票中,车票的信息是通过条形码编码实现的。

(1)条形码的优点

①可靠性强。条形码的读取准确率远远超过人工记录,平均每15000个字符才会出现一个错误。

②效率高。条形码的读取速度很快,相当于每秒40个字符。

③成本低。与其他自动化识别技术相比较,条形码技术仅仅需要一小张贴纸和构造相对简单的光学扫描仪,成本相当低廉。

④易于制作。条形码的编写很简单,制作也仅仅需要印刷,被称作为"可印刷的计算机语言"。

⑤构造简单。条形码识别设备的构造简单,使用方便。

(2)条形码纸票的特点

条形码纸票具有信息存储量较大、自动识别速度较快、读码效率较高、纠错能力较强的特点,可提高检票系统的处理速度和识别性能,有利于车票的自动化检测。但条形码车票只能在购票时记录站名和发售时间,无法记录进站时间和闸机编号等及时统计信息,对计时制管理的票务系统有一定的影响。

条形码的大小、长短可以任意调节,能够打印在狭小的空白空间。在纸票上增加条形码虽然会增加车票的成本,但同时可提高防伪能力和检票效率。由于条形码的信息量有限,可以拷贝复制,在一些安全性不高的场所可适当使用。读写过程中,在某些客流量不大的场合,可不采用吞吐卡设备,直接在激光扫描平台上扫描条码,操作简单成本较低,维护和使用也比较方便。

对于出票系统的打印机而言,其技术要求就是出票速度快。因此,一般将票面的一些固定信息预先印刷在票面上,在出票时仅打印当时的必要信息,以减少打印量,提高打印速度。

二 磁性票卡

1 磁卡的构成

磁卡是一种磁记录介质卡片。它由高强度、耐高温的塑料或纸质涂覆塑料制成,能防潮、耐磨,且有一定的柔韧性,携带方便,使用较为稳定可靠。通常,磁卡的一面印刷有说明提示性信息,如插卡方向;另一面则有磁层或磁条,具有2个或3个磁道,以记录有关信息数据。为了简化设备结构,大部分系统的磁卡上还会有定位孔槽等标识。

磁条可以用来记载字母、字符及数字信息。通过粘合或热合,与塑料或纸牢固地整合在一起形成磁卡。磁条中所包含的信息一般比长条码大。

如图3-9所示,常见的磁条上有3个磁道,称为Track1、Track2、Track3。磁道1(Track1)与磁道2(Track2)是只读磁道,在使用时磁道上记录的信息只能读出而不允许写或修改。磁道3(Track3)为读写磁道,在使用时可以读出,也可以写入。

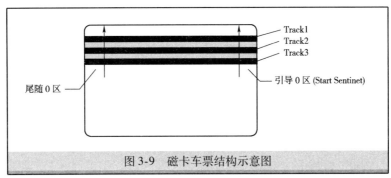

图3-9 磁卡车票结构示意图

磁道1可记录数字(0~9)、字母(A~Z)和其他一些符号(如括号、分隔符等),最大可记录79个数字或字母。

磁道2和3所记录的字符只能是数字(0~9)。磁道2最大可记录40个字符,磁道3最大可记录107个字符。

❷ 磁卡的设计

磁卡车票的设计首先要满足系统的技术要求,其次票卡的大小要尽可能地标准化,然后根据需要设计各种图案、文字和号码,根据使用环境确定信息储存的磁道。ISO 7810:1985 识别卡规定了卡的物理特性,包括卡的材料、构造、尺寸(表3-1)。

表3-1 磁卡尺寸

长度	85.47~85.72mm
宽度	53.92~54.03mm
厚度	0.76mm±0.08mm
圆角半径	3.18mm
一般卡的尺寸为:85.5mm×54mm×0.76mm	

磁卡上的磁涂层(磁条)是一层薄薄的,由排列定向的铁性氧化粒子组成的材料。用树脂粘合剂严密地粘合在一起,并粘合在诸如纸或塑料这样的非磁基片媒介上,因此形成了纸质磁性票卡或塑制磁性票卡(图3-10、图3-11)。

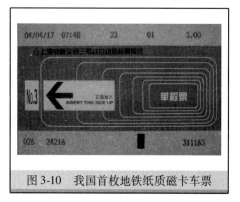

图3-10 我国首枚地铁纸质磁卡车票

 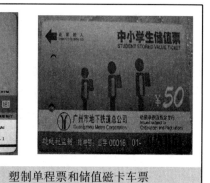

图3-11 塑制单程票和储值磁卡车票

想一想

磁卡和纸票相比,有什么优越性?

❸ 磁卡的优缺点

磁性票卡技术在20世纪70年代有所发展,围绕磁票的自动售检票系统设备应用已久,从技术上讲还是比较成熟的,其具有以下优点:

(1)可以进行机读,提高了自动化程度。

(2)可以方便地进行票卡生产,成本较低。

(3)可以循环使用,降低能源消耗。

但由于磁性票卡运营成本较高,进一步推广较困难,主要表现在以下几个方面:

（1）票卡成本相对较高，虽然可采用回收重复使用模式（地铁），但其带来要对客票进行消毒处理、提供报销凭证、客票回收后各站对其清空与分配的问题，给运营单位增加了负担。

（2）自动售检票系统要频繁地对磁卡票进行接触式读写，不可避免地要每天投入大量人力物力对磁头进行消磁和除尘清洗。

（3）磁卡票的自动售检票系统设备由于需要较精密的传输机构，机械结构复杂，精密度要求高，因而设备造价较高，对维护人员的素质要求也较高。另外，由于机构动作频繁，造成机械磨损后的维护成本较大。

（4）磁条的读写次数有限，当磁卡使用到一定次数后，就会对磁条的读写产生影响。

（5）磁卡使用中容易受到诸多外界磁场因素的干扰而改变存储内容。

（6）由于密钥随票携带，极易被拷贝伪造，特别是现有的安全技术已难以满足越来越多的对安全性要求较高的应用需求。

 小贴士

磁卡的运作流程

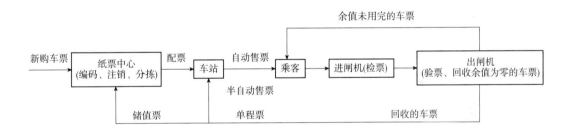

3.3 智能票卡

IC卡（Integrated Circuit Card）又称集成电路卡或智能卡（Smart Card），是将一个专用的集成电路芯片镶嵌于符合ISO/ICE 7816标准的塑料基片中，封装成外形与磁卡类似的卡片形式,即制成一张IC卡。

IC卡可直接与存储器或处理器进行数据存取,也可以封装成纽扣、钥匙、饰物等特殊形状。由于智能卡添加了射频技术,所以它不需要与读写器的任何物理接触就能进行数据交换。

智能卡配备有微电脑CPU和存储器RAM,可自行处理数量较多的数据而不会干扰主机CPU的工作,适应于端口数目较多且通信速度需求较快的场合。这种既具有智能性又便于携带的卡片,为现代信息处理和传递提供了一种全新手段,作为一种新型工具,已被广泛应用于众多领域。

一 智能票卡的分类

智能卡根据镶嵌芯片的不同,划分为:存储器卡、逻辑加密卡、CPU卡和超级智能卡;根据卡与外界数据交换界面的不同,划分为:接触式IC卡、非接触式IC卡、双界面卡;根据卡与外界进行交换时的数据传输方式的不同,划分为:串行IC卡、并行IC卡等。

1 按集成电路芯片划分

(1)存储器卡

存储器卡的卡内芯片为电可擦除可编程只读存储器EEPROM(Electrically Erasable Programmable Read-only Memory),以及地址译码电路和指令译码电路。它仅具有数据存储功能,没有数据处理能力;存储卡本身无硬件加密功能,只在文件上加密,很容易被破解。这种卡片存储方便、使用简单、价格便宜,在很多场合可以替代磁卡。由于该类IC卡不具备保密功能,因而一般用于存放不需要保密的信息。

(2)逻辑加密卡

逻辑加密卡片除了具有存储卡的EEPROM外,还带有加密逻辑,每次读写卡之前要先进行密码验证。如果连续几次密码验证错误,卡片将会自锁,成为死卡。加密逻辑电路可在一定程度上保护卡和卡中数据的安全,但只是低层次防护,无法防止恶意攻击。该类卡片存储量相对较小,价格相对便宜,适用于有一定保密要求的场合。

(3)CPU卡

CPU卡的芯片内部包含微处理器单元CPU、存储单元和输入/输出接口单元。CPU管理信息的加/解密和传输,严格防范非法访问卡内信息,发现数次非法访问,将锁死相应的信息区。CPU卡的容量有大有小,价格比逻辑加密卡要高。但CPU卡良好的处理能力和保密性能,使其成为IC卡发展的主要方向。CPU卡适用于保密性要求特别高的场合。

(4)超级智能卡

在CPU卡的基础上增加键盘、液晶显示器、电源,即成为一超级智能卡,有的卡上还具有指纹识别装置。

2 按读写方式划分

(1) 接触式 IC 卡(CPU 卡)

接触式 IC 卡是指将智能卡的绝大部分电气部件进行封装,而将外部连接线路做成触点外露,按一定的规则排列接触点极。在进行读写操作时,卡片必须插入读卡器的卡座中,通过触点与读卡设备交换信息。

(2) 非接触式 IC 卡(CPU 卡)

非接触式 IC 卡通过智能卡的收发天线与读写设备交换信息。非接触式 IC 卡又称射频卡,由 IC 芯片、感应天线组成,封装在一个标准的塑制卡片内,芯片及天线无任何外露部分。它成功地将射频识别技术和 IC 卡技术结合起来,解决了无源(卡中无电源)和免接触这一难题,是电子器件领域的一大突破。卡片在一定距离范围(通常为 5~10cm)靠近读写器表面,通过无线电波的传递来完成数据的读写操作。

(3) 双界面卡(CPU 卡)

双界面卡是基于单芯片的、集接触式与非接触式接口为一体的智能卡,这两种接口共享同一个微处理器、操作系统和应用数据 EEPROM。卡片包括一个微处理器芯片和一个与微处理器相连的天线线圈,由读写器产生的电磁场提供能量,通过射频方式实现能量供应和数据传输。

双界面卡工作原理如图 3-12 所示。

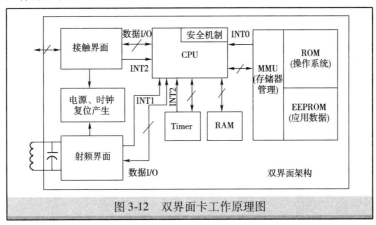

图 3-12 双界面卡工作原理图

二 接触式和非接触式 IC 卡

1 接触式 IC 卡

(1) 接触式 IC 卡的结构

接触式 IC 票卡由微处理器、操作系统、加密逻辑、串行 EEPROM 及相关电路组成。接触式 IC 卡一般由基片、接触面及集成电路芯片构成。基片:现在多为 PVC 材质,也有塑料或是纸制。

小贴士

聚氯乙烯(Polyvinylchloride,PVC)

PVC其实是一种乙烯基的聚合物质,其材料是一种非结晶性材料。PVC材料在实际使用中经常加入稳定剂、润滑剂、辅助加工剂、色料、抗冲击剂及其他添加剂。聚氯乙烯具有不易燃性、高强度、耐气候变化性以及优良的几何稳定性。PVC对氧化剂、还原剂和强酸都有很强的抵抗力。

IC卡接触面:金属材质,一般为铜制薄片,集成电路的输入输出端连接到大的接触面上,这样便于读写器的操作,大的接触面也有助于延长卡片使用寿命;触点一般有8个,有的智能卡设计成6个触点。

IC卡集成电路芯片:通常非常薄,在0.5mm以内,直径大约0.25cm,一般呈圆形,也有呈方形的,内部芯片一般有CPU、RAM、ROM、EEPROM。

接触式智能卡(IC卡)如图3-13所示。接触式智能卡触点分布示意图如图3-14所示。

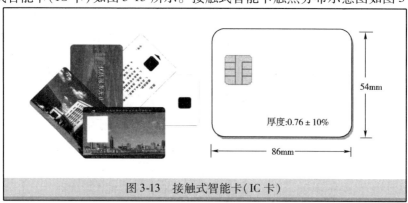

图3-13 接触式智能卡(IC卡)

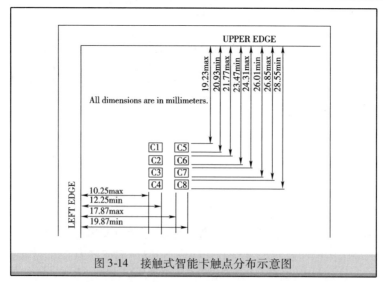

图3-14 接触式智能卡触点分布示意图

想一想

接触式 IC 卡和磁卡有什么相同点?

(2) 接触式 IC 卡与磁卡比较

接触式 IC 卡的外形与磁卡相似,它与磁卡的区别在于数据存储的媒体不同。磁卡是通过卡上磁条的磁场变化来存储信息的,而接触式 IC 卡是通过嵌入卡中的电擦除式可编程只读存储器集成电路芯片(EEPROM)来存储数据信息的。因此,与磁卡相比较,接触式 IC 卡具有以下优点:

① 存储容量大。磁卡的存储容量大约在 200 个数字字符;IC 卡的存储容量根据型号不同,小的几百个字符,大的上百万个字符。

② 安全保密性好。IC 卡上的信息能够随意读取、修改、擦除,但都需要密码。

③ CPU 卡具有数据处理能力。在与读卡器进行数据交换时,可对数据进行加密、解密,以确保交换数据的准确可靠,而磁卡则无此功能。

④ 卡的抗磁性、抗静电及抗各种射线的能力,抗机械、抗化学破坏的能力也强,因此接触式 IC 卡的寿命较长,其相关设备的成本也较磁卡低。

在接触式 IC 卡的普及过程中,逐渐发现了下列弊端:

① 卡在读写器上经常拔插造成的磨损导致接触不良,从而引起数据传输错误,并且卡与读写器之间的磨损也大大缩短了卡和读写器的使用寿命。如:由于粗暴、倾斜、或不到位插卡,非卡外物插入,以及灰尘、氧化、脱落物或油污导致接触不良等原因造成的故障。

② 由于集成电路芯片有一面在卡片表面裸露,容易造成芯片脱落,静电击穿,弯曲、扭曲损坏等问题。

③ 卡片触点上产生的静电可能会破坏卡中的数据,如果因环境腐蚀及保管不当,可能会造成卡触点损坏使 IC 卡失效。

④ 接触卡的通信速率较低,再加上插拔卡的动作延误,造成每一笔交易需要较长时间的等待,严重影响其在需要快速响应场合的应用。

2 非接触式 IC 卡

非接触式 IC 卡,又称射频卡,诞生于 20 世纪 90 年代初,由于存在着磁卡和接触式 IC 卡不可比拟的优点,使之一经问世,便立即引起广泛的关注,并以惊人的速度得到推广应用。

非接触式 IC 卡由 IC 芯片、感应天线组成,并完全密封在一个标准塑制卡片中,无外露部分。非接触式 IC 卡的读写过程,通常由非接触式 IC 卡与读写器之间通过无线电波来完成读写操作。

非接触式 IC 卡的构成如图 3-15 所示。

（1）非接触式 IC 卡的工作原理

非接触式 IC 卡本身是无源体，它与读卡器之间通过无线电波来完成读写操作。二者之间的通信频率为 13.56MHz。

当读写器对卡进行读写操作时，读写器发出的信号由两部分叠加组成：一部分是电源信号，该信号由卡接收后，与其本身的 L/C 产生谐振，产生一个瞬间能量来供给芯片工作。另一部分则是结合数据信号，指挥芯片完成数据、修改、存储等，并返回给读写器。

读写器则一般由单片机，专用智能模块和天线组成，并配有与 PC 的通信接口、打印口、I/O 接口等，以便应用于不同的领域。

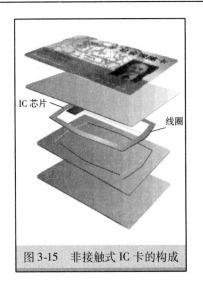

图 3-15 非接触式 IC 卡的构成

非接触式 IC 卡系统框架图及读写系统框架图分别如图 3-16、图 3-17 所示。

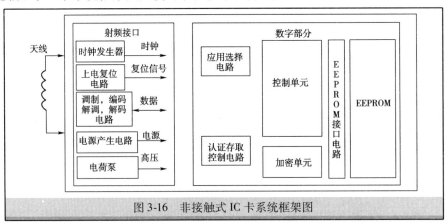

图 3-16 非接触式 IC 卡系统框架图

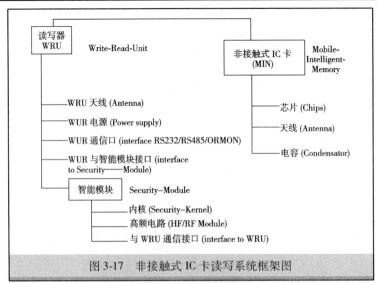

图 3-17 非接触式 IC 卡读写系统框架图

由于非接触式IC卡所形成的读写系统，无论是硬件结构，还是操作过程，都得到了很大的简化，同时借助于先进的管理软件及可脱机的操作方式，都使数据读写过程更为简单。

（2）非接触式IC卡的技术特点

非接触式IC卡与传统的接触式IC卡相比，它在继承了接触式IC卡优点的同时，如大容量、高安全性等，又克服了接触式IC卡所无法避免的缺点，如读写故障率高，由于触点外露而导致的污染、损伤、磨损、静电以及插卡这种不便的读写过程等。非接触式IC卡完全密封的形式及无接触的工作方式，使之不受外界不良因素的影响，从而使用寿命完全接近IC卡芯片的自然寿命，因而卡本身的使用频率和期限以及操作的便利性都大大高于接触式IC卡。

当然，将射频识别技术用于非接触式IC卡也对它产生了特殊的要求，以满足"卡"的要求。从技术上看，主要有以下几点。

①射频技术：由于IC卡的尺寸限制以及卡上的应答器不能有电源系统，需要由寻呼器（读写设备）通过无线电波方式供电，卡内需埋装特殊设计的天线，须保证有良好的抗干扰能力，而且还要有"防冲突"电路。

②封装技术：由于IC卡的尺寸限制以及卡上装的应答器的天线、芯片及其他特殊部件，为确保卡片的大小、厚度、柔韧性和高温高压工艺中芯片电路的安全性，需特殊的封装技术和制造设备。

③低功耗技术：无论是有源方式还是无源方式设计的非接触式IC卡，最基本的要求是功耗小，以提高卡片寿命和扩大应用场合，因此卡内一般都采用非常苛刻的低功耗工艺和有关技术。如电路设计采用"休眠模式"进行设计。

④安全技术：除了卡的通信安全技术外，还要与卡用芯片的物理安全技术和卡片制造的安全技术相结合，以构成强大的安全体系。

三 筹码型IC票卡

非接触式IC卡按需要可封装为方卡型、筹码型或者其他形状。方卡型IC卡其外形和磁卡比较相似。

筹码型IC卡是在直径为30mm、厚度为2mm的非金属材料圆盘内，嵌装集成电路芯片及天线，通过电感耦合的方式与筹码读写器进行操作的IC卡，简称筹码（TOKEN）。

广州地铁是世界上首家使用筹码型IC卡单程票（TOKEN）的公交企业。广州及深圳的筹码型车票如图3-18所示。

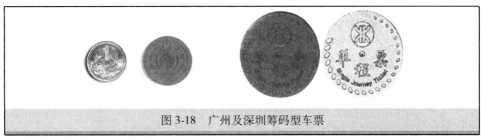

图3-18 广州及深圳筹码型车票

想一想

筹码型车票在使用过程中有什么特点?

筹码型IC票卡与方卡型IC票卡在终端设备、系统结构和应用软件等方面基本一致。只是筹码型IC票卡的传送可依靠重力和滚动,显然筹码型车票的处理装置结构最为简单,维护工作量也小,但是给车站运营管理带来便利的同时也存在相应的问题。由于筹码型车票尺寸太小容易丢失,在运营初期,筹码的大量流失,会给企业经济带来一定的影响。而方卡型IC票卡则要依靠专门的传输装置,因此,终端设备的结构及维护等都比较复杂,但方卡型车票容易携带也比较符合一般乘客的使用习惯。

四 异形IC卡

标准卡为国际统一尺寸的卡品,它的尺寸是85.5mm×54mm×0.76mm。如今,由于个性的需求,印制不受尺寸的限制,导致了在世界各国出现不少形形色色的"怪异"卡,此类卡称之为异形卡(图3-19)。其中诸如长方形、正方形、三角形、椭圆形等几何形卡,称之为"非标准卡";把动物形状、娃娃形状的一些特别形状卡称为"准异形卡"。相对而言,"准异形卡"的制作工艺要比几何体难度更大一些。

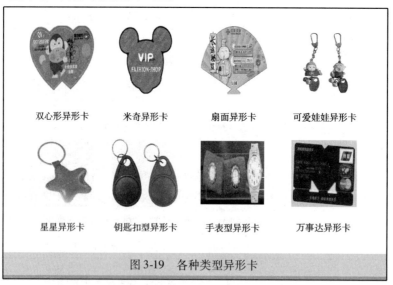

图3-19 各种类型异形卡

异形卡并不是指某种类型的卡。通俗地说,形状上非规则的都可以称为异形卡。异形卡内可以封装各种各样的芯片,也就是说它可以具有多种不同功能。

1 异形卡用途

常见的异形卡主要有两种用途,一是用于胸卡,根据客户的不同要求,胸卡的大小差异很大,最小的有20mm×40mm,最大的有90mm×130mm,具备不同尺寸、不同形状的卡,可适应不同客户的不同要求。二是用于门禁卡。异形卡均可做成几十种形状,如匙扣卡、钱币卡,既现代又美观。

尽管目前非接触式IC卡是最新的技术,但因卡片功能有限,非接触式支付将与类似的手机等移动设备以及包括Mini卡、钥匙链等结合起来使用。

② 异形卡分类

按行业分类:异形卡分为公交异形卡、门禁异形卡、商场异形卡、酒店异形卡、服装异形卡。

按材质分类:异形卡分为PVC异形卡、金属异形卡、普通纸异形卡。

按使用环境分类:异形卡分为普通异形卡、抗金属异形卡。

按工作方式分类:异形卡分为接触式异形卡、非接触式异形卡、双界面异形卡、复合异形卡。

非接触式异形卡分类:低频异形卡(125kHz)、高频异形卡(13.56MHz)、超高频异形卡(850~930MHz)、微波异形卡(2.45GHz、5.8GHz)。

图3-20~图3-22为不同异形卡的形式。

图3-20 北京地铁"水晶宝贝"

图3-21 上海世博会异形卡

图3-22 广州地铁亚运会异形卡正反面

五 智能 IC 卡安全机制

IC 卡的芯片是一种集成电路芯片,其安全性是 IC 卡安全性的基础,在芯片的设计阶段应提供完善的安全保护措施。一般来说,对 IC 卡用芯片的攻击主要有以下几种:

(1)通过电子显微镜对存储器或芯片内部逻辑进行扫描,直接进行分析读取。

(2)通过测试探头读取存储器内容。

(3)通过从外部获取的接口直接对存储器或处理器进行数据存取。

(4)激活 IC 卡用芯片的测试功能。

IC 卡用芯片的安全技术要从物理上防止以上攻击,物理保护的实施强度以实施物理攻击者所耗费的时间、精力、经费等与其获得的效益相比作为标准。在自动售检票 AFC 系统中,安全问题主要包括以下几个方面:

(1)车票安全,防止伪造、克隆、篡改、泄密、偷盗。

(2)设备安全,防止偷盗后对车票进行加值或复制,防止业务程序被攻击改变,防止重要参数及数据被改变。

(3)数据安全,防止篡改、窃取、丢失、抵赖。

(4)系统安全,防止攻击、破坏、泄露重要信息。

对于 IC 卡单程票,经过 BOM 机、TVM 机等发售到乘客手中,到出站闸机进行回收。在整个使用过程中,IC 卡处于两种状态:在系统运营人员管理中,包括单程票的采购、初始化、发售、回收、循环运输等环节;在乘客手中,从购买单程票到出站之间。对于 IC 卡储值票,经过 BOM 机、TVM 机等设备发售到乘客手中后,将一直在乘客手中重复使用,直至被收回。两种情况中,IC 卡在乘客手中时,有更大的不安全风险。但是整体而言,单程票处在安全范围内的比例要比储值票大。储值票由于其储值金额可能较大,所以被攻击的可能性更大。

IC 卡的安全由三个不同层次的安全保障环节组成,一是芯片的物理安全技术;二是卡片制造的安全技术;三是卡的通信安全技术。这三个方面共同形成卡的安全体系,保证卡片从生产到使用的安全。公开密钥基础设施 PKI 能够使位于世界上任何地方的两个人通过互联网来进行通信,而且能够保证通信双方身份的真实性以及相互交换信息的安全性。IC 卡和 PKI 之间的联系在于密钥及相关数字证书的存储,卡片载有持卡人的数字证书和私有密钥,可通过 PKI 技术实现身份识别和信息加密传输。这种技术对实现 IC 卡的安全交易提供了更多的选择。具体方法如下:

(1)通过烧断熔丝,使测试功能不可再激活。

(2)高/低电压的检测。

(3)低时钟工作频率的检测。

(4)防止地址和数据总线的截取。

(5)逻辑实施对物理存储器的保护。

(6)总线和存储器的物理保护层等。

❶ 储值 IC 票卡的安全性

自动售检票 AFC 系统的储值票使用符合 ISO 14443 TYPE A 标准的 Mifare 1 IC 卡。它具有先进的数据通信加密和双向验证密码系统；卡片制造时，具有唯一的卡片系列号；卡片上内建 8K EEPROM 存储容量并划分为 16 个扇区，每个扇区划分为四个数据存储块，每个扇区可由多种方式的密码管理；卡片上还内建有增值/减值的专项的数学运算电路，具有防重叠功能，模块与卡片通信时数据加密，每个扇区设有三套密码及其认证和密码存储器。

Mifare 1 卡片的存储容量为 8192bit×1 位字长，采用 EEPROM 作为存储介质，整个结构划分为 16 个扇区，编为扇区 0~15，每个扇区有四个块，每个块有 16 个字节，每个扇区的块 3（即第四块）包含了该扇区的密码 A（六个字节）、存取控制（四个字节），密码 B（六个字节），是一个特殊的块，其余三个块是一般的数据块。但扇区 0 的块，是厂商代码，已固化，不可改写。

在对 Mifare 1 卡进行读写时，相应的软件操作也同样为卡片的安全性提供了保证。如在读取 Mifare 1 卡片上的数据之前，必须证明它是被允许的，这个过程称为认证操作。可通过选择秘密存储在 MCM 中的 RAM 的一组密码来进行认证而实现。卡片存储器的每一个块都有指定的存取条件，这些存取条件根据密码 A 或 B（它们对整个扇区始终有效）而定。MCM 能够存储三个密码集 KEYSET 0、KEYSET 1、KEYSET 2，每一个 KEYSET 又包含了 KEY A 及 KEY B 等，以存取最高达 32Kbit 内存容量的 Mifare 卡片。用户必须在 KEYSTACON 寄存器中指定一套密码。要想对此种 IC 卡进行攻击的话，必须要知道自动售检票 AFC Mifare 1 IC 卡的数据存储结构和密钥，但这很难实现。

❷ 单程 IC 票卡的安全性

对于符合 ISO 14443 TYPE A 标准的 Mifare Ultra Light IC 卡作为轨道交通单程票使用是足够安全的。用 UID + 密钥防止伪造，用动态 MAC 锁定防止篡改，用密钥系统保证密钥安全。利用 Mifare Ultra Light 卡的全球唯一序列号（该序列号是烧制在卡片的 EPROM 上的，是不可修改的）与密钥通过运算产生一个 MAC，每次交易对 MAC 进行认证。产生 MAC 的密钥保存在 SAM 上，这样想要克隆一张车票就需要克隆其全球唯一序列号，并得到保存在 SAM 上的密钥，同时还要知道计算方法。所以能得到 MAC 的机会几乎是不存在的，这样只要通过密钥系统保护主密钥不流失就可以保证车票不被伪造。采用动态 MAC 方式，即 SAM 卡计算，动态 MAC 与 CRC 相结合的方法来实现关键数据不被篡改。动态 MAC 计算就是在交互过程中加入 SAM 卡作为计算主体（密钥系统由主密钥卡多级分散后得到交易密钥卡 SAM 卡，SAM 卡通过密钥分散因子以及三重 DEA 算法保证其安全性），所有数据作为运算项目，每次对票操作完成后，SAM 产生一个 MAC，并写入票中，下次操作票卡时，首先验证 MAC 是否可以通过。

安装在 BOM、AG 和 TVM 机读写器里的 SAM 加密模块如图 3-23 所示。

由于 SAM 可以认为是安全的，MAC 的计算可放在 SAM 中，这样也可以认为 MAC 是安全的。参与 MAC 计算的数据包括车票的唯一编号、车票的金额以及 CRC 结果码。这样，如果金额被修改，下次就无法通过 MAC 计算。但是 SAM 送入 MAC 的数据量是有限的，并且数据多了速度会受到比较大的影响，所以增加了二级安全保护措施，即 CRC 运算。当车票操作完成时，对车票内的所有数据（除 MAC 码和 CRC 结果码）进行 CRC 运算，并得到 CRC 结果码，之后将 CRC 码也作为 MAC 运算的数据项目之一送入 SAM 卡进行运算。这样票中的数据项目一旦被非法修改，CRC 不会被通过，且可以发现。如果 CRC 算法被攻击或伪造，MAC 也无法通过，因为 MAC 由 SAM 计算得到，SAM 是由密钥系统保证安全的，故攻击者无法篡改票中的数据。

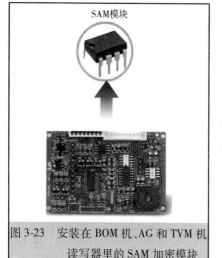

图 3-23　安装在 BOM 机、AG 和 TVM 机读写器里的 SAM 加密模块

由于超轻型卡可直接修改数据内容，所以无法防止车票中的数据被读取，但是 SAM 中的数据及流程是无法读取的，而且系统泄露个别车票的数据内容不会带来特别风险，如果攻击者分析得到车票的数据结构，但有动态 MAC 作为安全保证，攻击者也无法获得非法利益，所以可以不采用特别的保护措施。

3.4 AFC 系统票卡种类及其适用范围

一、AFC 系统票卡定义规则

城市轨道交通自动售检票 AFC 系统专用票可包括单程票、出站票、往返票、福利票、一日票、区段计次票、区段定期票、纪念票（定值纪念票、计次纪念票、定期纪念票）、员工票、车站工作票、储值票（预留）及其他预留车票等。

1 自动售检票 AFC 系统票卡票种定义(表 3-2)

票卡票种相关资源见二维码 5。

二维码 5

自动售检票 AFC 系统票卡票种定义表　　表 3-2

序号	票　种		定　义	规　格	挂失	出站回收	限当日使用	再次充值（次）
1	单程票		当日一次乘车使用，限在购票车站进站，按乘车里程计费	Mifare® Ultra Light	×	√	√	×
2	出站票		由半自动售/补票设备发售，仅限发售出站票的车站当日出站时使用	Mifare® Ultra Light	×	√	√	×
3	往返票		当日限定两车站间一次往返乘车时使用，按乘车往返里程计费，超程时需补出站票出站	Mifare® Ultra Light	×	√ 注：往程出站时不回收，返程出站时回收	√	×
4	一日票		在购票当日内不限次使用，车票使用时需检查进出站次序	Mifare® Ultra Light	×	×	√	×
5	福利票		适用于持可免票证件的乘客在半自动售/补票设备换取的车票，使用方式同单程票	Mifare® Ultra Light	×	√	√	×
6	区段票	区段计次票	在有效期内、在规定区段内计次使用。超过规定区段，需补票	Mifare® 1	×	×	×	√ 再次充值后，有效期延长
		区段定期票	在规定区段内定期使用。超过规定区段，需补票	Mifare® 1	×	×	×	√ 再次充值后，有效期延长

续上表

序号	票种		定义	规格	挂失	出站回收	限当日使用	再次充值（次）
7	纪念票	定值纪念票	在有效期内使用，每次乘车按里程计费	Mifare® Ultra Light	×	×	×	×
		计次纪念票	在有效期内计次数使用，每次乘车不计里程	Mifare® 1	×	×	×	×
		定期纪念票	在有效期内不限次使用，每次乘车不计里程	Mifare® 1	×	×	×	×
8	员工票		内部员工记名使用的计次票	Mifare® 1	√	×	×	√
9	车站工作票		由车站工作人员持有，仅限指定车站使用，不检查进出站次序	Mifare® 1	√	×	×	×

小贴士

乘客携带品处理

各城市轨道交通运营企业对乘客的携带品范围都有自己的规定。以某市地铁公司为例，乘客携带质量为20~30kg，外部尺寸长、宽、高之和为130~160cm的行李时，需加购同程车票一张，即行李票。凡长度超过160cm或质量超过30kg或外部尺寸长、宽、高之和超过160cm的行李，一律不得携带进站。

❷ **车票状态定义**

(1) 根据车票从出入站状态来分，有"已入站"和"未入站"两种状态。

①"已入站"是指乘客入站时，车票经进站闸机刷卡后所处的状态。

②"未入站"是指车票初始化后，经过自动售票机或半自动售票机售出，但未进站刷卡使用所处的状态。

(2) 根据车票从发售和回收来看，分为"已售"、"未售"和"回收"三种状态。

①"已售"是指车票经由售检票设备售出时所处的状态，预制单程票经过初始化赋值后也处于"已售"状态。

②"未售"是指车票经过初始化后配发至车站且未经车站发售前所处的状态。

③"回收"是指单程票由出站闸机回收后所处的状态，或经过半自动售票机进行退卡操作后所处的状态。储值票经过半自动售票机进行退卡操作后也处于"回收"的状态。"回

收"状态的单程票可供车站循环发售。

二 各类型票卡的适用范围、有效期及使用规定

轨道交通是一项高投入、高效益的服务型产品,其高效益主要体现在对社会经济的间接推动和对社会的维持上,但又可以采取适当的票价政策获得部分收益,因而又不是一项准公共产品。由于不同国家不同地区所采用的扶持政策不同,因此,各地票卡种类也存在很大的差别。

根据轨道交通的特点,票卡按其使用性质一般分为单程票、储值票、许可票或特种票三大类;按计价方式不同,又分为计次票、计时票、计程票、计时计程票、计时计次票和许可票六大类。相关资源见二维码6。

二维码6

知识链接

计次票、计时票、计程票的特点

(1)计次票指在车票规定的有效期内,使用该票可在任何地铁车站进站乘车,由出站闸机扣除一个乘次,不计站数,每次扣除的费用是相同的。

(2)计时票指为避免乘客在列车上或车站付费区内长时间逗留而造成不必要的拥堵,城市轨道交通运营企业会对乘客从进闸检票时起至出闸检票时止的时间作出限制,称为乘车时限。超过乘车时限即为滞留超时,运营企业往往会对这部分乘客收取一定金额的费用。如广州地铁公司规定,乘客从入闸时起至出闸时止时限为120min。

(3)计程票指经进出站检票,严格按照实际乘坐距离长短(里程或站数),按照票价计费标准计算乘车费用。

在政府给予城市轨道交通运营企业较大幅度直接补贴(如相应的税费减免政策或从政府公共基金中直接划拨相应款项)的情况下,其成本负担较轻,可以增加让利于民的幅度,同时也可简化计价方式,此时票卡一般可采用以计次为主的计次票、计时票、计时计次票、许可票四类(如巴黎、伦敦、纽约等城市)。

在政府不能给予城市轨道交通运营企业较大幅度直接补贴的情况下,其成本负担较重,为了回收投资及维护运营需要,必须强化票务收入,此时票卡一般采用以计程为主的计次票、计时票、计程票、计时计程票、计时计次票和许可票六大类(如东京、香港、上海、广州等城市的轨道交通及铁路)。

1 单程票

单程票是指乘客以一定金额购得一次服务旅行承诺,只可进行一次进站和一次出站行为的车票。通过系统参数设置,可以定义单程票的有效期限和区间。

目前,国内轨道交通票务系统中,常见的单程票有方卡型和筹码型两种。在实际运营过程中,从应用角度出发,又分为普通单程票和预制单程票,而预制单程票又分为限期预制票

和不限期预制票。

普通单程票是指在车站自动售检票 AFC 系统终端设备上发售,在地铁自动售检票 AFC 系统中循环使用的非接触式 IC 卡,限于单次、单车程使用,出站回收;预制票是指经过编码分拣机(E/S)或半自动售票机预先赋值的单程票,通过人工售卖以弥补大客流情况下设备售票能力不足的问题。预制票的特点:已赋有一定的金额,有较长的使用期限,在有效期内每个车站都可以使用。

从使用范围来看,单程票一般仅限制在轨道交通内部循环使用。单程票采购回来后,在制票中心经过初始化、编码工作,然后配发到车站,通过自动售票机或半自动售票机发售,乘客乘坐地铁出站后由出站闸机回收,回收后的车票可在车站循环使用。异常车票交回制票中心重新进行初始化编码。

单程票一般分为以下几种:

(1)普通单程票。它是单程票中使用最多、最广泛的一种车票,乘客购票时完成对票卡的复制,当日当站(按参数设置)、限时限距、出站回收。

(2)应急票。应急票一般有两种表现方式:一种是预先对一定数量的车票进行预赋值,由工作人员人工发售,此类应急票的使用方法和普通单程票相同,只是由于对车票预先赋值,在资金及票卡的管理上更为严格。另一种是将车票进行应急专用编码,在进站时发放给乘客,当乘客在到达站出站时,根据乘坐情况补票。该方式可以解决大客流冲击时,车站售票能力不足的问题。

(3)优惠票。根据条件给予一定的折扣和优惠的车票,如批量购买、某项活动等。

(4)出站票。出站时补票使用,发售当日当站有效,出站回收。

 小贴士

购买团体单程票的规定

由单位或个人一次性购买 30 张及以上的单程票可购买团体单程票。30~99 人可享受 9 折优惠;100 人及以上可享受 8 折优惠。团体单程票在出售后不予退换,在购票站通过边门进站乘车,只能进、出站一次,且当天有效。

2 储值票

储值票是指车票内预存一定资金,在金额足够的情况下可多次使用的车票,每次使用时根据费率扣除乘车费用,出站不回收。储值票一般分为记名储值票和不记名储值票。

记名储值票(图3-24)即卡内保存有持卡人的个人信息,如持卡人姓名、性别、身份证号码等;卡面也可根据需要印刷持卡人的姓名、性别、身份证号码和照片等信息,一般有个人记名储值票、学生票、老免票、员工票、残疾人及伤残军人免费票等。表面印有个人化信息的储值票一般不允许转让给他人,也不能够退换。但是记名储值票可以挂失,可以享受信用消费和信用增值及其他特殊服务。

不记名储值票票面上没有持卡人的信息,通常使用后如果无污损,可以将车票退还给发卡公司以便其重新发行使用。但是不记名储值票不能挂失,也不能享受信用消费和信用增值等服务。

图 3-24　记名储值票

储值票一般由专门发卡单位制作,通过发卡单位营业网点或代理机构发售。发售时根据储值票的成本收取一定押金,在车票有效期内限单人使用,进站检票、出站扣费,若超时出站,根据票务规章规定补交滞留超时费用。储值票卡内金额一般都有一定的上限要求,不同城市的规定不同。

 小贴士

北京市、深圳市储值票卡内上限为 1000 元,广州市储值票上限为 500 元。

储值票一般分为以下几种:

(1) 普通储值票。它是储值票中使用最多最广泛的一种车票,可以反复充值使用,每次使用根据费率表扣费。

(2) 优惠票。优惠票是根据条件给予一定的折扣和优惠的车票。如老人票、学生票、老免票等。

(3) 纪念票。纪念票是为某种题材专门制作的纪念性票卡,可供收藏,按定价发行,在有效期内使用,不记程,出站不回收。纪念票一经售出,概不退换。图 3-25 为香港地铁纪念香港回归纪念票。

图 3-25　香港地铁纪念香港回归纪念票

知识链接

优惠储值票办理规定

以某市地铁公司为例。

(1) 办理储值票时,每张储值票收取车票押金20元。

(2) 普通储值票9.5折、中小学生储值票7折、老年人储值票5折。

(3) 60~65岁(不含65岁)的老年人可凭有效《××市老年人优待证》购买老年人储值票。

(4) 65周岁及以上的老年人可凭有效《××市老年人优待证》申请老年人免费票。

❸ 许可票或特种票

许可票是一种不同于单程票和储值票的特殊票种,由运营方根据某种特殊需要,针对某些群体的特殊要求,以吸引或方便他们来乘坐地铁为目的而发行的,赋予特定的使用许可的一种车票,在限定的条件下具有一定的优惠。主要包括日票、周票、月票、公务票和测试票等。

(1) 车站工作票:供轨道交通相关从业人员工作使用的车票。

(2) 测试票:是一种对自动售检票系统设备进行维护诊断用的特殊车票,只能在设备属于维护模式由维修人员测试设备时使用。

❹ 车票有效期和车票使用规定

(1) 除另有规定的情况外,一般大多数城市轨道交通车票的有效期如表3-3所示。

车票有效期　　　　　　　　　　　表3-3

票　种	有　效　期
单程票	发售时期至当天运营结束时止
福利票	发售时期至当天运营结束时止
出站票	发售时期至当天运营结束时止
定值纪念票	规定时间
一卡通储值票	6年

(2) 车票的一般使用规定。

①进站、出站检票时,必须持有本系统内使用的有效车票。

②车票的一次完整使用过程必须有一次进站记录和相应的出站记录。

③每张单程票、福利票仅限当日一人一次乘车使用;定值纪念票、一卡通储值票每次乘车过程中仅限一人使用。

④定值纪念票可在有效期内多次乘车使用,不充值、不回收;一卡通储值票可在一定时间内多次使用、反复充值;一卡通储值票可以透支一次,透支额在下次充值时从充值额中扣除。

⑤1.2m以下的儿童免费乘车,但必须由成人带领,同行成人需按规定支付乘车费用;两名及以上儿童除一名免票外,其余也需支付乘车费用。

⑥使用福利票的乘客乘车时,应同时携带本人免费乘车证件。

⑦乘客在付费区内将车票丢失,出站时无票的,需照章补票。

现行各类车票使用方法和使用规定如表3-4所示。

车票使用方法和规定　　　　　　　　　　　　　　　　表3-4

类别	票种	介质	提供商	使用方法	车票使用规定
一票通票	单程票	非接触式IC卡	ACC	进站刷卡、出站回收	一名乘客本站当日一次乘车有效
	福利票			进站刷卡、出站回收	符合免费乘车条件的乘客一人一次乘车有效
	出站票			出站回收	只能用于一名乘客出站一次
	定值纪念票			进站刷卡、出站经回收口扣费后,原处退还给乘客	根据ACC业务规则,在发行时限定使用次数且每次一人使用有效
	车站工作票			进、出站均刷卡	只在本站有效,不计进出站次序
一卡通卡	储值卡		一卡通公司	进、出站均刷卡	1. 可反复储值适用,每次一人使用有效; 2. 异形卡的使用方法相同,以一卡通公司提供的样式为准
	员工卡				只限系统内部员工使用,每次扣除次数一次
应急纸票	单程票	纸质车票	运营商	进站经人工检票、出站无需验票	满足启动条件时使用,一经启动须次日首车方可恢复自动售检票AFC模式

3.5 一卡通在AFC系统的应用

一　国内主要城市一卡通

乘客在整个轨道交通路网内,使用一卡通从一条线路到另一条线路无需二次检票,可自由换乘,乘客在换乘站不需要先出站进入非付费区,后再进站到另一条线的付费区,而是直接在换乘站的付费区换乘到另一条线路。

一卡通是利用先进的计算机、通信、信息处理、IC卡技术及安全保密等技术手段建立的，以售卡、充值、结算为中心业务的服务平台，该系统采用非接触式IC卡作为支付介质，应用于市政、公共交通等领域。一卡通是轨道交通自动售检票系统中的车票介质，按照统一规则、统一卡片类型及统一管理模式在轨道交通各线路中使用。

随着国家对信息化建设投入的不断加大，"数字城市"的概念越来越清晰。特别是在国内的一些大、中型城市里，数字化、信息化已逐渐地渗透到市民的日常生活当中，并能做到与世界同步，跟全球信息化、数字化接轨。

一卡通系统是信息化城市的一个重要组成部分，真正的一卡通应该是覆盖城市居民生活各个领域的支付和支持身份认证，能够完成公用事业的预收费，以及金融、旅游、医疗等多个领域的快速结算和支付，保证各领域的身份认证和信息存储查询。国内一些大城市如北京、上海、香港、广州、深圳、南京等地都已广泛应用。

1 上海公共交通卡（图3-26）

上海公共交通卡股份有限公司于1999年就投入试运行一卡通"sptcc"，2002年已经累计发行475.9万张，经过多年来的建设和完善，上海市的一卡通系统现已通过验收，并进入正式运营阶段。"sptcc"的应用层面虽然也是在交通运输方面占了绝大多数（地铁、轻轨、公交等），但市场运作策略紧贴潮流，很好地掌握消费者心理，于2003年就推出了第一批手表异形卡，取得了良好的市场反响。后来陆续扩展至其他行业，包括商店、餐饮、停车场等业务，而且还不断推出了一些个性化服务，如市民可以随心所欲DIY自己喜欢的一卡通图案，而且还可以用自己的照片合成。

2 香港"八达通"（图3-27）

八达通是香港通用的电子收费系统。芯片内置在信用卡大小的塑胶卡片中，卡片充值后，放在接收器上即能完成付款过程。八达通在1997年9月1日开始使用，最初只应用在巴士、铁路等公共交通工具上，后来陆续扩展至其他行业，包括商店、餐饮、停车场等业务，也用作学校、办公室和住所的通行卡。充值的方法也由最初的充值机，扩展至商店付款处和以信用卡、银行账户自动转账。

图3-26 上海公共交通卡

图3-27 香港"八达通"卡

八达通是全世界最早也是最成功的电子货币之一，普及程度也是全世界最高的。截至2005年，香港总共流通1240万张八达通，每日交易宗数也超过800万。八达通卡公司凭此经验取得在荷兰和中国长沙发展电子收费系统的合约，并计划未来与深圳地铁的深圳通互相通用。八达通的非接触式智能卡设计，令使用者只需接近八达通读卡器即可进行交易，并不需要直接的物理接触。

八达通几乎适用于香港所有的公共交通工具（九广铁路、地铁、轻轨、轮渡、巴士等）以及大型连锁店（便利店、快餐店、超市等）。香港许多新款自动售卖机亦接受八达通付款，包括收费电话亭及自助摄影机。此外，部分自助影印机也支持使用八达通收费，包括大部分香港大专院校的图书馆。就连前往中国内地旅游的旅游保险也可以在九广东铁部分车站使用八达通购买。

3 广州"羊城通"（图 3-28）

广东也是全国最早投入一卡通建设的地区之一。尤其是广州的"羊城通"，自2001年12月正式投入使用以来，经过多年的发展，现已初具规模。

目前，羊城通的应用面覆盖广州市内所有的公交汽（电）车、轮渡、地铁各站以及部分电信业务，同时还拓展到连锁便利店、菜市场、电影院、饼屋等商务小额消费领域，应用区域从广州市区扩大到增城、花都、番禺、从化、佛山五区（南海、顺德、禅城、高明、三水）等，成为集"公交通、电信通、商务通"等功能于一体的多功能电子支付媒介，让广大市民真正享受了电子付费的便捷。

4 北京市政交通一卡通（图 3-29）

北京一卡通，本是只指"北京市政公交车一卡通"，后来，商家为了竞争，提供使用一卡通可以消费的方便服务。于是，公交一卡通便成了真正的"北京一卡通"，不仅可以乘公交使用，还可以在超市等商店消费，在电影院看电影消费。北京市政交通一卡通是一张集成电路卡，每张卡内设有高科技芯片，该芯片具有电子钱包及其他功能，可储存多次付款记录，亦可反复充值使用。

图 3-28 广州"羊城通"卡

图 3-29 北京市政交通一卡通

2006年4月1日起，北京市政交通一卡通开始预售，2006年5月10日，一卡通全面正式启用，限乘次数，每月每卡限乘140次。截至2007年12月10日，一卡通系统共计发卡

1463.45万张,日均交易1100万笔,最高达1216万笔,系统累计处理交易达49.7亿笔。就交通领域的使用情况看,刷卡交易量居全国第一位。随着发卡量的不断增加,持卡人群不断扩大,为广大持卡人提供更广泛的用卡支付领域是广大持卡人的需求。一卡通用卡消费范围:公交、轨道交通、出租车、停车场、加油站、公园景点领域、北京联通公用电话亭、电影院、医院、超市、便利店、餐饮、书店、药店等多种场合。

2010年5月17日,北京联通与北京市政交通一卡通公司联合推出了"联通手机一卡通"服务,让联通的手机用户可以持手机刷公交、地铁、小额支付等,如同刷一张普通的北京市政一卡通卡。"联通手机一卡通"具体包括一部联通定制手机终端、一张智能SIM卡以及30元一卡通账户使用费。与市面上普通手机不同的是,这种定制手机根据手机支付的需求进行了少许改造,在后背加装了一个天线。手机里的SIM卡则是握奇SIMpass双界面卡。"联通手机一卡通"服务已于2010年12月31日起开始施行。

❺ 深圳"深圳通"(图3-30)

深圳最初推出的"深圳通"是为了让市民方便地乘坐公共小巴而发行的,它只可以用来乘坐公交车。2004年12月28日,深圳地铁公司发行了一种可以用来乘坐地铁的深圳通。截至2005年10月,深圳通的功能还仅限于公共交通方面。2005年底,深圳通由深圳通有限公司重新统一发行并启用,新型的深圳通是一张集地铁储值卡、公交IC卡、出租车和商场小额消费功能于一身的IC型储值卡,并可能与香港的八达通、广州的羊城通等周边城市储值卡互联互通。

❻ 其他地区

除以上几个区域外,国内的其他城市,如南京、成都、厦门、沈阳等的一卡通系统都相继投入使用,并不断完善系统和逐步拓展应用领域。

但是,就目前国内的情况而言,一卡通还处于初级阶段,应用领域非常有限。公共交通支付还是占绝对的比例。在不久的将来,一卡通有望能发展成一张集电子支付、个人身份证明和社会医疗、保险信息储存于一身的多功能智能卡,真正做到"一卡在手,万事无忧"。

图3-31为南京"金陵通"卡。

图3-30 深圳"深圳通"

图3-31 南京"金陵通"

二、一卡通在 AFC 系统中的一般要求

1 公交系统要求

公交系统对于一卡通的要求如下：
(1) 交易处理快速、简单、快捷无误。
(2) 可靠性高，交易准确；交易量比较大，交易终端使用频率高。
(3) 终端要求维护简单、维护费用低；读写机抗干扰性强。
(4) 支付方式安全性高，防伪造、防攻击；系统效率高、管理和维护费用低。
(5) 交易金额比较小。

2 系统安全性要求

(1) 采用 PBOC 电子钱包，确保交易安全和正确。
(2) 卡片支持 3DES 加密算法，确保数据的安全性。
(3) 机具全封闭，抗破坏和抗干扰能力强。
(4) 卡片支持防冲突机制，同时可处理多张卡片。

北京市政交通一卡通系统采用非接触式 IC 卡，选择了以 Mifare 技术为基础，逻辑加密卡兼容 CPU 卡的技术系统方案，符合国家住房和城乡建设部 IC 卡领导小组和北京市"一卡通"建设要求，而且技术上先进，功能上易于扩展与兼容。系统建立了能够支持跨领域清算，兼具动态性和灵活性的清算网络系统。设计制定了标准化接口规范，不仅规定了一卡通系统清算所必需的数据域，还预留了对不同应用领域特殊管理数据要求的接口，并在接口规范的基础上设计了不同的通信方式。建立了完整有效的系统安全体系，采取了高效的密钥体系的关键技术措施，保证了系统的安全可靠运营，对密钥体系进行了大胆创新，针对非接触式智能卡的特点做到了"一卡一密，一扇区一密"。建立了安全、便捷的充值、发卡体系，系统的发卡体系和充值体系不仅具有足够的安全性，还具有足够的灵活性和多样性。

复习与思考

1. 票卡媒介有哪些？
2. 智能卡是怎样分类的？
3. 比较磁卡、接触式 IC 卡和非接触式 IC 卡的特点。
4. 什么是异形 IC 卡？
5. 车票的主要功能有哪些？

单元 4

自动售检票系统终端设备与操作

 教学目标

1. 掌握自动售检票系统的概念；
2. 理解自动售检票系统应用技术组成；
3. 掌握自动检票机、自动售票机、半自动售票机、自动查询机的结构组成及其结构功能。

 建议学时

8 学时

单元4 自动售检票系统终端设备与操作

教学导入

 想一想

我们每次在乘坐地铁过程中,购票、充值、刷卡进站等操作都与哪些设备有关?

自动售检票系统,是以磁卡(纸制磁卡和 PET 磁卡)或智能卡为车票介质,利用自动售票机、半自动售票机、自动检票机、查询机等终端设备,并通过计算机网络实现轨道交通运营中的自动售票、自动检票、自动收费、自动统计的封闭式票务管理自动化系统。

自动售检票系统通过计算机技术、现代通信网络技术、自动控制技术、智能卡技术、大型数据库技术、传感技术、统计和财务等专业知识的综合运用,特别是信息技术的运用,可以大大减少票务工作人员的劳动强度,使乘车收费更趋于合理,减少逃票现象,提高地铁运营效率和收益。同时,自动售检票系统还可以大大减少现金流通,避免人工售票、检票过程中产生的各种漏洞和弊端,并对客流量、运营收入等综合业务信息进行汇总分析,为决策者增强客流分析预测的能力,合理地调配资源,以提高运营单位的经营管理水平。自动售检票系统信息技术和知识领域如图4-1所示。

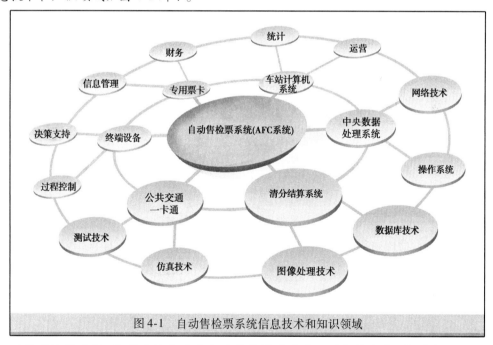

图4-1 自动售检票系统信息技术和知识领域

以北京地铁为例,北京地铁全路网自动售检票系统由三层架构组成,分别是:

第一层:轨道交通清算管理中心 ACC;第二层:地铁多线共用线路中心 MLC;第三层:线路中心 LC;第四层:车站计算机系统 SC;第五层:车站终端设备层 SLE。其系统结构如图4-2所示。

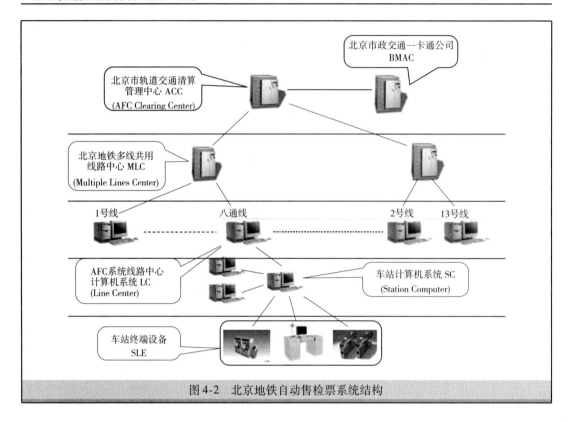

图4-2 北京地铁自动售检票系统结构

4.1 自动检票机

自动检票机,简称闸机(Automatic Gate,简称AG),是实现乘客自助进出站检票交易(在非付费区和付费区间通行)的设备。对有效车票,检票机通道阻挡解除(门扇开启或释放转杆),允许乘客进出站。

想一想

自动检票机安装在什么位置,它的使用环境如何?

自动检票机安装于车站付费区与非付费区的交界处,用于实现自动进出站检票。自动检票机应能适应地铁车站的强磁干扰、尘土、高温、振动等恶劣工作环境,具有防潮、放火、防酸的功能,如图 4-3 所示。

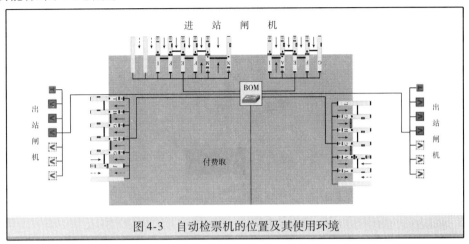

图 4-3　自动检票机的位置及其使用环境

一　自动检票机分类与功能

1　自动检票机分类

自动检票机根据功能的不同,可以划分为进站检票机、出站检票机和双向检票机三种。进站检票机用于完成进站检票,检票端在非收费区;出站检票机用于完成出站检票,检票端在收费区;双向检票机既可完成进站检票也可完成出站检票,在非收费区和收费区可分别按照进站和出站的处理规则完成检票功能。

自动检票机根据阻挡装置的类型可以分为三杆式检票机、扇门式检票机(图 4-4)和拍打门式检票机三大类型,根据通道宽度,可以分为普通检票机和宽通道检票机两种类型。

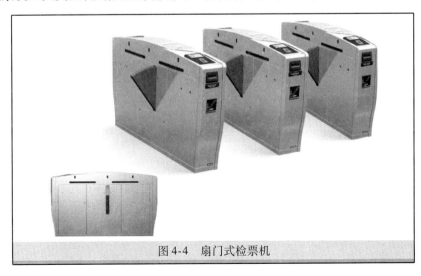

图 4-4　扇门式检票机

2 自动检票机功能

自动检票机的基本功能是对乘客所持的车票进行检验,并完成进站或出站的交易处理。在计时计程的收费规则下,在进入收费区及离开收费区时都需要进行车票检验。进入收费区时检查车票的合法性并记录进入时的地点和时间;离开收费区时检查车票的合法性、进站信息的合法性及收费区内的停留时间,并根据进入位置和离开位置计算本次旅程的费用,完成车票扣款操作。相关资源见二维码7、二维码8。

二维码7　　二维码8

自动检票机的主要功能如下:

(1)自动对车票进行有效性检验,对有效车票进行相应处理后放行乘客,对无效车票拒绝放行。

(2)对车票处理结果给出明确的提示信息。

(3)对通道的通行状态给出明确的指示。

(4)对特殊车票的使用给出明确的提示。

(5)对需要回收的车票执行回收操作。

(6)对各部件的工作状态进行自动监测,并向车站计算机系统上报工作状态。

(7)接受车站计算机系统下发的参数和控制命令,并执行相应的操作。

(8)存储并上传交易信息。

(9)接受紧急按钮信号并控制设备的操作。

自动检票机功能列表,见表4-1。

自动检票机功能列表 表4-1

序号	功能项	功能描述
1	联网下载参数	接受车站计算机系统下发的系统运行参数,包括:费率类参数、操作员表、设备配置参数、公用参数、运行模式、黑名单表以及其他等运营参数
2	上传状态信息	将设备状态实时上报车站计算机
3	上传交易信息	上传原始交易数据、上传寄存器数据
4	联网接受控制	接收车站计算机的控制命令
5	软件升级	可以通过车站计算机升级自动检票机软件;自动检票机保存最近2个软件版本;新软件失效时,自动切换到上一个版本运行软件
6	离线运行	当网络故障时,自动检票机可以运行于离线模式;交易数据和状态数据保存在本地,至少保存最近的100000条交易数据及7天的设备数据,当网络恢复时,自动上传到车站计算机
7	方向指示器	高亮度显示设备通行方向,提供30m外远距离指引
8	警示灯/蜂鸣器	采用双色灯,优惠票显示及非法通行警示蜂鸣器控制1m处≤50dB
9	乘客显示器	采用6.4in TFT LCD,中英文显示车票使用的信息
10	刷卡检测	同时有两张车票在有效读写范围内不操作

续上表

序号	功能项	功能描述
11	有效性检查	车票的安全性、合法性、黑名单、进出站次序、更新信息、有效期、余值和乘次、超乘、超时以及使用地点检查
12	车票处理	有效票,写入进出站信息;无效票提示处理方法;出站时储值类车票扣除车费和乘次,回收类车票插入回收口回收,交易完成生成交易记录
13	信息提示	对车票的处理通过乘客显示器进行显示并有声光提示
14	读写卡器读写距离	0~100mm
15	交易处理时间	≤300ms
16	可读写票卡	ISO 14443 Type A 及 Mifare 系列、ISO 14443 Type B
17	正常通行	通过对射传感器对正常通过的行人、大行李等进行检测并作出正确判断
18	异常通行检测	通过对射传感器对逆行闯入、无票通行、跟随等行为进行检测并作出正确判断
19	通行安全保护	通过安装在闸门位置的安全传感器,防止闸门夹到乘客
20	1.2m 以下儿童通行	通过安装在闸机中部的反射型传感器检测乘客并让其通过
21	车票回收处理	检查、编码、校验、无效退出时间 0.5s
22	票箱	不锈钢,可容纳 1000 张车票
23	紧急模式闸机状态	闸门打开,显示快速通过,闸门掉电应打开
24	双向检票机同步显示	顶棚、方向指示器同步显示
25	双向检票机通行显示	一侧刷卡通行时,对侧方向显示、顶棚、乘客显示禁行
26	检票机通道宽度	900mm,可保证残疾人等特殊通行
27	用户权限管理	操作员分等级管理,不同操作员等级具有不同操作权限;每个操作员的操作等级及权限设置包括允许操作的设备类型、允许操作的功能、允许操作的车站等;所有报警将被记录
28	车票安全	票箱双锁设计:取走票箱和打开票箱需要不同钥匙;更换票箱部接触车票电子标签;每个票箱的车票数量被记录
29	报警功能	当非法打开维修门时,设备将报警;自检失效,设备将报警;上报车站计算机显示报警信息;本地声光报警
30	抗冲击性	设备外壳足够的强度,耐受一定程度的碰撞和冲击
31	操作安全	进票口平滑,避免对乘客的伤害;内部机械部件无毛刺,避免对操作员的伤害

续上表

序号	功能项	功能描述
32	电气安全	具有独立的电气开关和漏电保护开关；高压模块有明显警告标识；有良好的接地措施保证设备金属外壳不带电；具备防雷击、防浪涌等电源保护措施
33	状态自诊断	自动检票机与车站计算机通信状态监测；自动检票机内各模块与主机的通信状态监测；自动检票机内部各模块的传感器检测、动作监测；自动检票机内部各模块的机械到位检测；测试模式下可测试各模块的功能，并可通过测试票检票测试整体协作功能
34	维护面板	具有输入和显示功能；提供菜单操作方式，中文界面；能方便快捷的定位故障，并显示该故障的中文描述
35	外接维护终端	提供外接维护终端接口；使用外接维护终端时，不需要打开维修门；使用外接维护终端时，必须先输入操作员编号和密码，以验证身份；外接维护终端可以是便携式 PC
36	断电保护	在停电时，能接收 SC 的关闭指令完成最后一笔交易，在保证数据完整不丢失后，进行自动关机操作，关机时间不大于 5min；关机时能自动退出应用程序，并安全退出操作系统，自动关闭内部电源
37	人体工程学	乘客显示器角度、回收车票位置和阻挡门高度的设计

二 自动检票机结构组成

自动检票机以主控单元为核心，辅以阻挡装置、车票处理装置、声光提示装置等模块。主控单元一般选用高可靠性、低功耗的通用型嵌入式计算机设备或工业级计算机设备，需要具有丰富的外部接口以支持外部设备的连接，并需要保留部分接口以支持未来设备的扩展。自动检票机的总体布局和结构，如图 4-5、图 4-6 所示。

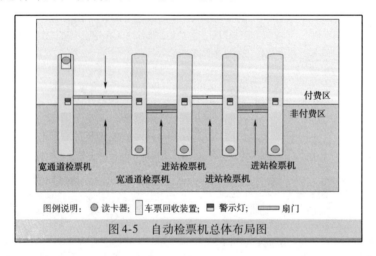

图 4-5 自动检票机总体布局图

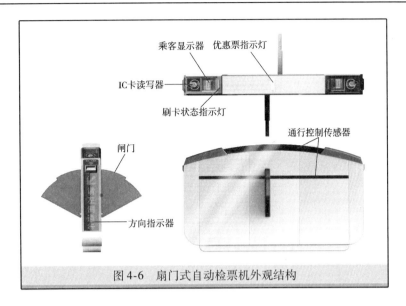

图 4-6　扇门式自动检票机外观结构

1　自动检票机上部结构

自动检票机上部外观结构如图 4-7 所示。

(1) 票卡读写器

票卡读写器的安装位置符合乘客右手持票习惯,在检票机安装读卡器的位置有醒目的标识指示乘客刷卡位置。闸机的读写器可分为两种:储值票读写器和单程票读写器(两种读写器可以互换),两种读写器软件版本相同。

票卡读写器提供高级应用程序编程接口,支持对 ISO 14443 A/B 标准卡片的读写操作。读写器设计有 4 个安全认证模块 SAM 卡座,支持多密钥应用,提供读卡器与安全认证模块 SAM 之间的接口和数据传输。扩展安全认证模块 SAM 不会造成读卡器性能的降低。

针对不同的设备应用,相应的票卡读写器执行充值和消费操作。读写器有效读写距离为 10cm,交易速度为 200～1000ms。读卡器对票卡的操作满足一卡通对票卡应用流程标准要求、安全认证模块 SAM 的安全保密处理要求和交易数据处理要求。

图 4-8 为读写器及天线。读写器相关技术参数见表 4-2。

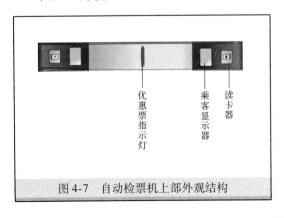

图 4-7　自动检票机上部外观结构

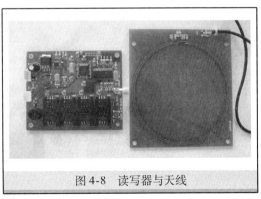

图 4-8　读写器与天线

读写器相关技术参数   表4-2

项　　目	技　术　参　数
工作环境温度	-10 ~ +70℃
工作湿度	20% ~ 90%RH
工作电压	DC-12V±1V
基本配置	天线(连同轴电缆)、2个安全模块插座、DB针RS-232接口
	DC-12V电源接口
最大感应距离	不小于6mm(外置)、不小于2mm(内置于机芯)
场强	最大值不小于7.5A/m,最小值大于1.5A/m
读写时间	公共交通卡交易处理速度:≤0.3s/张
	单程票回收处理速度:≤0.8s/张
工作频率	13.56MHz+7kHz
读写器与IC卡片通信速率	106k波特率
读写寿命	大于100万次
MTBF	大于100000h
与上位机接口方式	RS-232
与上位机通信速率	28800~57600bit/s
与上位机通信协议	符合国家标准
物理特性符合	ISO/IEC 7816-1、ISO/IEC 7816-2
逻辑接口和通信协议符合	ISO/IEC 7816-3

　　进站检票机及出站检票机都装有一个储值票读写器及天线,另外,出站检票机传输装置中还装有一个小天线的单程票读写器,用以完成单程票回收时的读写操作;双向检票机具有进站和出站的所有读写器。

　　读写器天线负责储值票和单程票中的数据通信和能量传输,将车票中数据通过读写器上传到工控机(读卡过程),由工控机对车票中数据进行判断,再将判断结果下发给读写器,由读写器通过天线对车票中数据信息进行修改(写卡过程)。

　　读写器完成一次交易的时间:在规定的数据格式下,单程票与读写器之间完成一次交易所需时间小于200ms,储值票与读写器之间完成一次交易所需时间小于300ms。

　　读写器冲突处理机制:同一时刻内,在读写器感应区内同时出现两张(或以上)的单程票时,读写器对单程票均不作处理。

　　读写器掉电保护:外部电源失电时,不破坏或改变读写器的内存数据。复电时,能恢复到断电前的状态及内存数据。

　　读写器的有效读写范围如图4-9所示。

单元4 自动售检票系统终端设备与操作

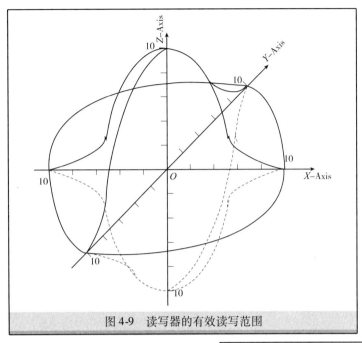

图4-9 读写器的有效读写范围

读写器的有效读写范围具有以下特点：
① 原点是天线的中心点。
② 天线平面为 X 和 Y 轴平面。
③ 天线上方和下方的有效读写范围一致。
④ 范围说明：卡片处于有效读写时，卡片中心在天线平面上的投影与天线中心的距离：0mm、40mm、70mm、100mm。
⑤ 卡片中心距天线平面的最大垂直距离：100mm、70mm、15mm、0mm。

（2）乘客显示器（图4-10）

图4-10 乘客显示器

乘客显示器为可变显示，能够显示中文、英文、数字及图形，以引导乘客正确使用检票机。常见乘客显示器内容与说明，见表4-3。

常见乘客显示器显示内容与说明　　　　　　　　表4-3

描述	显示内容	可能出现的情况说明
关闭	关闭 Closed	设备处于关闭状态： (1) 系统下达关闭命令； (2) 在维护面板上选择"关闭服务"
正在初始化	正在初始化 Initialize	设备处于初始化阶段，正在检测设备所有模块的工作： (1) 设备刚通电； (2) 设备从一个非营运状态变为可运营状态时，设备自动进入初始化界面

续上表

描 述	显示内容	可能出现的情况说明
请使用车票	请使用车票 Use Ticket	设备处于正常营运状态,可接受单程票和储值票
请使用储值票	请使用储值票 Use CSC	设备处于正常营运状态,可接受储值票,但无法接受单程票,造成的可能原因如下: (1)机芯卡票; (2)票箱回收机构故障(卡票、票箱未安装、票箱满等); (3)单程票读写器故障
请使用单程票	请使用单程票 Use SJT	设备处于正常营运状态,可接受单程票,但无法接受储值票。可能的原因是:储值票读写器故障
请进站	请进站(箭头)Enter Station	设备处于正常营运状态,并判定车票有效,允许乘客进入闸机通道
请出站	请出站(箭头)Exit Station	设备处于正常营运状态,并判定车票有效,允许乘客通过闸机通道
请再试一次	请再试一次 Try Again	设备处于正常营运状态,并在判定车票时,乘客已将车票移出天线感应区
请稍后再使用	请稍后再使用 Try Later	只有双向检票机会出现。设备处于正常运营状态,当乘客在一端检票处理时,在设备的另一端则显示该内容,以提示另一端的乘客。等待对方的乘客通过后再使用,避免两端的乘客在通道内争执
车票过期	车票过期 Ticket Expired	设备处于正常营运状态,并判定车票已过有效期; (1)储值票已过允许使用的有效期; (2)单程票非当日售出的票
余额不足	余额不足 Deficit	设备处于正常营运状态,并判定车票为储值票或单程票时,单程票的票额小于最小费率区的金额,储值票的余额小于等于0。出站时,单程票的票额小于费率区的金额,储值票的票额小于允许最后的透支额
车票类型错误	车票类型错误 Type Error	设备处于正常营运状态,并判定车票为暂不允许的车票
紧急模式	紧急模式 Emergency mode	设备处于紧急状态: (1)设备接受到系统下达的紧急命令; (2)在维护面板上选择"紧急模式"; (3)设备接收到紧急按钮下发的电压环信号
维护模式	故障诊断 Diagnostic model	设备处于维护状态
请使用测试票	请使用测试票 Use Test Ticket	设备处于维护状态,设备允许接受测试票; 在维修面板上选择"测试模式"
错码	错码 Error Code	设备处于维护状态,在维护面板上键入设备不存在的测试码
余额	余额(箭头)	设备处于正常营运状态,并判定车票为储值票且有效,在允许乘客进入的同时,显示票卡的余额
请到客服中心	请到客服中心 Go to BOM(拒绝码)	设备处于正常营运状态,在进站检票机上判定车票为无效时显示该内容,引导乘客去客服中心

续上表

描　述	显示内容	可能出现的情况说明
暂停服务	暂停服务 Out of Service （故障码）	设备处于非营运状态： (1) 操作员打开维修门； (2) 设备主要模块故障,设备无法继续投入运营； (3) 系统下达暂停服务命令
请插入车票	请插入车票 Insert Ticket	设备处于正常营运状态,在出站检票机上,乘客将需回收的车票放在外置天线上,设备提示乘客投入该车票

❷ 自动检票机侧向结构

自动检票机侧向外观结构如图 4-11 所示。

(1) 通行传感器

通行传感器能够监控乘客通过自动检票机的整个过程以及监测通过自动检票机的人数。自动检票机一般采用两种传感器：透过型传感器和漫反射型传感器。

每对(个)传感器都不是单独使用的,通行控制单元对一组或者所有传感器的检测反馈信息进行分析处理,保证通行控制的准确

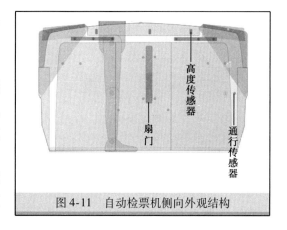

图 4-11　自动检票机侧向外观结构

性和安全性。自动检票机通行传感器分布和主要功能如图 4-12 所示。

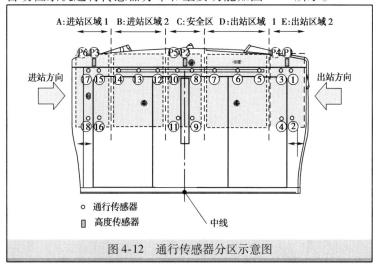

图 4-12　通行传感器分区示意图

A:进站区域 1 组传感器采用透过型传感器,主要监测是否有乘客进入通道。

B:进站区域 2 组传感器采用透过型传感器和反射型传感器组合使用,判断无票乘客的通行行为。

C：安全区传感器采用透过型传感器，安装于不同的高度，监测通行情况，反馈信号控制闸门，保护已进入通道的乘客，防止闸门夹住乘客。

D：出站区域1组传感器采用透过型传感器，检测乘客是否已经通过闸门，如果发现乘客已经通过闸门，如有跟随通行行为，反馈信号控制闸门关闭，以防止第二个乘客通过。

E：出站区域2组传感器采用透过型和反射型传感器的组合，检测与自动检票机设定方向相反进入通道的乘客，如有逆行通行行为，检票机将关闭闸门并报警。

（2）高度传感器

自动检票机上装有检测身高的反射型传感器，用于检测通过的乘客是否是身高为1.2～1.4m（高度可调）以下的儿童。从检票机中部呈向斜上方的反射型传感器，可以检测到约1.2～1.4m以上位置的物体。当这个反射型传感器未检测到任何物体时，即使其他的传感器检测到有物体通过，也不认为是通过的乘客。因此，身高约1.2～1.4m以下的儿童即可以安全地通行。但是在实际通行当中，由于乘客通过时身高变化较大，所以不能非常精确地利用身高作为识别儿童乘客的依据。儿童安全检测示意图，如图4-13所示。

（3）扇门

扇形门装置是另一种得到广泛应用的检票机阻挡装置。扇形门装置由扇形门、机械控制结构和控制板组成。

扇形门由软性塑胶和内置钢板组成。门的边缘部分采用软性塑胶材料生产，从而能最大限度地减小强行通过时对人体的损害。其内部的钢板可保证扇形门有效地快速关闭和阻止强行推动扇形门。扇形门为三角形，由可吸收能量的软性材料制成，当受到冲击时发生变形并能自动恢复到原来状态。

当扇门需要动作时，控制板驱动电动机，通过减速齿轮提供动力给转换器，在操作杆连接处产生力矩，通过电磁铁传递运动，带动扇门运动。控制板负责对机械的控制功能及传感器信号的管理。扇形门装置示意图，如图4-14所示。

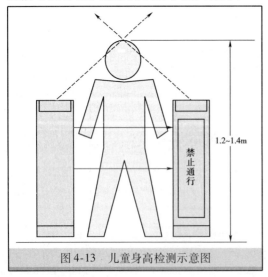

图4-13　儿童身高检测示意图

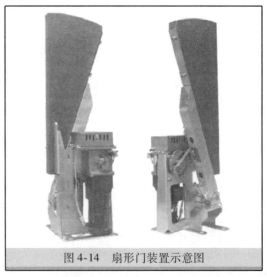

图4-14　扇形门装置示意图

3 自动检票机立面结构

自动检票机立面结构如图 4-15 所示。

(1) 方向指示器

方向指示器位于检票机面向乘客的前面板上,显示通道的通行方向标志,远距离指示乘客通道的通行状态。方向指示器的设计确保乘客在 30m 外的距离可以明辨标志的内容和含义。

方向指示器及乘客显示器关于"通行"与"禁行"的标志统一,采用国际通用的标志,且配有中文说明文字,以图形加文字的形式提示乘客,如图 4-16 所示。

图 4-15　自动检票机立面结构图

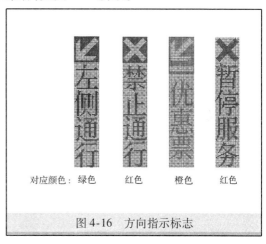

图 4-16　方向指示标志

(2) 车票处理装置

车票处理装置是自动检票机的另一个关键部件,车票处理装置负责完成车票读写、传送及回收处理。车票处理装置主要包括两大部分:车票读写设备和车票传送装置。

对于 IC 车票,目前使用的基本上都是非接触式 IC 芯片车票,只要车票停留在天线感应的范围内都可以对其进行读写。因此,对于进站交易而言,只需要使用车票读写器就可以完成进站处理而不需要配置传动装置。由于出站时单程使用的 IC 车票都需要回收,因此当使用单程 IC 车票出站时,必须将 IC 车票投入(筹码型)或插入(方卡型)车票处理装置中,车票通过传送装置(通道)到达天线感应区并在此完成车票读写,交易成功的车票继续经传送装置回收到票箱中,非法车票或交易失败的车票将返回给乘客,由乘客到车站服务中心完成票务更新后再次使用。对于不需要回收的 IC 车票,与进站类似,仅使用车票读写器就可以完成出站处理。

带有票箱的车票处理装置通常需要配置两个票箱,并实时监控票箱的状态,在票箱未安装、票箱将满或票箱已满时,需要向主控单元发送相关信息,主控单元将相关信息上传到车站计算机系统 SC。票箱通常还需要具有计数功能,或由主控单元进行计数。车票处理装置应可以根据主控单元的命令将车票回收到指定的票箱中。

自动检票机车票回收模块如图 4-17 所示。

图 4-17　自动检票机车票回收模块

4.2　自动售票机

一、自动售票机概述

自动售票机(Ticket Vending Machine,简称 TVM),TVM 机设于车站非付费区,用于乘客自助式购买地铁单程票和对储值票进行充值。自动售票机摆放位置如图 4-18 所示。

图 4-18　自动售票机站厅布局图

二 自动售票机功能与操作界面

1 自动售票机的功能

自动售票机的基本功能是通过乘客的自助式操作完成自动售票。自助购票的基本过程包括购票选择、接收购票资金、自动出票及找零等过程,在必要时还可以打印充值凭证等。自动售票机可接受硬币和纸币购买单程 IC 票卡,自动售票机也具有对"一卡通"卡和地铁专用储值票进行充值的功能。同时,自动售票机预留银行卡的数据接口和电气接口及物理空间,方便支付方式的扩展。

自动售票机主要实现如下功能:

(1)接受乘客的购票选择,并在购票过程中给出提示信息及操作指导。

(2)可以接受乘客投入的现金(或储值票、信用卡等其他付费介质)并自动完成识别,对无法识别的现金(或储值票、信用卡)予以退还。

(3)自动计算乘客投入的现金数量及购票金额,自动找零。

(4)自动完成车票校验、车票发售及出票。

(5)对各部件的工作状态进行自动监测,并向车站计算机系统上报工作状态。

(6)接受车站计算机系统下发的参数和控制命令,并执行相应的操作。

(7)存储并上传交易信息。

(8)对本机接收的现金及维护操作进行管理。

2 自动售票机的操作界面

(1)自动售票机主界面

自动售票机是自助型系统设备,城市轨道交通车站内会有部分乘客对该系统的操作不熟练,站务员应主动、热情地提供操作指引服务。因此,站务员应熟练掌握自动售票机的购票操作。指引乘客使用自动售票机购票、充值时,站务员可通过乘客操作界面实现点选操作。常见的自动售票机乘客操作界面如图 4-19 所示。

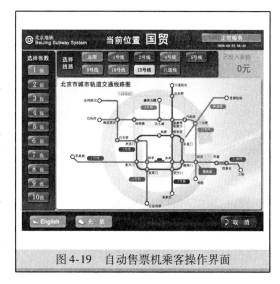

图 4-19 自动售票机乘客操作界面

地图区域能清晰显示线网地图,能实现地图的缩小、扩大及水平移动,当乘客点击某车站时,以该车站为中心的附近几个车站会被放大显示,以便于乘客正确选择目的地站购票。

选择线路区域提供了按线路分类的按钮,当乘客点击选择要乘坐的线路时,该线路在地图区域放大,方便乘客快速、准确地点选目的地站。运营及票卡选择区域可以实现按票价直接购票,为熟悉轨道交通票价的乘客提供了便利。

时间区域能实时显示当前的日期与时间。功能选择区域提供了供乘客选择或确认的按钮,如中、英文切换按钮和充值操作按钮等,实现相应的功能选择。信息提示区域主要用于向乘客显示相应情况下的信息。状态区域显示了自动售票机 TVM 当前运营状态的信息。

(2)自动售票机的充值界面

乘客使用现金在自动售票机上进行储值票充值时,自动售票机通常可接收第五版 10 元、20 元、50 元和 100 元人民币币种充值。具体操作流程大致分为:在主界面选择充值按钮→插入储值票→支付储值票充值金额→设备对储值票充值→返还储值票等几个步骤,储值票充值界面如图 4-20 所示。乘客从开始充值后至支付充值金额之前都可以取消交易,点击取消按钮或者一定时间内没有任何操作时,返还投入的储值票并返回初始界面。

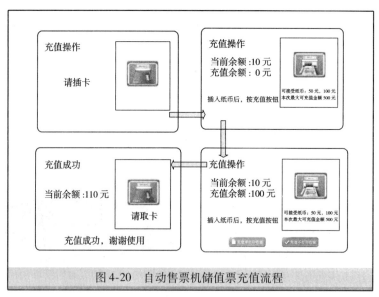

图 4-20　自动售票机储值票充值流程

三　自动售票机结构组成

自动售票机以主控单元为核心,辅以现金处理装置、车票处理装置、乘客显示器、打印机、电源等模块,还可以根据需要,配置触摸屏、运营状态显示器、银行卡读写器及密码键盘等部件。自动售票机的总体架构,如图 4-21 所示,自动售票机外观结构如图 4-22 所示,自动售票机内部结构如图 4-23 所示。

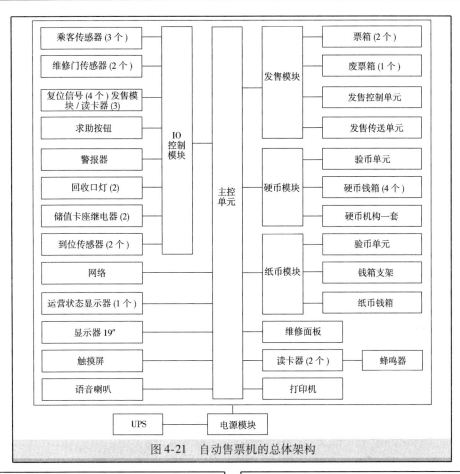

图 4-21　自动售票机的总体架构

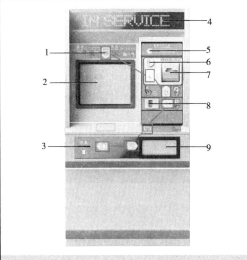

图 4-22　自动售票机外观结构
1-操作指示灯;2-乘客显示器;3-收条出口;4-状态显示器;5-求助按钮;6-硬币投入口;7-纸币投入口;8-储值票插入口;9-找零、取票口

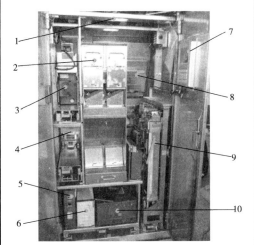

图 4-23　自动售票机内部结构
1-固定照明装置;2-硬币模块;3-纸币模块;4-凭条打印机;5-电源模块;6-UPS;7-维护面板;8-LED状态显示器;9-票卡发售单元;10-工控机

① 主控单元

自动售票机 TVM 主控单元(也称为工控机)采用 32 位工业级微处理器,阻抗电磁噪声的性能良好(VCCI Class A),能一天 24h 工作,并能提供充分的指定功能。即使电源中断,数据也不会丢失。主控制器主控制单元采用嵌入式工控机来实现,有良好的抗电磁干扰性能,能保证整机全天 24h 不停机地稳定运行。主控制器负责运行控制软件,完成车票处理、现金处理显示、数据通信、状态监控等功能。

 知识链接

北京地铁使用的某型号自动售票机,其主控单元主要参数见表4-4。

自动售票机主控单元主要参数表　　　　　　　　表4-4

自动售票机	TVM 机
主控单元:POS-1711VNA	工控机
工控机箱	Rack
主板	POS-1711VNA(Celeron 2GHz)
电子硬盘	Disk on Module(256MB)
硬盘	HDD(40GB/7200 转)
内存	512MB DDR
PCI 接口板	8408

② 现金处理模块

自动售票机内的现金处理设备将关系到发售资金的安全,是自动售票机安全管理的最重要的部件。现金处理设备按照功能划分,可以分为两大类,即现金识别设备和现金找零设备;如果按照现金的类型划分,还可以进一步划分为硬币识别设备、纸币识别设备、硬币找零设备和纸币找零设备。

(1)纸币模块

纸币识别设备一般至少可以识别六种以上的纸币(同一面值但不同版本的纸币将被认为是两种纸币)。纸币识别设备通常包括入币口、传输装置、识别模块、暂存器和钱箱等部件。当纸币通过入币口被送入识别器后,纸币传输装置将纸币输送到纸币识别模块,识别模块将对纸币进行面额和防伪标记的识别,合法的纸币将被送入纸币暂存器,不合法(无法识别)的纸币将被退回给乘客。当乘客取消交易时,纸币暂存器内的纸币可以从退币口(也可能是入币口)返还给乘客。当乘客确认交易后,纸币暂存器内的纸币将被转入纸币钱箱内。

纸币钱箱采用全密封的结构,通过两把安全锁来保证现金安全。当纸币钱箱从安装座上拆下时(即固定用安全锁打开时),钱箱入口将自动关闭,从而保证更换钱箱的工作人员无法直接接触到纸币。只有使用另一把钥匙才能将钱箱打开,清点收到的现金。

纸币处理单元的工作原理描述如下:

①纸币处理器收到接收纸币指令,点亮进币口绿色指示灯,提示机芯工作正常,可以插入纸币。

②乘客将纸币平整地插入到进币口,纸币机芯模块对插入物进行初步判断,如认定为纸币,则打开进币口电动机,吸入纸币,并自动纠正没有垂直插入的纸币。

③吸入的纸币进入传送通道,在纸币识别区经传感器识别纸币合法性及面额特征,采用先进的纸币识别方法对纸币的真伪进行判断,如果纸币是真币且符合接收要求,将会被存放在纸币暂存区;如果为假币或非法纸币,将直接由退币口退还给乘客。

④如果本次购票交易成功,则将暂存区的纸币传送至缓冲区(压钞区),压入钱箱存储;如果交易失败或取消交易,则将暂存区的纸币由退币口退还给乘客。钱箱设有位置检测传感器,可以对钱已箱满或将满的状态作出判断。如果钱箱已满,纸币处理单元关闭进币口,停止接收纸币。纸币处理模块图,如图 4-24 所示。

(2)硬币模块

硬币找零设备比较复杂,一般至少应包括循环找零机构、补充找零机构、清币机构及硬币回收机构。硬币找零设备一般会与硬币识别设备采用一体化的设计方法,以提高处理速度和优化硬币模块的结构。所谓循环找零机构,是可以使用乘客投入的硬币来补充找零的找零机构,而补充找零机构需要人工添加硬币,通常在循环找零机构内的找零硬币不足时使用。当循环找零机构已满时,乘客投入的硬币将通过硬币回收机构回收到硬币钱箱中。当运营结束时,可以使用清币机构将循环找零机构(也可能包括补充找零机构)中保存的硬币清空,被清出的硬币将被硬币回收机构回收到硬币钱箱中,以便车站管理人员进行清点。

硬币模块处理的基本工作原理描述如下:

乘客投入的 1 元硬币经过硬币识别模块识别后,进入暂存区,等待下一步的处理;不合格的硬币直接掉入出币口,返还顾客。当乘客取消交易时,硬币分拣机构将投入的硬币原币返还顾客。

当交易成功后,硬币分拣机构自动将硬币投入储币箱或找零箱中(当找零箱的硬币数量低于某一设定值时)。找零机构及找零箱构成硬币循环机构,可以将乘客投入的硬币用作找零。循环式找零箱中的硬币总是保持在一定数量(可由参数设定),如果进入的硬币超过这个数量将进入下面的储币箱,如果找零箱中硬币数量低于设定值,可由找零补充箱补充。硬币找零箱可分别存储 1 元硬币 1500 个以上,找零出币速度可达 5 个/s。储币箱和补币箱可以互换,两者都具有电子 ID,主机可通过指令查询票箱状态和身份。当钱箱从自动售票机的存放座上取走时,钱箱的入币口会自动关闭,可防止更换钱箱的操作人员接触到钱币。

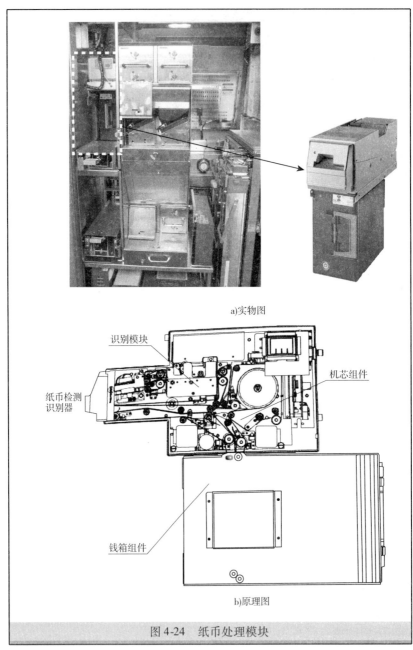

图 4-24 纸币处理模块

自动售票机硬币模块示意图,如图 4-25 所示。

③ 维护面板

维护面板的作用是供车站管理人员对设备进行维护、故障诊断及参数设置等操作。维修人员根据需要,通过输入密码,进入维修面板的维修系统,进行维护。其操作界面可设计成菜单式或指令式。维护面板包含以下内容:

①设备运营状态信息。

②设备时钟显示和设置。
③设备运行版本信息。
④部件运行状态信息。
⑤硬币清零菜单或指令。
⑥更换钱箱菜单或指令。
⑦打印账单菜单或指令。
⑧设备部件测试菜单或指令。
⑨设备关机、复位菜单或指令。

自动售票机维护面板如图 4-26 所示。

图 4-25　自动售票机硬币模块示意图

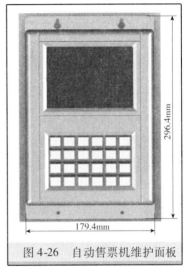

图 4-26　自动售票机维护面板

自动售票机具备自诊断功能,可协助维护维修人员快速发现及确认故障。

(1) 运营状态信息

当自动售票机门打开后,管理人员登入维护面板,在维护面板上即可通过"故障代码"或"中文提示信息"的方式提示自动售票机的运营状态,包括"设备运营模式"、"设备状态信息"和"设备故障信息",以提示管理人员根据对应的信息进行操作。

(2) 时钟显示和设置

自动售票机的时钟与自动售检票系统中时钟同步。管理人员可通过菜单或指令查询自动售票机的时钟信息,如果时钟不一致,则可通过设置调整。注意:其时钟必须与自动售检票系统时钟相一致,并在与自动售检票系统断去通信后才能做此操作。

(3) 运行版本信息

管理人员可通过该菜单或指令,查询自动售票机的运行版本信息,运行版本是直接影响自动售票机运营状态的关键信息,如与正式运营版本不一致,则会造成自动售票机运营不稳定或错误运营的现象发生。

(4) 部件运行状态信息

管理人员可通过该菜单或指令,查询部件运行状态信息。

(5) 硬币清零菜单或指令

作为车站日常管理的措施,管理人员可通过硬币清零菜单或指令进行自动售票机的账务处理,这属于结算的运营钱款操作,此操作也可判断自动售票机硬币模块的运转性能。

(6) 打印账单菜单或指令

管理人员进行钱款操作后,可进行该菜单或指令操作,打印自动售票机相关账单信息。

(7) 部件测试菜单或指令

通过诊断、测试菜单或指令表,我们可以看到许多关于部件的测试菜单或指令,当发生故障时,管理人员可进行这些指令或菜单操作,来判断部件的运行状态,并进行相应的处理。

(8) 关机、复位菜单或指令

管理人员可进行这些指令或菜单操作,对自动售票机进行逻辑关闭、复位操作,以免硬关机所造成的伤害。

4 乘客触摸显示器

乘客显示器是自动售票机人机界面操作的主要部件,乘客根据显示器提示界面,通过加装在乘客显示器上的触摸屏选择进行购票操作。乘客显示器安装在自动售票机前面板乘客操作范围内,用于显示有关购票操作信息。乘客显示器显示字体为中文,在需要时可选择用英语显示。显示语言类型作为参数设置。

在乘客购票过程中,乘客显示器能显示乘客所选择的目的地车站、票种、单价、张数、付费总金额、已投币金额等信息。乘客显示器能显示所有可发售的票种、张数、各种付费方式、交易取消、交易确认等选择按钮供乘客选择。在交易过程中,乘客显示器能指示乘客下一步的操作,并能提示其无效操作。在设备故障、关闭或暂停服务时,乘客显示器能显示相关的信息。乘客显示器还可以替代运营状态显示器,用于显示当前设备的运行模式和操作模式,包括暂停服务模式、无找零模式、关闭模式、只收硬币模式、只收纸币模式、只找硬币模式、只找纸币模式等信息。相关资源见二维码9~二维码12。

二维码9　　二维码10　　二维码11　　二维码12

4.3 半自动售票机

半自动售票机(Booking Office Machine,简称 BOM 机),通常安装在售/补票房或车站服务中心内,采用人工方式完成票务处理、车票发售、加值、车票分析(验票)、退票及其他票务服务,因此,BOM 机又称为人工售/补票机或票房售/补票机。

根据应用需求,可按功能分离设置成单独的半自动售票机或半自动补票机,也可设置成半自动售票和补票功能结合的设备。

功能单一的半自动售票机应部署于非付费区,而半自动补票机则用于付费区内服务。功能结合的 BOM 机可以同时为非付费区与付费区服务,兼顾售票及补票功能,使用同一车票处理设备,但需对两个区域分别设置单独的乘客显示器,以适应处理不同区域乘客票务的需要。

半自动售票机如图 4-27 所示。

图 4-27 半自动售票机

一 半自动售票机功能

BOM 机是在车站中以人工方式为乘客提供服务的售/补票设备,放置于车站售票和补票室内。BOM 机的主要功能包括:售票、补票、充值、更新、替换、退票、车票挂失、车票分析、车票处理、车票查询、收益管理、设备操作等。

BOM 机与车站自动售检票 AFC 控制系统相连,可以接受车站自动售检票 AFC 控制系统下达的各种参数及指令,同时向车站自动售检票 AFC 控制系统以及线路自动售检票 AFC 控制系统传送各类数据。

BOM 机的运行模式由车站自动售检票 AFC 控制系统进行设定和更改,并通过系统参数数据下载到 BOM 机上实现工作模式的自动切换。

同时,BOM 机还具备离线/在线状态自动检测切换的能力。根据当前的线路状态,动态提供能够处理的功能。在线状态下,能够实时从车站自动售检票 AFC 控制系统下载各种参数,接受车站自动售检票 AFC 控制系统的控制指令,能上传监控数据,根据预先设定的方式上传所处理的各种交易数据,与车站自动售检票 AFC 控制系统进行对账处理。离线状态下,BOM 机除了提供需要的功能外,还要保存本地运行数据的备份,在检测到网络恢复以后,进行数据的上传和续传,并进行数据账目的核对。

二 半自动售票机结构组成

BOM 机以主控单元为核心,由车票读写器、乘客显示器、打印机、电源等模块组成;还可以根据需要配置触摸屏、车票处理装置、钱箱等部件。主控单元一般选用高可靠性工业级计算机设备,也可以选用高档的商用计算机,需要具有丰富的外部接口以支持外部设备的连接,并需要保留部分接口以支持未来设备的扩展。

BOM 机可以使用键盘、鼠标等通用输入设备,也可以配置触摸屏。半自动售票机还可以配置支持自动发售车票的车票处理装置以完成车票自动发售功能。自动发售车票的车票处理装置与自动售票机中的车票处理装置类似,在接收到主控单元的命令后,可以自动完成供票、车票读写及出票功能。

半自动售票机系统主要设备构成见表 4-5。

半自动售票机主要设备　　　　　　　　　表 4-5

序号	名　　称	说　　明
1	主控单元 MCU	BOM 机专用主机,采用工业型计算机
2	电源模块	为 MCU、TIU 及 MCU 外围设备提供电源
3	IC 卡发售单元 TIU	发售单程 IC 卡地铁票
4	操作员显示器	触摸式液晶显示器,方便票务员操作
5	票据打印机	为购票、充值乘客打印收据
6	IC 卡读写器	读写、取 IC 票
7	乘客显示器	为乘客提供文字信息

1 主机

主机由主控单元和电源模块组成,其结构如图 4-28 所示。

图 4-28　半自动售票机的主机结构图
1-抽屉;2-维护门 A;3-维护门 B;4-电源模块;5-主控单元

主控单元 MCU 负责运行人工售/补票机的控制软件,完成车票处理、数据通信、状态监控及故障检测等功能。主控单元 MCU 采用模块化设计,以满足物理上和功能上的互换性要求,便于维护。

主要技术要求如下:

(1)采用低功耗 CPU,主频 1GHz 以上。

(2)512M DDR RAM 内存,可升级至 1G。

(3)配备工业级硬盘或 CF 卡,用于保存数据。

(4)具有多 I/O 接口,以满足各部件、模块连接要求,主要包括 USB2.0 口、并口/串口、PS/2 接口、以太网口等。

(5)带后备电池,具备电源故障数据保护功能,以避免在电源故障时丢失数据。

(6)工作温度:0~60℃。

(7)MTBF>100000h。

2　IC 票卡发售模块

IC 票卡发售模块由对车票进行读写的票卡读写器和用于发售 IC 车票的车票处理模块组成。如图 4-29 所示。

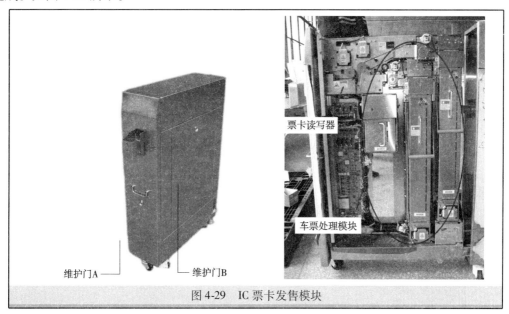

图 4-29　IC 票卡发售模块

车票发售模块可用来完成单程车票的自动发售工作,以提高人工发售车票速度和效率。在以自动售票机自助式售票为主的车站,车票处理机构可以用来作为应急发售车票装置。车票处理机构内的主要部件:车票发卡装置、读写器、出票控制板等,这与自动售票机中的模块基本类似。处理机构与主控单元通过串口连接,接受主控单元发出的指令,对单程票进行各种处理,如读取车票内存信息,判断车票的有效性,对车票内储值清零、赋值、校验、出票和废票回收等。车票处理机构能一次发售多张同一票值的车票。

车票处理机构的基本功能要求如下,相关资源见二维码 13。

(1)具有 BOM 机的分析和发售单程票功能。

(2)一次可连续发售 100 张车票。

(3)装有废票回收盒,回收盒容量≥50 张。

(4)发票装置与 BOM 主机的通信连接采用通用的接口方式。

二维码 13

(5)发票装置有独立的电源控制开关及电子器件的复位控制按钮。

(6)发票速度:连续发票速度(从票箱至出票口)≤1 张/s。

(7)单次发票速度(确认后)≥30 张/min。

(8)具有独立的维修诊断程序,能对发票装置所有传输控制器件进行检测,方便故障的鉴别和诊断。如发票装置的通信。

(9)运行车票的输送电动机。

(10)车票路径和控制传感器。

(11)车票读写器。

(12)可预留发售测试票。

(13)在自动发售模式下,对发票过程具有显示、监控作用,实时将运行数据和机器状态信息通过显示屏向操作人员提供显示。

(14)当发票装置发生故障或报警时,在 BOM 机显示屏有相应的信息提示出现,停止自动发票,等待操作人员做相应处理。若报警消失,继续工作。

(15)当发票装置在自动发票过程中,出现连续三次发票失败,则停止自动发票,显示屏上显示发票失败的信息提示,可切换进入手动发售模式。

(16)能自动检测票盒中票的位置,当输入票盒中,票"空"或废票盒票"满",显示屏应提示告警信息,停止自动发票,操作人员做相应处理确认后,消除报警,恢复运行。

图 4-30 操作员触摸屏显示器

(17)自动发票要求计数准确,统计记录废票盒中的废票数量,可打印自动发票装置班次操作记录和汇总。

(18)可靠性。工作环境温度:-10~45℃;平均故障间隔次数 MCBF≤20000。

3 操作员触摸屏显示器

操作员触摸屏显示器为操作员提供人机对话的界面显示,带有红外触摸屏,如图 4-30 所示。

操作员显示器的主要技术参数,见表 4-6

操作员显示器主要技术参数　　　　　表 4-6

序号	项目	规格说明
1	面板尺寸	15.1in
2	可视面积	304.128×228.096(mm^2)
3	可视角度	H:150°;V:140°
4	最大分辨率	1024×768
5	点距	0.297mm
6	色彩	16.7M 色
7	最大亮度	300cd/m^2

续上表

序号	项 目	规 格 说 明
8	耗电量	<30W
9	接口类型	VGA/DVI
10	信号响应时间	12ms
11	最大对比度	400∶1
12	电源	输入 AC 110~240V 50~60Hz；输出 DC 12V
13	重量	5.0kg
14	外形尺寸	418×165×395(mm^3)

操作员触摸屏主要技术参数，见表 4-7。

操作员触摸屏主要技术参数　　　　表 4-7

序号	项 目	规 格 说 明
1	触摸面板尺寸	15in
2	可视面积	304.128×228.096(mm^2)
3	表面硬度	3H
4	最大分辨率	4096×4096
5	透光率	90%
6	操作压力	100~1000N
7	敲击寿命	>35000000 次
8	接口类型	RS232、USB
9	接口类型	VGA/DVI

4 乘客显示器

每套半自动售票机 BOM 配置 1~2 个乘客显示器，分别安放在付费区、非付费区靠近窗口、方便乘客阅读的地方；为乘客提供相关信息的显示(显示中文或英文信息，可以通过操作员选择来实现)，并且带有一定的语音提示，如图 4-31 所示。

图 4-31 乘客显示器

乘客显示器技术参数,见表4-8。

乘客显示器技术参数 表4-8

序号	项 目	规 格 说 明
1	品牌型号	Partner CD5256
2	显示方式	VFD真空荧光灯管,256×32点阵图形显示
3	显示字数	32字(16字×2行)
4	显示颜色	蓝绿色
5	显示亮度	700cd/m^2
6	显示字型	96字符数字,中文简/繁体,韩文,日文
7	显示字体	16×16点矩阵
8	字体大小	8.8mm×8.8mm
9	传输界面	串列
10	输入电压	DC 12V±5%
11	功率需求	5W
12	使用寿命	25000h
13	前后角度	8°~35°
14	旋转角度	270°(最大)
15	品质认证	FCC ClassB,CE

5 桌面IC卡读写器

图4-32 桌面IC卡读写器

桌面IC卡读写器提供高级应用程序编程接口,支持对ISO 14443 A/B标准卡片的读写操作。读写器设计有4个读卡器与安全认证模块SAM卡座,支持多密钥应用,提供读卡器与安全认证模块SAM之间的接口和数据传输。扩展读卡器与安全认证模块SAM不会造成读卡器性能的降低。

针对不同的设备应用,相应的IC卡读写器执行充值和消费操作。读写器有效读写距离10cm,交易速度在200~1000ms之间。读卡器对票卡的操作满足一卡通对IC卡应用流程标准要求,满足读卡器与安全认证模块SAM安全保密处理要求和交易数据处理要求。桌面IC卡读写器如图4-32所示。

6 票据打印机

票据打印机用于车票发售、加值单据的打印,也用于打印班次报表或其他有关信息。可以通过设定,选择每完成一次交易,打印机就打印一次,给出运行号、系列号、截止日期等。

半自动售票机 BOM 一般采用小型针式打印机,也可采用小型热敏打印机。热敏打印机具有使用寿命长、故障率低的优点,但打印后的单据不能长期保留。目前,半自动售票机 BOM 还是以使用针式打印机为主。打印机有自检功能,操作人员或技术人员使用前,必须启动自检。自检提供有关固件及其他参数的信息,如果自检失败,打印机将不会工作,也不会有任何打印输出。票据打印外观图如图 4-33 所示。票据打印机控制面板如图 4-34 所示。

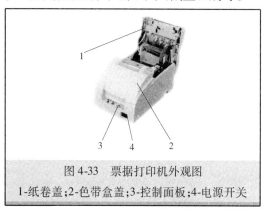

图 4-33　票据打印机外观图
1-纸卷盖;2-色带盒盖;3-控制面板;4-电源开关

图 4-34　票据打印机控制面板

控制面板(指示灯和按键):接通电源时,指示灯点亮。切断电源时,指示灯熄灭。
票据打印机使用注意事项及说明,见表 4-9。

票据打印机使用注意事项及说明　　　　　　　　　　　表 4-9

序号	事项	说明
1	错误	打印机脱机时,灯点亮(卷纸到达终端,或者卷纸盖打开时);打印机正确作业时,指示灯熄灭;发生错误时,指示灯闪亮
2	缺纸	缺纸或者接近缺纸时,指示灯点亮
3	按键进纸	装入卷纸; 注意:当检测出没有卷纸的时候,此键不起作用

票据打印机技术参数,见表 4-10。

票据打印机技术参数　　　　　　　　　　　表 4-10

序号	项目	规格
1	品牌型号	EPSON　TM－U220
2	打印方式	串行针式点阵
3	打印速度	4.7lps(at40columns,16cpi) 6.0lps(at30columns,16cpi)

续上表

序号	项　目	规　格
4	打印头针数	9
5	电源	DC 24V ± 10%
6	分辨率	17.8/16 cpi 或 14.5/13.3 cpi
7	供纸方式	滚动供纸
8	接口类型	RS – 232, Bi – directional, parallel, USB, 10Base – TI/F
9	数据缓存	4KB or 40bytes
10	打印纸类型	卷纸
11	打印纸尺寸	(57.5 ± 0.5) mm, (69.5 ± 0.5) mm (76.0 ± 0.5) mm
12	打印纸厚度	0.06 ~ 0.085mm
13	色带	ERC – 38
14	质量	2.5kg
15	MTBF	180000h
16	MCBF	18000000 行
17	EMC 标准	VCCI class A, FCC class A, CE marking, AS/NZS 3548 class B
18	安全标准	UL/CS A/TÜV(E N60950)

4.4 自动查询机

一 自动查询机概述

自动查询机简称 TCM 机(Ticket Checking Machine,简称 TCM),它安装在非付费区,供乘客自助查看车票的信息及有效性。读取过程不修改车票上的任何数据。自动查询机的操作方式采用触摸屏。自动查询机应可显示乘客服务信息,由线路自动售检票 AFC 控制系统下载。自动查询机如图 4-35 所示。相关资源见二维码 14。

二维码 14

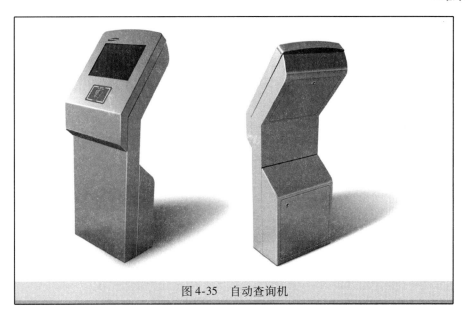

图 4-35 自动查询机

二 自动查询机组成结构与功能

自动查询机主要由主机、电源、读卡器和触摸显示器等结构组成。

自动查询机具有车票查询和乘客服务信息查询等功能。车票查询是读取票卡信息,不具备写票功能,工作人员将车票在阅读器/天线处出示后 1s 内,能显示车票的查询内容:

(1) 车票逻辑卡号。

(2) 车票类型。

(3) 余额/使用次数,即显示该车票当前所剩余额及使用次数。

(4) 车票有效期,即显示该车票的有效期限。

(5) 车票无效原因(如安全性检查,出入顺序检查,黑名单票检查,超乘,超时等)。

(6) 交易历史等。

乘客服务信息查询的信息由后台定制下载,可以接受 Flash、图片、文本文件。提供的乘客服务信息力求最方便适用。乘客服务内容分类可定制,当一屏显示不完时,使用垂直滚动条翻页,内容包括:自动售检票 AFC 系统介绍,自动售检票 AFC 系统使用指南和地铁公告等。

三 自动查询机操作界面（图 4-36）

图 4-36　自动查询机操作界面

 实训任务

[实训任务 4-1]　认知自动检票机 AG 的基本构成

（1）认知自动检票机 AG 的外部基本构成

自动检票机主要由读写装置、显示装置、乘客通行检测装置、扇门、报警提示装置、车票投入口（仅出站检票机和双向检票机有）等组成。

如图 4-37 所示，请写出自动检票机各外部结构的名称。

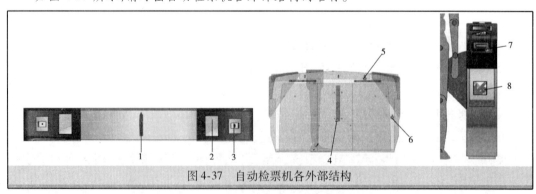

图 4-37　自动检票机各外部结构

（2）认知自动检票机 AG 的内部基本构成

如图 4-38 所示，请写出图中自动检票机内部结构的名称。

[实训任务 4-2] 认知自动售票机(TVM 机)的内外部结构

（1）认知自动售票机(TVM 机)的外部结构

如图 4-39 所示，请写出图中 TVM 机的外部结构名称。

（2）认知自动售票机的内部结构

如图 4-40 所示，请写出图中 TVM 机的内部结构名称。

图 4-38　自动检票机内部结构

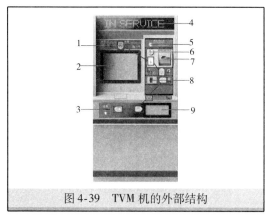

图 4-39　TVM 机的外部结构

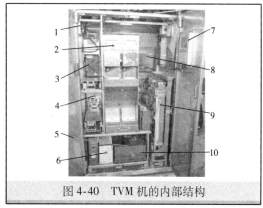

图 4-40　TVM 机的内部结构

[实训任务 4-3] 认知半自动售票机的结构组成

（1）认知半自动售票机的外部结构

如图 4-41 所示，请写出图中 BOM 机的外部结构名称。

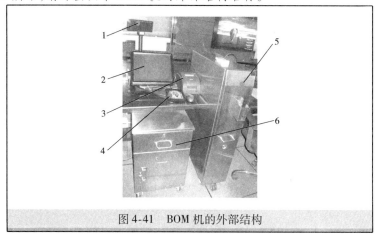

图 4-41　BOM 机的外部结构

(2) 认知半自动售票机的内部结构

如图 4-42 所示，请写出图中 BOM 机的内部结构名称。

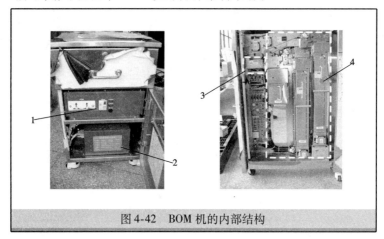

图 4-42　BOM 机的内部结构

 复习与思考

1. 简述自动检票机结构组成及其结构功能。
2. 简述自动售票机结构组成及其结构功能。
3. 简述半自动售票机结构组成及其结构功能。

单元 5

AFC 设备典型故障、日常巡视与维检修

教学目标

1. 了解 AFC 线路中心 LC 的结构与功能和日常巡检的内容；
2. 理解 AFC 车站中心 SC 的结构与功能和日常巡检的内容,熟悉并掌握其日常维检修的操作方法；
3. 掌握 AFC 售票类设备常见故障,检查方法和维检修的程序,检查标准；
4. 掌握 AFC 检票类设备常见故障,检查方法和维检修的程序,检查标准。

建议学时

6 学时

5.1 线路中心 AFC 设备典型故障、日常巡视与维检修

一 线路中心设备概述

线路中央计算机系统(Line Centre,简称 LC)。LC 为线路 AFC 系统的核心部分,在对线路系统中所有设备进行监视的同时,对系统的全部数据进行收集、处理,对运营、票务、财务、维修进行集中管理。LC 收集、处理系统内各类数据,制定、维护系统各类参数,接收/下达系统各类命令。同时应为系统提供高度的安全机制和严格的操作规程,并通过 ACC 实现本线路与轨道交通网络其他线路之间的结算。

LC 以数据库服务器为中心,通过其他服务器、操作工作站等开展各种业务。根据系统业务和操作人员的权限,设定不同的子业务系统和功能模块,以确保系统的安全性及操作的严密性管理。

在线路的运营业务中,LC 与各站的车站中心计算机系统(Station Computer,简称 SC)进行通信,接收各车站产生的全部交易数据和运营、收益的数据。通过 LC 将这些数据汇总,可以把握线路的利用状况和收入状况。

LC 接受 ACC 系统参数及指令,实现所监控线路 AFC 系统的运营管理并根据协议上传相关数据,并与 ACC 进行对账。

二 线路中心设备构成与功能描述

线路中心设备由主数据服务器、历史数据服务器、报表服务器和线路运营服务器等构成。其软件系统与功能详见表5-1。

线路中心设备软件系统与功能　　　　　　　　　表5-1

服务器	软件系统	功　　能
主数据服务器	数据库系统 报表子系统 系统管理子系统	线路数据存储 数据聚集和报表 数据归档及整理
历史数据服务器	数据库系统 报表子系统 系统管理子系统	系统主备份服务器 历史数据存储 数据聚集和报表 数据备份管理 数据归档及整理
报表服务器	报表子系统 系统管理子系统	报表管理 决策支持 报表Web服务
线路运营服务器	设备数据库管理子系统 维修管理子系统 参数管理子系统 系统监控子系统 数据传输子系统 系统管理子系统	系统/设备/客流监控 设备数据库管理 参数管理 权限管理 维修管理
票务管理服务器	票务管理子系统 数据采集子系统 数据传输子系统 系统管理子系统	库存管理 调配管理 数据采集 内务处理

1 数据采集功能

数据采集功能主要负责采集SC数据，保证数据的完整性、准确性、有效性、连续性以及进行数据安全传输。

2 参数管理功能

AFC系统中的参数管理至关重要，直接影响各终端设备对乘客提供服务。参数管理的目的是保证参数能够及时、准确地下发到各车站设备，各车站设备可按照参数规定的生效日期下载并启用参数。

3 监控管理功能

监控管理功能用来获取监控点的信息，并向监控点发送指令，提供设备监控、客流统计监控信息和系统模式切换。

④ 收益管理功能

收益管理功能主要目的是进行现金核算、非即时退款申请、退款及换票、收益核算、收益统计和收益对账。

⑤ 报表管理功能

基于数据采集功能收集到的设备使用数据和其他配置数据,生成有关的报告,并提供决策支持。

系统的报表分别在车站系统、线路中心系统、维修中心、票务中心等子系统产生。线路中心报表,指在一天运行结束的时刻,根据处理过的数据,系统启动自动计算以产生累计的数据,生成的报表含有从处理数据库调出的数据。含"结算日 D"结果的日、周、月、年报表仅在 $D+1$ 时刻才产生,除了一些称之为"实时报表"的有限数据的特殊报表。实时报表是采用处理数据库的部分数据在当天生成的报表,这些报表包括从一天结束时刻的最后一个处理到最后一个来自车站的交易数据收集周期所累计的信息。

⑥ 设备管理功能

提供 AFC 设备基本信息数据库和 AFC 设备管理(增加/删除/维护)功能。

⑦ 系统管理功能

系统管理功能实现 AFC 系统管理功能,包括系统操作日志生成,设备软件升级,运营日开始/结束程序和数据清理、用户管理,系统管理信息审计、时钟同步、备份、数据自动清理、数据库档案归档等。

三 线路中心设备日常巡检

① 线路中心设备日常巡视内容

(1)线路中心服务器巡视

巡视线路中心所有服务器工作状态是否正常,各显示灯显示是否正确,各服务器上连接线缆是否紧固,完好无破损。

衡量标准:各指示灯显示正确,主服务器双机工作正常,处于双机热备状态,风扇运行正常,通风良好,无异响异味,连接线缆紧固,完好无破损,设备无其他异常。

(2)线路中心工作站巡视

巡视线路中心所有工作站工作状态是否正常,各工作站连接线缆紧固,完好无破损。

衡量标准:各工作站运行正常,无异响异味,连接线缆紧固,完好无破损,设备无其他异常。

(3) 线路中心路由器巡视

巡视线路中心所有路由器工作状态是否正常,各端口指示灯显示是否正确,路由器连接线缆是否正确,紧固,完好无破损。

衡量标准:各指示显示正确,主备路由器双机工作正常,处于双机热备状态,风扇运行正常,通风良好,无异响异味,连接线缆连接正确,紧固,线缆完好无破损,设备无其他异常。

(4) 线路中心交换机巡视

巡视线路中心所有交换机工作状态是否正常,各端口指示灯显示是否正确,连接线缆是否连接正确,紧固,完好无破损。

衡量标准:各端口指示灯显示正确,主备交换机双机工作正常,处于双机热备状态,风扇运行正常,通风良好,无异响异味,连接线缆连接正确紧固,线缆完好无破损,设备无其他异常。

(5) 线路中心磁带机巡视内容

巡视线路中心磁带机工作是否正常,连接线缆是否连接正确,紧固,完好无破损。

衡量标准:磁带机工作正常,连接线缆接正确紧固,线缆完好无破损,设备无其他异常。重点查看各线主数据库服务器、通信服务器、UPS 的运行状态是否正常。

❷ 线路中心设备日常巡视关键步骤及操作方法

(1) 中心 UPS 巡视

检查电池是否漏液,闻是否有焦煳味,感觉温度是否正常,听设备有无异响。检查 UPS 指示灯是否正常。通过 UPS 界面查询 UPS 当前是否工作在市电供电、电池充电的状态。查看 UPS 是否有历史报警记录。

(2) 中心配线间配电柜巡视

闻房间内是否有焦煳味,感觉温度是否正常,听设备有无异响,检查配电柜指示灯状态是否正常,检查各下口电源开关是否跳闸,检查电压表,电流表指数是否在正常范围内。

(3) 中心票务收益室巡视

闻房间内是否有焦煳味,感觉温度是否正常,听设备有无异响,检查编码分拣机是否完好,票务工作站是否正常。

(4) 中心各线网管室及清分室、运控室巡视

检查各个工作站是否开机正常工作,登录工作站巡视各个软件,通过网管软件检查当前 AFC 系统是否正常运行,是否有故障记录。闻房间内是否有焦煳味,感觉温度是否正常,听设备有无异响。

(5) 中心各线机房巡视

确保所有电源线都已连接牢固。确保外部组件和内部组件的所有电缆都已正确对齐、正确连接。检查所有数据线和电源线,确定是否有损伤。确保电缆没有针脚弯曲或连接器受损等问题。如果服务器可以使用固定电缆托架,必须通过该托架正确布置连接服务器的线缆,确保每个设备安装正确。如果某个设备有闩锁,必须完全闭合和锁定这些闩锁。检查

所有指示灯,确定指示灯是否报告某个组件连接不当。

(6)各线路中心软件巡视

根据巡视软件列表,依次对每条线路的各个软件进行巡视,重点掌握网管软件、备份软件、UPS监控软件的巡视方法。

5.2 车站中心 AFC 设备典型故障、日常巡视与维检修

车站中心计算机系统(Station Computer,简称 SC)为车站 AFC 系统的核心部分,可对本车站内部的所有设备进行实时监控,实现对车站 AFC 系统运营、票务、收益及维修的集中管理功能。SC 可收集、处理车站内各类数据,并上传到 LC;接收 LC 下传的各类系统参数,并上载到车站各车站设备;可接收 LC 下达系统各类指令,并下传到各车站设备,同时可根据需要自行向车站设备下达控制指令,并将该操作记录上传到 LC。

一 AFC 车站中心设备构成

因全路网各线设备不同,现以北京市某号线车站中心设备构成为例说明主要设备见表5-2。相关资源见二维码15。

二维码15

北京市某号线车站中心设备构成　　　　表 5-2

序号	设　　备	型　　号
1	车站计算机服务器	HP DL580(FC)
2	车站监控管理工作站	HP XW4300
3	车站票务工作站	HP XW4300
4	打印机	HP LaserJet 1022n 激光打印机
5	车站三层交换机	Sicso 3560
6	车站二层交换机	Sicso 2950
7	紧急按钮控制装置	THALES

二 AFC 车站中心设备功能

1 监控管理功能

车站中心设备能实时监控本站 TVM、BOM、AG、EQM 的运行状态和故障信息,并模拟车站设备布置位置,以图形化的形式监控车站各种设备的通信状态、运行状态及故障情况,在车站设备状态变化时能立刻自动接收其状态数据。

2 运营管理功能

运营模式管理、运营时间表管理、票价表查询、参数管理、设置并管理站区及中心站。

3 设备管理功能

设备构成管理、设备监视、设备控制。

4 客流管理功能

客流监视、客流报表、客流分析。

5 财务管理功能

现金管理、收益管理、收益核算、退换车票款查询、清算对账。

6 数据管理功能

数据收集、数据处理、数据安全、数据审计、车票交易查询及异常处理、数据归档、外部媒体导入与导出。

7 报表管理功能

运营管理报表、客流管理报表、设备管理报表、财务管理报表。

8 系统管理功能

用户管理、权限管理、日志管理、系统审计。

9 数据管理功能

数据管理是 SC 将各个终端设备上传的状态数据、交易数据、审核数据、收益数据、维护数据进行审核、归档管理操作的功能。

三 AFC车站中心设备日常巡检

1 车站中心设备日常巡视的主要内容

(1)巡视车站中心设备工作状态是否正常和客运人员使用情况。
(2)检查各指示灯显示是否正确。
(3)线缆是否连接正确,有无破损情况。

车站中心设备日常巡检的重点是:车站中心设备的日常巡视是车站中心设备在正常运行时间内,通过表象来观察车站中心设备的运行状态。因此,AFC维修人员一定要掌握车站中心设备的构成和功能。熟知车站中心设备在正常运行及发生故障报警时,各种指示灯、报警音和显示器画面等所处的状态及表示含义。重点掌握车站中心设备应急处理、人工开关机等操作方法。能够在车站中心设备出现报警信息或发生突发故障时,采取妥当的应急解决思路或方案尽量缩小故障影响范围。

2 关键步骤及操作方法

巡检过程中可按"一问、二听、三看、四记录、五交接"的作业方法(见表5-3)。

巡检过程中的作业方法　　　　　　　　　　表5-3

巡检步骤	作 业 方 法
一问	问现场客运值班人员关于车站设备使用情况,使自己对该设备的运行情况做到心中有数
二听	听运行的设备声音是否正常
三看	看设备表面、指示灯以及各模块网络传输是否正常
四记录	对巡视的情况记录在车站巡视记录本及交接班本上
五交接	对接班人员交代设备当天的运行情况

5.3 售票类设备典型故障、日常巡视与维检修

售票类设备放置在城市轨道交通车站的非付费区内为乘客提供票卡售票服务和一卡通储值卡的充值服务。城市轨道交通自动售检票设备中的售票类设备主要包括自动售票机、

半自动售票机和自动充值机。

一 售票类设备日常巡视的主要内容

售票类设备日常巡视的主要内容如下：
(1)巡视设备是否正常工作及乘客和客运人员使用情况；
(2)检查设备各内部模块之间的连接情况；
(3)检查设备各指示灯显示情况。

售票类设备的日常巡视是售票类设备在正常运行时间内，通过表象来观察售票类设备的运行状态。因此，AFC维修人员一定要掌握售票类设备的构成和功能。熟知售票类设备在正常运行及发生故障报警时，各种指示灯、显示器画面等所处的状态及表示含义。重点掌握售票类设备应急处理、人工开关机等操作方法。能够在售票类设备出现报警信息或发生突发故障时，采取妥当的应急解决思路或方案尽量缩小故障影响范围。

二 售票类设备日常巡视关键步骤与操作方法

(1)发售模块和纸币模块是售票类设备中容易发生故障的部位，也是平时维护的重点。
(2)巡视过程中应注意：降级运行的自动售票机是由于人为设置还是由于某些模块故障导致的运行模式降级，如果是模块故障导致的应及时处理。
(3)如在巡视过程中发现故障应及时处理，如有当时不能处理的应及时上报，有条件时应将现场情况照相记录，以便分析。

三 自动售票机TVM维检修与处理方法

(1)主控单元故障处理

主控单元(工业级计算机)长时间运行后，机箱内积集大量灰尘，机箱温度较高。同时在计算机内也产生大量的数据碎片，这时应当对工控机进行软件与硬件两个方面的清洁维护。见表5-4。

主控单元故障处理 表5-4

序号	维检修任务	原因分析	实施流程	任务检验标准
1	处理TVM机读写错误、系统运行和启动变慢	主控单元(工业级计算机)工作时间长，磁盘在庞大数据交换过程中，会积累大量的数据碎片，容易造成磁盘逻辑坏道、读写错误及系统运行和启动变慢	定时进行重启工控机，以减少因长时间工作导致的磁盘错误	无读写错误，系统运行稳定、流畅

续上表

序号	维检修任务	原因分析	实施流程	任务检验标准
2	处理主控单元内部温度过高	计算机各元件极易发生老化、硬盘故障的频率也随之升高	日常巡检中,密切关注机箱温度,做好散热工作	散热较好,温度正常
3	处理主控单元运行噪声较大	在地面不平整、振动幅度过大的环境中使用	先将设备放置的地面找平;更换已安装好操作系统和应用软件的硬盘	主控单元无明显噪声,系统运行顺畅
4	处理无法读取硬盘信息	长时间在振动和潮湿的环境下工作导致硬盘损坏	更换已安装好操作系统和应用软件的硬盘,其中必须按照车站计算机对该设备分配的地址进行地址信息的设置,否则无法与车站建立通信;如果地址设错或与其他设备地址设置重叠,则会造成车站数据混乱	数据读取和写入顺畅,系统运行稳定
5	处理串口故障	工控机在工作长时间会出现串口故障,造成某一模块通信故障	更换模块通信串口	设备整体运行良好,无通信故障

(2)车票传输机构的读写器故障处理

车票传输机构的读写器故障处理见表 5-5。

车票传输机构的读写器故障处理　　　　表 5-5

维检修任务	任务实施流程
TVM 机车票传输机构的读写器故障	①观察维护面板故障代码提示
	②重新连接读写器串口
	③观察维护面板的故障提示代码是否已经清除
	④观察维护面板提示信息是否正常,若还是有相同故障提示,请重复以上步骤
	⑤如仍无法排除更换读写器

(3)车票传输机构的传输阻塞故障处理

车票传输机构的传输阻塞故障处理见表 5-6。

车票传输机构的传输阻塞故障处理　　　　表 5-6

维检修任务	任务实施流程
TVM 机车票传输机构的传输阻塞故障	①观察维护面板故障代码提示
	②清除传输通道传感器阻塞现象,清除阻塞车票或异物
	③检查传输通道传感器是否损坏或灵敏度降低,则更换传感器
	④检查传输皮带或驱动皮带是否松动或老化,则更换皮带
	⑤检查是否存在机械损伤,如导向板变形、轴承损坏、驱动齿轮变形等,则更换传输机构
	⑥检查是否存在驱动电动机故障,则更换传输机构
	⑦检查车票传输机构控制板是否有驱动信号和驱动电源,则更换控制板

(4)出票模块故障处理

出票模块故障,主要有通道卡票和读写器故障两个方面,其处理方法见表5-7。

出票模块故障处理 表5-7

维检修任务		任务实施流程
TVM机出票模块故障	通道卡票	①首先查看票箱是否锁上,票箱盖是否放下,AB票箱是否倒换
		②检查票是否装好,有无废票
		③查看刮刀位置,皮带是否脱落
		④查看刮卡电动机是否损坏
		⑤查看传感器是否脏污或损坏,票箱是否损坏
	测试车票失败	①如果排除是卡票,查看是否刮刀的螺钉松动或者刮刀已经发生移位
		②如果刮刀没问题,检查是否皮带松动或脱落
		③如果票进入回收箱,查看换向器连接线是否插好,换向器是否损坏
		④查看凸轮和传感器的位置、传感器连接线是否插好以及传感器是否脏污
	读写器故障	①查看是否天线干扰,由于天线在出票模块内部,受到电磁场的干扰造成读卡失败,则更换出票模块
		②查看读写器本身,无法发售车票。则需对读写器进行测试,若读写车票失败,则取回读写器,更换新的读写器

(5)硬币处理单元故障处理

硬币处理单元故障处理见表5-8。

硬币处理单元故障处理 表5-8

维检修任务	任务实施流程
硬币模块通道卡币	通过硬币通道小孔观察卡币位置,用小棍从卡币处相应的小孔插下卡币
硬币识别器卡币	找到硬币识别器上方的凸轮模块,用力按下,即可清除卡币

(6)纸币识别模块故障处理

纸币识别模块故障处理见表5-9。

纸币识别模块故障处理 表5-9

维检修任务	任务实施流程
卡纸币,造成系统停滞,硬件不能自动恢复,必须人工干预	打开纸币识别模块,仔细查找出卡纸币部位并将纸币取出,手动硬件恢复
纸币钱箱故障,纸币钱箱无法打开	原因分析:由于压箱板不能回位造成的(也有纸币钱箱内胆铁壳断裂造成压箱板不能回位,此问题整体更换纸币识别模块)。 实施步骤:打开纸币识别模块,转动白色齿轮,到适当位置
纸币识别器传感模块污损	原因分析:由于纸币识别器长期存放室外环境下工作,造成传感器污损,引起系统报错、卡钞及纸币识别器故障。 实施步骤:用吹气球对纸币识别模块传感器部位大力吹气,并用毛刷加以清理。有些部位清理不到的,更换纸币识别模块,带回处理

（7）硬币找零故障处理

硬币找零故障处理见表5-10。

硬币找零故障处理　　　　　　　　　　　　　　　　表5-10

维检修任务	任务实施流程
硬币找零故障	①观察维护面板提示，确认为硬币找零故障
	②如是卡币，则按照纸币识别器操作流程，取出被卡硬币，并恢复部件安装，通过维护面板进行测试运行
	③清空缓存找零器
	④在维护面板重新输入下限硬币数
	⑤如缓存找零器通信故障，重新连接串口线，通过维护面板进行测试运行
	⑥观察维护面板显示，若还是有相同故障提示，则更换缓存找零器

（8）硬币钱箱故障处理

硬币钱箱故障处理见表5-11。

硬币钱箱故障处理　　　　　　　　　　　　　　　　表5-11

维检修任务	任务实施流程
硬币钱箱故障	①观察维护面板提示
	②检查硬币钱箱是否编码
	③观察维护面板提示，若还是有相同故障提示，则是电子标记损坏，请更换硬币钱箱

四 半自动售票机 BOM 维检修与处理方法

半自动售票机 BOM 维检修与处理方法见表5-12，相关资源见二维码16～二维码18。

二维码16　　二维码17　　二维码18

半自动售票机 BOM 维检修与处理方法　　　　　　　　　　表5-12

序号	维检修任务	任务实施流程	任务检验标准
1	半自动售票机内部、外部清扫、检查、测试	（1）擦掉所有灰尘并清洁内部，移除任何内部的外来物品； （2）擦洗机箱外部，对内部用吸尘器进行清扫； （3）检查丢失的螺钉、螺母以及配件； （4）用吸尘器吸取通风及其周围的灰尘	（1）半自动售票机外部清洁、无尘土； （2）半自动售票机内部所有单元清洁、无尘土； （3）无丢失松动的螺钉、螺母及配件
2	半自动售票机传感器清扫、检查、测试	（1）擦拭传感器表面灰尘； （2）检查传感器有无松动； （3）测试传感器工作状态	（1）传感器表面无灰尘； （2）传感器紧固、完好无破损； （3）所有传感器工作状态良好
3	半自动售票机出票机检查、测试	通过发行测试票检查出票机是否工作正常	出票机可以正常发行测试车票

续上表

序号	维检修任务	任务实施流程	任务检验标准
4	半自动售票机触摸屏检查、测试	用BOM机维修模式的单机测试确认触摸屏的检测动作	检测正常,检测出的位置没有偏移
5	半自动售票机功能测试	用BOM机的维修菜单对指示灯、打印机等其他单元部件进行功能自检测试	所有单元部件测试正常
6	半自动售票机电源部清扫、检查、测试	(1)电源部清扫; (2)电源开关动作确认; (3)接线端子检查; (4)检查电源部风扇工作是否良好	(1)电源部表面干净无灰尘;电源开关动作良好; (2)接线端子紧固无松动; (3)电源部风扇工作良好
7	半自动售票机外部IC卡读卡器检查、测试	用测试卡进行读卡写卡试验,检查IC卡处理器是否能正常工作	IC卡处理器工作正常
8	半自动售票机加热模块检查测试	清除附着在风扇和加热单元上的尘土	风扇、加热单元清洁无灰尘
9	半自动售票机注油	(1)用特定的润滑脂涂抹在票箱前部的锁杆和钥匙槽部位; (2)用特定的润滑脂涂抹在票箱放出部锁的前端和锁柄的深孔部分	润滑脂涂抹均匀,锁具开启和关闭正常顺畅
10	半自动售票机连接线缆及接口检查	检查BOM机所有连接线缆及接头连接是否紧固,线缆和接头是否完好。有无异色、异味	BOM机所有连接线缆及接头连接紧固,线缆和接头完好无破损,无异色、异味
11	半自动售票机票箱清扫检测	(1)检查票箱外观是否变形; (2)检查票箱上盖板是否动作良好; (3)检查票箱内皮带、滚轮、传感器、弹簧是否动作良好; (4)检查票箱定位是否良好	(1)票箱外观无变形; (2)票箱上盖板动作良好; (3)票箱内皮带、滚轮、传感器、弹簧动作良好; (4)检查票箱定位良好

小贴士

(1)半自动售票机内外部、传感器清扫、检查、测试

①检修BOM机前先做退出操作,如BOM机未退出而直接断电会造成数据丢失。

②清洁传感器时动作要轻微,不要扭转其所处位置。

③设备检修维护前要将设备断电,禁止带电作业。

(2)半自动售票机出票机、触摸屏检查测试

在清扫检查发售模块时,注意读写器的清洁,如需拔下SAM卡,应先切断通信线和电源线。

5.4 检票类设备典型故障、日常巡视与维检修

城市轨道交通自动售检票设备中的检票类设备将车站站厅分割成付费区和非付费区，乘客在进入和离开付费区时检票类设备对车票的有效性进行检查，对有效车票进行处理和放行，阻挡并指示持无效车票的乘客进行相应票的处理。

检票类设备即自动检票机（通常也称为"闸机"），分为进站检票闸机、出站检票闸机和进出站双向检票闸机。

自动检票机结构主要包括：主控单元（ECU）、乘客显示器、方向指示器、扬声器和显示灯、读写器及天线、票卡传送和回收装置、闸门系统、维护键盘及移动维护终端接口、电源模块、维护门等构成。

自动检票机能够自动识别、检验车票的有效性，对有效票放行，无效票给予提示并拒绝通过；出站闸机自动计算并扣减此次乘车费，并回收有效单程票；能够显示一卡通储值卡剩余储值金额；自动检票机可接受车站计算机指令或车站值班人员操作紧急按钮控制闸门开放，使闸机处于自由通行状态；设备在断电状态，闸门应处于开放状态。

一 检票类设备日常巡视的主要内容

检票类设备日常巡视的主要内容包括：
(1)巡视设备是否工作正常及乘客使用情况。
(2)检查设备各模块之间的连接情况。
(3)检查设备各指示灯显示情况。
(4)检查设备语音提示情况。

检票类设备的日常巡视是检票类设备在正常运行时间内，通过表象来观察检票类设备的运行状态。因此，AFC维修人员一定要掌握检票类设备的构成和功能。熟知检票类设备在正常运行及发生故障报警时，各种指示灯、语音提示和显示器画面等所处的状态及表示含义。重点掌握检票类设备应急处理、人工开关机等操作方法。能够在检

票类设备出现报警信息或突发故障时,采取妥当的应急解决思路或方案,尽量缩小故障影响范围。

 知识链接

(1)回收模块是检票类设备中容易发生故障的部位,也是平时维护的重点。
(2)巡视过程中应注意:降级运行的自动检票机是由于人为设置还是由于某些模块故障导致的运行模式降级,是否存在卡票的现象。
(3)顶棚向导标示应与自动检票机方向一致,注意不要忽略观察顶棚向导的运行情况。

二 检票类设备维检修关键步骤与操作方法

1 自动检票机内部、外部清扫、检查、测试

自动检票机内部、外部清扫、检查、测试的关键步骤与操作方法如下:
(1)擦掉所有灰尘并清洁机架内部,移除任何闸机内部的外来物品(废料等)。
(2)擦洗机箱外部,对内部用吸尘器进行清扫。
(3)检查机架,结构框架以及底座上松动、丢失的螺钉、螺母以及配件。
衡量标准:
(1)自动检票机外部清洁,无尘土。
(2)自动检票机内部所有单元清洁,无尘土。
(3)自动检票机内无丢失松动的螺钉、螺母及配件。

 小贴士

自动检票机清洁、检查时应注意:
(1)不能使用磨蚀性、酸性、碱性或氯化清洁剂。
(2)清洁时要谨慎,避免水滴入模块的电路板上。
(3)在做各项清扫前一定要将其所涉及的模块断电。

2 自动检票机传感器清扫、检查、测试

自动检票机传感器清扫、检查、测试的关键步骤与操作方法如下:
(1)卸下盖板及树脂盖,用清洁棉布和棉棒对人体检测传感器、高度检测传感器、传感器过滤器进行清洁。
(2)打开维修门及中央通道盖,用清洁棉布和棉棒对人体检测传感器、传感器过滤器进

行清洁。

(3)通过自动检票机本身测试软件检查测试各传感器是否工作状态良好。

衡量标准：

(1)传感器表面无灰尘。

(2)连接线缆和接头紧固，完好无破损。

(3)所有传感器工作状态良好。

 小贴士

清洁传感器时动作要尽量轻微，不要扭转其所处位置，清洁后检查对射传感器是否发射接收正常。

③ 自动检票机传送带清扫、检查

自动检票机传送带清扫、检查的关键步骤与操作方法如下：

(1)检查所有传送带是否有裂缝和偏坠。

(2)检查所有传送带表面和两边是否有毛刺、瑕疵和污垢。

衡量标准：

(1)票卡在皮带处不应该有打滑的现象。

(2)所有皮带没有裂缝和偏坠。

(3)所有皮带表面和两边无毛刺和污垢。

④ 自动检票机读卡器、天线检查、测试

自动检票机读卡器、天线检查、测试的关键步骤与操作方法如下：

(1)用测试卡进行刷卡试验，检查读卡器是否能正常工作。

(2)将测试卡在刷卡区上 0～8cm 范围内进行刷卡测试，检查读卡器能否正常工作。

衡量标准：读卡器可以正常工作，在 0～8cm 范围内无空洞。

 小贴士

在清扫检查读写器和天线时，注意读写器的清洁，如需拔下 SAM 卡，应先切断通信线和电源线。

⑤ 自动检票机回收模块清扫、检查、测试

自动检票机回收模块清扫、检查、测试的关键步骤与操作方法如下：

(1)拆下传送部盖板，用布清洁滚轮、传感器、传送皮带。

(2)通过测试票检查回收模块是否工作正常。

(3)通过闸机软件检查测试回收模块的电动机、传动装置、传感器、开关等部件是否工作正常。

衡量标准:测试票能够被顺利回收,回收模块的电动机、传动装置、传感器、开关等部件工作正常。

6 自动检票机闸门单元检查、测试

自动检票机闸门单元检查、测试的关键步骤与操作方法如下:
通过闸机软件检查测试闸门单元开启和关闭动作是否正常。
衡量标准:闸门开启和关闭动作正常。

小贴士

在维修维护闸门时,要在不影响乘客进出站秩序的情况下停用两个通道,并且要防止闸门夹手。

7 自动检票机开关测试

通过闸机软件测试所有开关是否正常动作。
衡量标准:所有开关均动作正常。

8 自动检票机加热模块清扫、检查、测试

清除附着在风扇和加热单元上的尘土。
衡量标准:风扇、加热单元清洁无灰尘。

9 自动检票机电源模块清扫、测试

自动检票机电源模块清扫、测试的关键步骤与操作方法如下:
(1)电源部清扫。
(2)电源开关动作确认。
(3)接线端子检查。
(4)检查电源部风扇工作是否良好。
衡量标准:
(1)电源部表面干净无灰尘。
(2)电源开关动作良好。
(3)接线端子紧固无松动。
(4)电源部风扇工作良好。

⑩ 自动检票机指示灯测试

通过闸机软件测试所有指示灯是否正常闪动。

衡量标准:所有指示灯正常闪动均正常亮、灭。

⑪ 自动检票机连接线缆及接口检查

自动检票机连接线缆及接口检查的关键步骤与操作方法如下:

(1)检查所有连接线缆及接头连接是否紧固,线缆和接头是否完好,有无异色、异味。

(2)测试所有接口是否正常。

衡量标准:

(1)所有连接线路及接头连接紧固,线缆和接头完好无破损、无异味。

(2)所有接口均正常。

⑫ 自动检票机扬声器的检查测试

自动检票机扬声器的检查测试的关键步骤与操作方法如下:

(1)检查扬声器连接以及装置是否正常。

(2)进行扬声器维修测试。

(3)检查音量,并纠正声音的选择(付费区、非付费区)。

衡量标准

(1)扬声器的连接及装置均正常。

(2)扬声器的音量正常,声音正确。

⑬ 自动检票机回收模块注油

自动检票机回收模块注油的关键步骤与操作方法如下:

对 MI LOCK、MI LOCK 拉杆、RM 插入部件、锁定齿轮、挡板齿轮、张紧皮带轮 BR、BRA 螺钉、BRB 螺钉、投入装置螺钉、MI 全部螺钉、PIVOT BR 螺钉等处注油。

衡量标准:

(1)润滑脂涂抹均匀 BRA 螺钉紧固扭矩为 $1.8N \cdot m$。

(2)BRB 螺钉紧固扭矩为 $1.8N \cdot m$ 投入装置螺钉紧固扭矩为 M3 为 $0.6N \cdot m$,M4 为 $1.2N \cdot m$。MI 全部螺钉紧固扭矩为 $0.6N \cdot m$。

(3)PIVOT BR 螺钉紧固扭矩为 $1.2N \cdot m$。

⑭ 乘客显示器检查、测试

乘客显示器检查、测试的关键步骤与操作方法如下:

(1)检查液晶屏的亮度。

(2)检查物理损伤以及与顶部外壳的齐平。
衡量标准:亮度正常清晰,无花屏现象。

⑮ 自动检票机票箱清扫、测试

自动检票机票箱清扫、测试的关键步骤与操作方法如下:
(1)检查票箱外观是否变形。
(2)检查票箱上盖板是否动作良好。
(3)检查票箱内皮带、滚轮、传感器、弹簧是否动作良好。
(4)检查票箱定位是否良好。
衡量标准:
(1)票箱外观无变形。
(2)票箱上盖板动作良好。
(3)票箱内皮带、滚轮、传感器、弹簧动作良好。
(4)检查票箱定位良好。

 小贴士

熟知检票类设备在正常运行及发生故障时,各种指示灯、故障代码、显示画面等所处的状态及表示含义。重点掌握检票类设备电源应急处理、卡票、更换门单元、暂停服务等故障处理,并且能够在检票类设备出现报警信息或发生突发故障时,采取妥当的应急解决思路或方案尽量缩小故障影响范围。

 实训任务

[实训任务 5-1]

2012年5月1日,地铁1号线某站开始运营前,检查车站 AFC 计算机中心系统。

现在你是该站的值班员(综控员),负责开启和巡检车站 AFC 计算机中心系统,请你按照巡检要求完成检查任务。

[实训任务 5-2]

2011年10月1日,地铁5号线某站运营过程中,有乘客反映:他在使用 TVM 机充值过程中,塞入比较旧的100元纸币,TVM 机显示"充值不成功",且未退出100元纸币。

现在你是该站的站务员,值班站长要求你迅速赶到故障 TVM 机处理,请你按照 TVM 机纸币模块故障的处理流程,完成该项任务。

[实训任务 5-3]

2011年11月10日,地铁2号线某站运营过程中,客流较小时,值班站长下达日常检查出入口D口的出站自动检票机群票箱。请你按照检查流程完成"出站自动检票机票箱清扫与测试"任务。

 复习与思考

1. 简述 AFC 线路计算机中心 LC 系统日常巡检的内容。
2. 简述 AFC 车站计算机系统 SC 日常巡检的步骤与操作方法。
3. 简述自动售票机 TVM 的车票发售模块的故障与处理故障流程。
4. 简述半自动售票机 BOM 出票模块、操作员显示器和外部 IC 卡读卡器的检查、维修和检验标准。
5. 简述自动检票机 AG 的传感器的清扫、检查和测试流程及其验收标准。

单元 6

票务管理程序

 教学目标

1. 了解票据及台账的种类,掌握票据及台账管理的基本内容及流程;
2. 掌握 AFC 现金日常管理及交接管理的各种方法、流程及注意事项;
3. 掌握备用金管理的办法,能够正确处理票务工作过程中遇到的假钞;
4. 掌握福利票的类型及换发流程;
5. 了解车站票务备品的种类及其简单的使用方法。

 建议学时

6 学时

教学导入

票务工作是城市轨道交通客运组织中一项重要的经济工作,是企业管理工作的重要组成部分,票务工作涉及面广,既有服务方面的,又有管理方面的。企业的经济效益很大一部分来源于票款收入,因此,做好票务工作对于企业的平稳发展意义深远。

票务管理的主要内容有票据与台账管理、AFC 系统的现金管理、福利票的换发工作及车站各种票务备品的管理。相关资源见二维码23。

二维码23

6.1 票务管理工作职责

一 公司级票务科工作职责

城市轨道交通运营企业票务科的一般工作职责描述如下:

(1)负责公司票务管理规章、管理制度及各岗位作业程序的拟订和修订。

(2)负责各项票务规章制度执行状况的检查、监督及指导工作。

(3)负责独立组织或协调相关部门有效开展票务稽查工作。

(4)对检查中发现的问题,负责根据规定要求及时处置、上报,并依据《客运公司绩效考核管理办法》,对各项票务违章行为向公司绩效考核委员会提交考核处置建议。

(5)负责定期统计分析公司、站区及班组执行票务规章制度状况票务稽查状况的各类数据,对重复发生、连续发生的行为及管理漏洞或薄弱环节,制订并组织落实各项防范措施。

(6)负责组织召开公司级票务工作例会及专题会议。

(7)负责定期搜集并汇总乘客对地铁票务工作的意见及建议,积极妥善进行相关处置。

(8)负责根据 AFC 系统的实际运行情况向上级主管部门反馈存在的问题,提出整改建议,并负责配合有关部门对整改情况进行检查。

(9)负责票款收缴的管理、监督及审核工作。

(10)负责票务有关数据的统计分析,并与地铁运营公司财务部进行运营收益核对。

(11)负责公司级票务培训,确保票务工作质量。

(12)负责制定回收车票的调配制度与流程,确保运营需求。

(13)负责审核票务中心提交的车票及硬币的领用、配发和调拨计划。
(14)负责定期分析公司票务工作情况及票款指标任务完成情况,为领导决策提供科学依据。
(15)负责协助运营公司调查处理 AFC 系统事故。

二 各线路票务中心工作职责

各条地铁运营线路票务中心的一般工作职责描述如下:
(1)在票务科的领导下,参与制定各管辖线路 AFC 系统票务工作制度和作业流程,并对贯彻执行情况进行监督和指导。
(2)负责公司级 AFC 票务专业知识培训,提高票务工作及业务水平。
(3)负责与 ACC、一卡通公司进行车票申领、运送的联系协调工作。
(4)负责所辖线路的公司级 AFC 票卡库存管理。
(5)负责所辖线路内运营数据、收益数据的统计分析工作,编制相关财务统计报表,及时报送有关票务数据。
(6)负责所辖线路库存管理系统(TC)设备的监控及操作,掌握各站车票库存情况,及时发起所辖线路内的车票调配。
(7)负责组织所辖线路循环使用车票的按期回收和分批清洗工作。
(8)负责根据车票发行计划,完成对单程票的预赋值或定值纪念票的初始化发行工作。
(9)负责"一票通"票的二次发行、分拣封装及个性化车票的制作。
(10)负责建立并保存票务资料和台账,按时、按程序向上级报送。
(11)负责审核并汇总所辖线路内各站区的票卡及硬币申领、配发计划,组织具体实施。
(12)负责审核并汇总各站区的报销凭证需求计划,并根据计划落实各种面值报销凭证的申请、配发及票根回收工作。
(13)负责各类终端设备的员工 ID 的集中管理。

三 票务组工作职责

每条线路 AFC 线路中心票务组的一般工作职责描述如下:
(1)在票务科的领导下,负责客运公司各站区票款的收款、核对和汇总工作。
(2)负责各站区银行交款账目单据的核对、登记,每月最后一日汇总各站区售票结算表。
(3)负责编制《站区全月售票款统计表》,审核各站区票款结算单。
(4)负责协调各站区与银行之间的事宜。
(5)负责根据票务科的安排,参加票卡、硬币调配及其他工作。

四 站区级票务管理职责

线路各个站区的票务管理一般工作职责描述如下:

（1）参与公司票务管理规章、管理制度及各岗位作业程序的拟订和修订。

（2）负责根据公司票务政策以及各项规章制度制定本单位的实施细则及工作程序，报票务科备案。

（3）负责制订站区票务工作计划并组织实施。

（4）负责本站区票款指标任务的分解与落实。

（5）负责本站区票款收缴作业管理。

（6）负责组织召开站区级票务工作例会及专题会议。

（7）负责站区级票务培训，提高员工票务工作水平及业务水平。

（8）负责组织站区级票务检查，监督指导班组级各项票务检查的执行情况。发现问题应根据规定要求及时处置、上报，并依据《站区绩效考核管理办法》，对各项票务违章行为进行处置。

（9）负责定期统计分析本站区及班组票务规章制度执行状况和票务稽查状况的各类数据，对重复、连续发生的行为及管理漏洞或薄弱环节，制定防范措施并组织落实。

（10）负责站区票卡、现金的库存管理，及时组织所辖各站的票卡与硬币调配。

（11）负责审核、汇总所辖各站的票卡与硬币需求；每月21日，以站区为单位向票务中心提交月度票卡、硬币补充需求计划。

（12）负责站区报销凭证、发票、打印纸、专用钥匙等票务专门用品的管理工作。

（13）负责车站工作票的管理工作。

（14）负责站区员工ID管理。

（15）配合开展所辖各站的AFC系统事故调查。

五 车站级班组票务管理职责

地铁车站级各班组票务管理的一般工作职责描述如下：

（1）负责各项票务规章及有关规定在本车站的全面贯彻与落实。

（2）负责制订班组票务工作计划并组织实施。

（3）负责制订本站各岗位工作流程及一日工作程序并组织实施。

（4）负责组织召开车站级票务工作例会及专题会议。

（5）负责定期统计分析本班组票务规章制度执行状况和票务稽查状况的各类数据，对重复、连续发生的行为及管理漏洞或薄弱环节，制定防范措施并组织落实。

（6）负责车站终端设备的操作及人员管理。

（7）负责单程票、出站票、福利票、定值纪念票、一卡通储值票、AFC应急纸票的发售及日常管理工作。

（8）负责车站级票卡与硬币的库存管理，及时向站区提交票卡、硬币需求。

（9）负责报销凭证、发票、打印纸、专用钥匙等票务专门用品的领用与保管工作。

（10）负责车站AFC现金管理，组织每日票款的结算与缴纳。

(11)负责班组员工ID管理。
(12)负责保管人工售检票模式下的纸质车票及台账。

6.2 各岗位票务管理工作职责

一 站区长票务管理工作职责

站区长对本站区票务工作进行综合管理,履行以下职责:
(1)负责贯彻、执行各项票务工作制度、上级指示精神及工作安排。
(2)负责编制站区票务工作计划,制订工作措施,并组织落实。
(3)负责站区级票务培训工作,确保站区票务工作运转顺畅。
(4)负责站区票款指标的分解及完成情况的统计、分析、上报工作。
(5)负责组织或独立开展站区级票务检查,对检查中发现的问题根据规定要求及时处置、上报,对各项票务违章行为向站区绩效考核委员会提交考核处置建议。
(6)负责定期统计分析本站区票务规章制度的执行状况和票务稽查状况的各类数据,对重复、连续发生的行为及管理漏洞或薄弱环节,制定防范措施并组织落实。
(7)负责组织站区内票卡、硬币调配,确保满足运营需要。
(8)负责站区AFC终端设备的使用管理,及时纠正并制止各类违规行为。
(9)负责站区各类AFC备品的管理工作,确保AFC系统运转顺畅。
(10)负责站区员工操作员号的管理、统计工作。
(11)配合开展AFC系统事故的调查。

二 站区票务员票务管理工作职责

站区票务员是在站区的领导下,对站区各项票务事务工作进行管理,履行以下职责:
(1)负责本站区单程票报销凭证、发票、打印纸、专用钥匙等票务专门用品的领用、保管及发放工作。

（2）负责本站区 AFC 备用金的领取与发放。

（3）负责各车站对 AFC 备用金使用保管的日常检查工作。

（4）负责本站区票款的收缴与解行工作。

（5）负责票卡、硬币调配方案的组织落实工作。

（6）负责各车站坏卡、废卡、未返还车票的收集与上交工作。

（7）负责站区级 AFC 应急纸票的库存管理。

（8）根据站区指示及要求，做好站区各项票务工作质量及票务活动措施落实状况的监督指导工作。

（9）完成领导交办的临时工作。

三 值班站长票务管理工作职责

值班站长票务管理工作履行以下职责：

（1）在站区领导下，负责车站现场指挥工作，检查各项规章制度的执行落实情况，及时发现纠正岗位违章操作行为。

（2）负责检查车站票卡、AFC 备用金及应急纸票的库存管理情况，组织做好票卡及硬币的接收、调配和发放工作。

（3）负责发售福利票并监督福利票的换发、返还和登记工作。

（4）负责保管、交接储币柜外门钥匙、车站运营及财务报表。

（5）运营开始前，负责检查本站所有设备的启动及运营准备工作，确保车站各类终端设备提前 10min 具备工作条件。

（6）运营过程中，负责监督 AFC 综合作业员进行钱箱更换、现金清点作业，确保 AFC 现金安全。

（7）遇设备故障时，确认故障情况，指示行车值班员（行车综控员）及时向有关部门报告。

（8）由于地铁自身原因，无法正常运营时，根据现场情况，指令站务人员办理退票，开放安全门。

（9）根据客流情况，指令行车值班员（行车综控员）改变检票机通道方向；车站出现大客流进、出站等紧急情况时，指示行车值班员（行车综控员）向 LC 申请降级模式。

（10）根据运营需求指示行车值班员（行车综控员）通过 SC 设定 TVM 机的服务模式，以满足运营要求。

（11）交班时，负责巡查各岗位交接情况，确认设备处于良好使用状态。

（12）运营结束后，负责组织班组人员配合 AFC 综合作业员逐台进行 TVM/AVM 机结账作业、取出设备钱箱，集中运送回车站 AFC 票务收益室。

（13）确认所有 TVM/AVM 机结账作业完成后，指挥行车值班员（行车综控员）通过 SC 关闭车站终端设备，结束本站全天服务。

（14）负责根据行车值班员（行车综控员）提供的本站当日单程票进、出站量，统计车站单程票的流失与吸入数量，敦促 AFC 综合作业员按照公司车票库存管理规定及时向站区申请车票调配。

四 车站客运值班员（客运综控员）票务管理工作职责

车站客运值班员（客运综控员）票务管理工作履行职责如下，相关资源见二维码23。

二维码23

（1）负责接收、执行 LC 的指令，及时准确传达信息。

（2）负责监视本站设备的工作状态，SC 提示"钱箱将空"、"票箱将空"时，通知 AFC 综合作业员到现场进行更换。

（3）负责按照值班站长的指令，更改双向 AG 的通道方向、设定自助售票机具的服务模式满足运营需要。

（4）依据值班站长的指令，负责向 LC 申请降级模式，并将变更结果报告值班站长、站区领导及客运营销科。

（5）每日运营开始前，负责车站终端设备的远程开启工作，通过监控界面确认所有终端设备网络连接正常，将设备状态报告值班站长。

（6）遇设备故障时，确认故障类型、故障时间，负责通知维修部门、值班站长及客运公司有关科室并负责设备检修作业登记。

（7）本站发生火灾、爆炸、地震等重大灾难性事故时，应根据"突发情况处置方案"将本站 AFC 系统的运营模式变更为"紧急放行模式"，及时报告值班站长、站区领导、LC、行车调度员及运营企业相关部门。

（8）交接班时，在值班站长的指挥下确认售/补票岗已交接完毕，打印相关报表并上交值班站。

（9）每日运营结束后，负责收集本站当日单程票进、出站量并报票款及末班车后返还的剩余福利票。

（10）末班车后负责确认所有 TVM/AVM 机结账作业完成，然后在值班站长的指挥下通过 SC 关闭车站终端设备，结束本站全天服务，将打印的相关报表上交值班站长。

（11）妥善保管备用车站工作票、备用特殊通道钥匙。确保车站计算机设备整洁。

（12）负责 AFC 系统通信中断时的及时报告。

（13）客运值班员（客运综控员）不在室内时，其全部职责由当班行车值班员（行车综控员）负责。

五 车站 AFC 综合作业员票务管理工作职责

车站 AFC 综合作业员票务管理工作履行以下职责：

（1）负责每日首班车前 10min，完成全站所有 TVM/AVM 机的运营准备工作。

（2）负责车站 AFC 现金的管理与交接，按照规定合理使用并确保现金安全。

(3)负责车站票卡的库存管理,及时在车站票卡库存管理系统上进行票卡申请、调配操作,确保账物相符并且能够满足运营需求。

(4)负责车站一卡通白卡的领用、下发及库存管理,并如实登记相关台账。

(5)负责车站 AFC 应急纸票的管理,保证突发情况应急预案的落实。

(6)负责储币柜内门钥匙的保管、交接。

(7)负责清点、接收下岗(或交班)的 BOM 机操作员上交的全部售票款及末班车后返还的剩余福利票。

(8)负责车站单程票报销凭证、发票、打印纸、专用钥匙等票务专门用品的领用、保管及发放工作。

(9)负责根据设备提示或行车值班员(行车综控员)的通知及时进行 TVM 机钱箱、票箱更换。

(10)负责钱箱内现金的清点及登记。

(11)负责运营过程中 TVM/AVM 机打印纸的更换。

(12)负责 TVM 机乘客招援服务,高峰时段在现场负责引导乘客使用自助设备。

(13)负责全程监督 TVM/AVM 机的故障维修,防止车票或现金流失。

(14)负责核查车站各类票、卡库存,及时提交盈余报告或调拨申请,保证运营需要。

(15)负责站区票务员到站收款时的监收、护送工作。

(16)负责每日末班车后,对车站所有 AFC 现金进行彻底清点,核算硬币流失数量及本站当日运营收入,封存本站全天票款收入。

(17)负责根据车站 AFC 现金盘点结果,定期提交硬币补充需求。

(18)负责《车站 AFC 综合作业员交接台账》的登记、保管与交接确认。

(19)负责废票的收集、保管及上交。

六 车站票务员工作职责

车站票务员工作履行职责如下,相关资源见二维码24。:

(1)每日运营前,负责售票 BOM 机的开启工作及打印卷纸的检查、更换。

二维码 24

(2)负责协助 AFC 综合作业员完成 TVM/AVM 机的运营前准备。

(3)负责办理单程票的发售和一卡通卡的发售(充值)等,做到每笔业务票、款、账数据相符。

(4)负责根据 ACC 业务规则、地铁有关规定和车票使用办法,为乘客办理车票更新、退票等业务。

(5)负责按章换发福利票,并按福利票管理制度做好相关登记、核对及返还工作。

(6)负责落实报销凭证和发票管理制度,为购票、充值乘客提供相应服务。

(7)负责 TVM 机故障时,凭设备故障单为乘客补足车票或现金。

(8)负责 BOM 机打印纸及票卡箱的更换。

(9)负责本岗位的现金安全,准确及时上交售票款,长款上缴、短款自负。

(10)交接班时,负责交接设备运行情况,力度交接票卡、剩余福利票、发票及备用金。

(11)运营结束后,负责关闭售票设备,确认设备正常关闭后,向值班站长汇报。

七 车站监票员工作职责

车站监票员工作履行以下职责:
(1)负责每日运营前所有 AG 开启情况的检查,协助 AFC 综合作业员完成 TVM/AVM 机的运营前准备。
(2)负责引导乘客正确使用车票,迅速通过检票通道。
(3)负责疏导 AG 客流,引导不能正常进出站的乘客前往票务处处理。
(4)负责及时更换 AG 票箱、清理废票箱中的车票。
(5)负责将清理出的废票交 AFC 综合作业员进行单独保管。
(6)负责对出站 AG 群的重点监管,保证企业运营收入。
(7)负责掌握 AG 的运行状态,发现异常及时处理或报修并做好登记。

八 车站补票员工作职责

车站补票员工作履行以下职责:
(1)每日运营前,负责补票 BOM 机的开启工作及打印卷纸的检查、更换。
(2)负责依据车票使用办法,妥善处置乘客违规使用车票。
(3)负责根据 ACC 业务规则、地铁有关规定和车票使用办法,为乘客办理车票更新、补票等业务。
(4)负责本岗位的现金安全,准确及时上交补票款,长款上缴、短款自负。
(5)运营结束后,负责关闭补票设备,确认设备正常关闭后,向值班站长汇报。

6.3 票据与台账管理

一 票据管理

城市轨道交通线路中使用的一票通报销凭证由公司自行印制,一卡通发票由一卡通公司提供。报销凭证和发票的保管,应由专人负责,妥善保管,不得丢失。各站应视报销凭证和发票的库存情况,于每月定期向票务收益室申报次月需求和上交计划。申报数量应保证车站一个半月的用量,并确保发票存根全部上交。

车站在接收配发的报销凭证和发票时,须认真核对凭证种类、数量,确认无误后,方可在《票卡、报销凭证及发票调配单》上签字;接收报销凭证和发票的同时,填写《票卡、报销凭证及发票调配单》,将发票存根交回;领取报销凭证和发票后,及时在《车站票据及管理卡库存管理台账》上填写相关记录。

对于报销凭证和发票的管理,各岗位人员应对交接、库存变化和开具情况进行登记。车站下发报销凭证和发票时,应及时在《车站票据及管理卡库存管理台账》上填写相关记录,由值班站长或车站督导员签字确认;车站应根据乘客购买车票面值或 IC 卡的售卡、充值水单开具报销凭证或发票,同时收回水单,不得虚开凭证。车站上交发票存根时,应按面值分箱封装。并在相应的管理台账上及时记录。

票务收益室与车站间报销凭证、发票的配发、接收及上交管理流程及车站间报销凭证及发票调配管理流程如图 6-1 及图 6-2 所示。

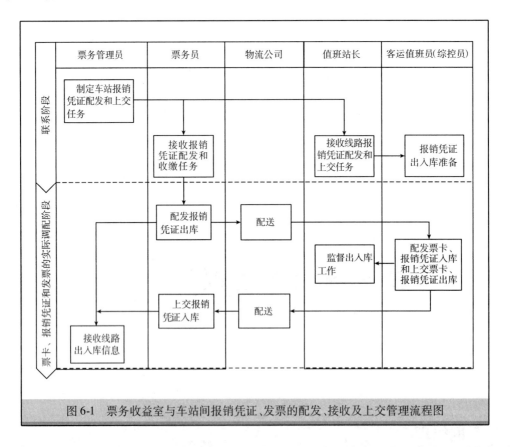

图 6-1 票务收益室与车站间报销凭证、发票的配发、接收及上交管理流程图

城市轨道交通运营企业所使用的票据有定额发票和手写发票两种,因定额发票方便、快捷,故使用最为频繁。

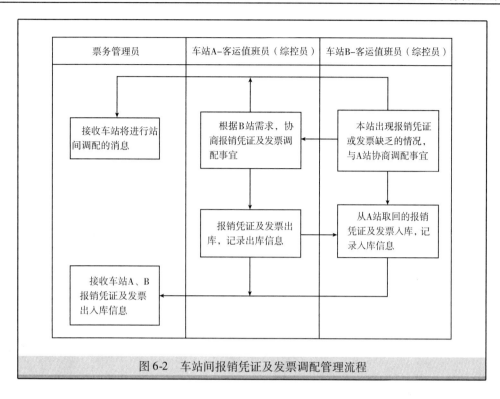

图6-2 车站间报销凭证及发票调配管理流程

1 定额发票

定额发票的发放、管理主要由车站站长及票款员负责,由票务人员申领。一般来说,票务人员领用定额发票须凭原发票存根与之调换,并做好登记等管理工作。"一卡通定额发票",在交易时,由票务员按交易金额主动提供给乘客。购票时,站员应按票面金额主动提供"车票报销凭证"给乘客;出站时,如乘客需"车票报销凭证",站务员可按其乘坐的距离,给予其相应票价的单程票发票。若乘客事后索取一卡通发票,站务员原则上不应给予,并告知乘客可在各地铁站充值(购卡)时主动索取。

一般,城市轨道交通运营企业使用的定额发票及车票报销凭证见表6-1。

定额发票及车票报销凭证　　　　　　　　表6-1

发票类别	面　　值
一卡通充值定额发票	10元、50元、100元、200元、500元
车票报销凭证	1元、2元、3元、4元、5元、6元、7元、8元、9元

一卡通储值票充值定额发票的一般管理规定:
(1)储值票发售与充值使用的发票为普通IC卡充值发票,由一卡通公司提供。
(2)发票应由专人负责妥善保管,不得丢失。

(3)站区票务员负责站区发票的换领工作。

(4)换领发票应按下列规定办理:

①站区票务员凭发票存根进行换领;

②换领发票时,应认真核对发票种类、数量,确认无误后,双方签字确认;

③换领发票后,票务员应及时在站区《发票领用交接台账》上进行登记;

④站区票务员对于收回的发票存根,应填写《发票回收单》,并以300本为一箱,按面值分箱进行封装、送交。

(5)发票的交接、库存及使用管理,按下列要求办理:

①车站领用发票时,由AFC综合作业员填写车站《发票领用交接台账》,站区票务员填写站区《发票领用交接台账》,核对无误后双方签字确认;

②车站发票下发时,AFC综合作业员填写车站《发票领用交接台账》,票务员填写《发票交接登记簿》,核对无误后双方在车站《发票领用交接台账》签字确认;

③发票使用时,票务员应根据发票的开具情况填写《发票交接登记》;

④交接班时,AFC综合作业员和票务员均应进行发票的交接,填写相应台账。

(6)票务员应根据IC卡充值金额如实开具发票,不得虚开发票。在交给乘客发票的同时在机打水单上应注明"已开发票"。

(7)AFC综合作业员应按下列规应定办理车站发票换领及存根回收工作:

①整本发票使用完毕后,票务员应将发票存根上交AFC综合作业员,AFC综合作业员负责更换新的发票,双方核对无误后在《发票交接登记簿》上签字确认;

②AFC综合作业员将发票存根上交站区票务员,站区票务员负责为其更换新的发票,双方核对无误后在车站《发票领用交接台账》上进行签字确认。

单程票报销凭证的一般管理规定:

(1)单程票报销凭证由各站区票务员负责领用、发放;

(2)单程票报销凭证的领用、发放应填记《报销凭证IC卡领发登记台账》;

(3)各站区的单程票报销凭证库存由站区票务员负责管理,各车站的单程票报销凭证库存由AFC综合作业员负责管理;

(4)运营时间内,各站的票务处应放置单程票报销凭证以方便乘客索取;

(5)由售、补票员负责为购票后有报销需求的乘客发放单程票报销凭证;

(6)岗位上的单程票报销凭证由售、补票岗负责对口交接。

❷ 手写发票

由于手写发票使用不便,一般来说城市轨道交通企业较少使用手写发票。手写发票由车站站长负责管理,领用手写发票须凭原发票存根联到客运主管部门调换,并做好交接工作。开票人员需要按照手写发票的具体填写要求正确、真实、如数填写,做到填写内容完整,大小写金额一致。手写发票如需作废,应在四联一起写上"作废"字样,不可撕下丢弃(已撕下发票也应重新贴上)。车站对用完的发票应保证整本发票联号,不得缺号、缺张。发票作为票卡报销凭证,不得开具与票卡销售无关的报销内容。

二 台账管理

城市轨道交通运营企业的票务工作纷繁复杂,每天都需要整理当天的票务工作,填写相应的台账报表。票务报表是记录车站现金交接、收益汇总、车票交接、发售、站存的原始台账,也是作为结算部门对站务员进行收益结算的原始依据,在车站票务工作中起着非常重要的作用。

1 报表的种类

由票务员或值班站长填写的主要相关报表主要有:《票务员日营收结算单》、《钱箱清点报告》(《TVM 机日营收结算单》)、《车站营收日报表》、《AG 回收记录单》、《单程票(应急票)储耗日报表》、《票卡收发柜存账》、《编码室票卡、物品收发台账》、《票务员票款、卡差异明细》和《乘客事务处理单》。

(1)《票务员日营收结算单》

《票务员日营结算单》是票务员在结算过程中最常用的报表。当值班员给票务员配发车票、票据、备用金或追加车票、备用金,值班员预收款或与站务员结账时,需要填写票务员结算单,以便记录票务员售票的现金变动情况,从而核算票务员实际票款收入。票务员结算单主要包括票务员和值班员班次、自动售票机设备号、配备备用金金额以及各类车票配出张数、回收张数、发售张数、实收金额等内容。车票发售张数根据配出张数与回收张数的差额计算填写,实收金额根据票务员回票务收益室后清点所有的现金所得金额减去所配备的备用金金额后填写,作为站务员实际收益结算的依据。售票过程中出现的一些异常现象可在备注栏说明。表 6-2 所示为广州地铁《票务员日营收结算单》。

(2)《钱箱清点报告》

《钱箱清点报告》由车站值班员在每次更换完 TVM 机钱箱进行钱箱清点时填写,用于记录 TVM 机钱箱收益,每天所有 TVM 机钱箱实点金额扣除车站补币金额就是车站当日 TVM 机票款收益。值班员需要填写的内容主要有:自动售票机编号、钱箱号码、机器金额、实点金额、差额、清点人员等。《钱箱清点报告》见表 6-3。

(3)《车站营收日报》

《车站营收日报》由每班值班员根据钱箱清点报告、票务员结算单、TVM 机打印的补币单等记录填写,用于体现车站每日的运营收入情况。值班员需逐项填写钱箱票款、钱箱差额、补币金额、BOM 机票款、乘客事务差额等来计算 TVM 机收入和票务员收入,形成车站营收总金额,并记录票款解行情况。

票务员日营结算单

表6-2

No: 　　　年　　月　　日

A站	时间 从12:00至22:00点	配备用金金额(元) 5000
	BOM编号　01	值班员签名

票种	项目	配出张数	回收张数	出-张数	出-遗失	出-押金(元)	出-金额(元)	中途可追加 项目	配出张数	回收张数	出-张数	售-金额(元)
IC卡储值票	普通储值票	50	40	10	0	200	1500					
	学生储值票	10	8	2	0	40	100					
	老年人储值票	5	4	1	0	20	50					
	储值福利票			配出与回收差								
单程票								普通单程票				
								单程福利票				
小计金额(元)						260	1650	小计金额(元)				
实收总金额	(根据站务员回票务收益室后清点所有的现金所得金额减去所配备的备用金金额后填写)											
备注	(售票过程中出现的一些异常情况可在此行进行备注说明)											
票务员								值班员				
票务员员工号								值班员员工号				

(第一联——票务分部　第二联——车站)

钱 箱 清 点 报 告

表 6-3

No: 年   月   日

A站   单位：元

自动售票机TVM号码	清点 硬 币				自动售票机TVM号码	清点 硬 币			
	钱箱号码	机器金额	实点金额	差额（+/-）		钱箱号码	机器金额	实点金额	差额（+/-）
01	001	1 000	998	-2					
合计		1 000	999	-2	合计				
钱箱总数		1	清点时间	22：00	钱箱总数				
清点人员	签章		员工号		备注： （清点钱箱过程中发现假币等异常情况时，可在此处进行备注说明）				
值班员									
清点人员									

（第一联——票务分部   第二联——车站）

(4)《乘客事务处理单》

《乘客事务处理》单一般用于车站发生TVM机少找零、卡币、卡票、发售无效票等特殊情况,需在半自动售票机上进行相关乘客事务处理时填写,用于记录票务员进行的有关乘客事务的处理情况,与票务员结算单一起构成票务员收益结算的依据。《乘客事务处理单》包括票务员班次、具体事件详情、处理结果、涉及金额等内容,分为现金事务栏和非现金事务栏。现金事务栏主要是发生TVM机少找零、卡币、卡票、发售无效票等乘客事务时,票务员需在BOM机上进行涉及现金的操作,如不收取乘客现金,但在BOM机上为乘客发一定面额的车票或退还一定金额的现金时填写;非现金事务栏则主要是在进行不涉及现金的操作时填写。

❷ 现金结算报表的流程

票务工作中,现金结算报表的使用流程如图6-3所示。

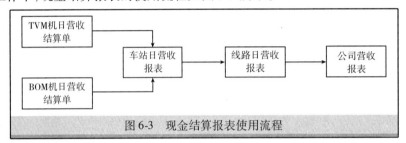

图6-3 现金结算报表使用流程

❸ 报表的填写及保管

车站在报表的填写、保管等方面都需严格执行相关收益安全管理规定,避免因报表填写不规范和保管不当而对票务收益安全造成影响。车站的报表有车票管理和现金管理两类。目前,城市轨道交通运营企业通常使用的报表包括票务员结算单、乘客事务处理单、钱箱清点报告、车站营收日报、车站售票、存票日报、车票上交单及现金缴款单等。其中,票务员结算单和乘客事务处理单主要由票务员填写,钱箱清点报告、车站营收日报、车站售票、存票日报、车票上交单及现金缴款单则由车站值班员填写。

报表的填写必须真实、准确、完整、及时,即报表的填写必须如实反映票务情况,不得捏造事实,弄虚作假,必须按报表所列事项填写,确保所填数据真实可靠,并且必须在规定期限内填制完毕,按规定时间上交结算部门,不得无故拖延。报表必须用蓝色或黑色笔填写,字迹清晰、工整,不得潦草。

因票务报表是作为车站现金交接、受益汇总、车票交接、发售与站存的原始台账及站务员收益计算的原始依据,一经相关当事人填写完毕,原则上不得更改。当报表填写发生错误且确需更改时,应通知相关当事人确认,按规定当面进行更改。必须用画线更正法进行更改,即在报表中错误的文字或数字上划一红线,以示注销,然后在该处盖上更改人员名字修正章或者签字以示负责;不得刮擦、挖补、涂抹或用化学药水更改字迹。

报表需在一定期限内留存,以备结算部门、审计部门提取相关数据。车站应定期按报表分类,整理并装订报表,检查报表是否完整;并设立专门的报表保管室对报表进行统一保管,确保报表的安全,不同的企业对具体的保管期限有不同的要求,一般是按照统计范畴的规定执行,保管期限满后,由所属部门统一注销、销毁,严禁私自将报表注销、销毁,以防泄漏商业机密。

6.4 自动售检票 AFC 系统现金管理

城市轨道交通车站现金来源主要有两类,即备用金和票款。备用金指由上级部门配发给车站,专用于给乘客兑零、找零、自动售票机补币、与银行兑零等用途的周转资金。票款指车站通过自动售票机、半自动售票机或临时票务处人工向乘客发售车票及办理票卡充值、更新等售、补票业务过程中收取的现金。由车站具体负责对备用金及票款的安全管理。相关资源见二维码25。

二维码25

一、AFC 现金日常管理

1 现金的管理流程

备用金配发到车站后,主要供车站流通使用。自动售票机及票务处的票款经车站清点后,应及时存入企业在银行的专用账户。现金的管理流程如图6-4所示。

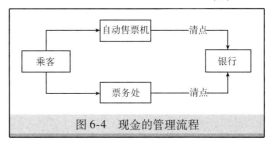

图6-4 现金的管理流程

2 现金的安全管理

车站备用金及票款收入作为城市轨道交通运营企业现金收益的重要部分,其安全管理直接影响到企业收益安全。以保证现金安全为目的,原则上车站现金只能存放于专门的安全管理区域,主要包括票务收益室、票务处、临时票务处和自动售票机。

票务收益室、票务处应设有防盗门,并随时保持锁闭状态,门钥匙由专人保管及使用。室内应配置监视设备,能对所有现金操作环节进行实时监视和实时录像,并留存一定时间段的录像可供回放查看。除车站当班票务工作人员及其他指定票务工作人员外,其他人员不得随意进入票务收益室、票务处,确需进入时,必须得到当班值班站长或以上级别人员的许可,并由当班值班员陪同方可进入。车站需设立台账,记录批准人员和进入人员姓名、进入原因、进入时间以及离开时间等,当班值班员离开票务收益室或站务员离开票务处时,票务收益室、票务处内所有人员必须随同离开,不得逗留。除现金交接、钱箱清点之外,其他时间票务收益室内的所有现金只能保管在保险柜、补币箱、待清点钱箱或已锁闭的尾箱内,站务员在处理现金时,应将现金放在乘客接触不到的地方,存放于临时票务处的现金应做好防盗工作。日常运送现金时,必须将现金放入锁闭的钱箱、票盒或上锁的手推车中,并由两名车站站务员负责运送,以确保运送途中的安全。同时,车站应每月定期对车站备用金的库存情况进行盘点,做到账实相符。

工作人员在对自动售票机等设备进行换票、取币后,相关登录系统的密码应处于退出状态,相关设备门保持关闭并锁闭,票务人员在对自动售票机等设备进行取币操作时,需要携带对讲机,遇到异常情况时,应及时汇报。

❸ 票款的收缴及核对

车站所有的票款结算、封包及票款交接工作都必须在编码室监视器下进行。工作人员在结账时要做到正确填写各类报表、解款单、计数单、封口条等。填写过程中要做到字迹清楚、结算准确,不得使用修正液等涂改,必须用画线更正法。

票款汇总后进行整理、封扎。封包必须用统一的封包纸袋和布袋按规定封包。每一笔解款单对应一只封包布袋,布袋口必须用绳子双结扎紧,绳结处加贴封口条,封口条加盖2名经办人骑缝章。封口条必须填写日期、站名、金额,金额必须与计数单和解款单金额一致。车站要按规定执行预缴款及封包交接制度,进款要做到收缴正确,账款相符,交接清楚,手续完整。票款的解缴,由银行到各站收取,车站须指定专人做好与银行的基础交接工作,确保现金安全。

票款收缴及核对管理流程如图6-5所示。

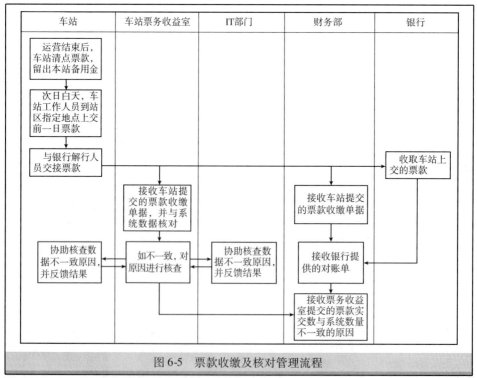

图6-5 票款收缴及核对管理流程

4 票款结算

票务员下班后将当天的车票出售、补票收入、公共交通卡售卡、充值等票款情况填写在《票务员票款结算单》上,凭《票务员票款结算单》结交当日票款。车站站长及票款员根据各票务员结账情况和《TVM机日营收结算单》填写《车站日营收报表》。

车站站长、票款员结账后须将当班现金清点准确,并填写解款单(解款单金额与现金必须一致)封包,银行每日下午收取当日早班与上日中班票款。当班值班员除按现金安全管理相关规定做好对票务处、票务收益室现金的监控和管理工作外,还负责对自动售票机补币和清点钱箱,负责对票务员配票、结账,计算车站每日运营票款收益,并将票款存入银行专用账户及与银行沟通兑换零钱等工作。

在采用自动售检票系统的城市轨道交通运营企业,车站票款收益主要来源于两个方面:一是由自动售票机出售车票以及对储值票充值所得的收益;二是由票务员在票务处操作半自动售票机发售、处理车票所得的收益。值班员需在每天运营结束后,将所有自动售票机票款收益和票务员票款收益进行清点规整,计算每日运营总收入,并将其存入企业在银行的专用账户。

(1)自动售票机收益结算管理

每天运营开始前,车站值班员需将一定金额的硬币补充到自动售票机储币箱内,用于给购票乘客购票时提供找零,乘客投入的购票纸币或硬币则通过相应的处理模块存入到自动售票机的纸币钱箱和硬币钱箱内。每天运营结束后,值班员需对车站所有自动售票机进行结账操作,更换自动售票机内纸币、硬币钱箱,并回收到票务收益室进行清点。

清点所有钱箱票款金额,并扣除值班员为自动售票机补充找零硬币的金额,即为当日自动售票机票款收益。为保证自动售票机票款收益统计的准确性,车站对于补入自动售票机的找零硬币的清点及钱箱票款的清点必须按规范要求进行,以确保准确无误。一般情况下,补币硬币的清点及钱箱的清点工作应由双人在票务收益室监视仪监视状态下共同完成。值班员在清点用于补币的硬币时,每台自动售票机的补币清点数量必须在票务收益室监视系统下进行读数并加封。用于补币的硬币清点完至补币前,应存放在票务收益室监视区域,进行补充硬币操作时必须双人负责。一人操作,一人监控,补充硬币后须做好相应台账记录。清点钱箱时,相应的钱箱、钱袋和点币机必须放在安全区域。整个清点过程中任何人不得遮挡监视仪,若监视系统发生故障而造成车站无法按程序清点钱箱时,应由一名车站值班站长或以上职务人员和车站值班员双人一起清点钱箱,必须逐一清点,每个硬币钱箱的清点数量必须在票务收益室监视系统下进行读数,并将实点数及时记入钱箱清点报告对应的实点金额栏,每清点完一个钱箱,应确保钱箱已倒空并无现金遗留在钱箱内。清点钱箱过程中,非紧急情况不得离开票务收益室。

(2)票务处收益结算管理

值班员对票务员票款收益的管理主要通过给票务员配票和结账来实现。配票指值班员为票务员配备各种车票、备用金的过程。值班员需在票务员到岗前配置一定数量的车票、备用金，填写票务员结算单，并签名确认，放置到专用售票盒内，待票务员到票务收益室后，监控票务员进行清点，确认所配的各类车票、现金数量与票务员结算单上记录的开窗张数、备用金数量一致后，监督票务员在票务员结算单上签收确认。

结账是指值班员在票务员售票结束后，在票务收益室监视系统下对票务员在票务处售检票工作中实际收取乘客的现金票款、回收的车票进行清点并记录在相关报表、台账中的过程。因报表中记录的实收票款金额将作为结算票务员实收金额与应收金额，确定票务员有无长短款的唯一依据。因此，值班员在与票务员结账时，必须按照相关规定完成，确保报表记录的实收票款金额能如实反映票务员当班期间实际票款收入。

值班员结账的具体程序为：票务员售票结束后，应立即携带本班所有现金、车票回票务收益室，离开票务处前，应全面检查票务处有无遗留车票、现金。在运送本班所有现金、车票从票务处回票务收益室的过程中，须将车票、现金放在上锁的售票盒中，确保运送途中无遗失。结账过程须在票务收益室监视区域进行，首先由票务员清点所有现金，确认总金额后，由值班员进行清点，达到双人清点、共同确认的目的。双人确认实收总金额后，在监视区域填写票务员结算单的实收总金额栏，因实收总金额栏记录直接影响到票务员结算，所以原则上不得更改，当发生填写错误或其他原因需更改实收总金额栏时，当事票务员、值班员需报当班值班站长，由当班值班站长调查核实后才能更改，并由值班站长、值班员、票务员三方共同盖章确认。然后值班员与票务员共同清点确认回收的各类车票数量，并填写到票务员结算单关窗张数栏。最后由票务员完成其他辅助类报表的填写，并交值班员。值班员应检查票务员当班的所有报表是否全部交回且填写正确、完整，完成结账程序。

值班员每天需根据钱箱清点报告、票务员结算单等计算当日自动售票机票款收益及票务员票务处票款收益，填写车站营收日报，记录车站每日的运营收入情况，并按车站营收日报的数据将所有票款存入企业在银行的专用账户。

二、AFC 现金交接管理

AFC 的现金交接主要有值班员间的现金交接及车站与银行之间的票款交接等。为保证备用金、票款在交接过程中的安全，车站在进行备用金、票款交接时，应建立交接凭证和统计台账，交接人员依据交接凭证办理交接手续并做好书面交接记录；交接时若发现实点金额与交接凭证有误，交接双方需及时核查更正。对于不能及时查明原因的，应按实点金额进行签收，车站在交接记录本上记录相关情况，并将情况立即报告上级组织调查。

值班员交接班本是车站值班员之间交接班的记录凭证。交接班前，交班值班员须详细在值班员交接班本上记录反映票务收益室内所有现金、车票、票务钥匙、工具和器具的数量及状态，并在"交班值班员"栏内签名确认；接班值班员应对照值班员交接班本记录的情况，清点、检查票务收益室内所有现金、车票、票务钥匙、工具和器具的数量及状态与记录是否相符,确认相符后,在"接班值班员"栏内签名确认。

为确保半自动售票机能如实反映站务员当班期间涉及的现金、非现金操作,形成站务员本班次的后台结算数据,站务员上岗时应使用本人 ID 和密码登录半自动售票机进行操作,严禁使用他人密码进行操作。为确保站务员结账时清点的实收金额能如实反映当班期间的票款收益,除给乘客办理业务收取的现金外,严禁票务员收取乘客拾获、车站其他员工拾获后上交的现金,应通知当班值班员按规定收取。为避免票务员将自己的现金、车票与售检票工作中涉及的工作现金、车票混淆,影响实际票款收益结算,票务员在当班期间不得携带个人现金和除员工票以外的车票进入票务处。票务处票务员间进行换岗交接时,为避免现金、车票、设备交接不清,应由交班的票务员先检查并确认收好所有的现金、车票,放入上锁的票盒,退出半自动售票机后,方可安排接班的票务员携带现金、车票进入票务处,并登录半自动售票机。站务员结束本班售票工作后,应立即在半自动售票机上签退,确认退出半自动售票机。携带本班所有现金、车票及各类报表回票务收益室。按照结账程序的要求与值班员结账,并归还票务处门钥匙。站务员在售检票过程中需要严格执行相关的票务规章制度及设备操作规范,根据实际情况如实收取乘客票款,真实反映当班期间的票款收益,不得蓄意侵占公司票款收益或蓄意导致公司票务收益流失。

1 AFC 现金交接的一般管理规定

(1)车站 AFC 票务收益室内的现金交接基本要求:

①纸币:在车站票务收益室监控范围内,双方当面清点确认后交接;

②硬币:在车站票务收益室监控范围内,对已加封的硬币,确认加封正确完好后,整捆交接;对零散硬币按实点数交接。

(2)售票/补票处备用金的交接基本要求:

①交接双方必须当面清点,并在车站《备用金/福利票领用台账》上签字确认。

②不按规定进行清点、确认的,出现的一切不良后果均由接班人负责。

(3)AFC 综合作业员之间的现金交接:

①接班 AFC 综合作业员应在监控范围内与交班 AFC 综合作业员当面清点车站 AFC 票务收益室内所有现金、核对封包数量及金额等,确认无误后进行签收,如实填写《车站 AFC 综合作业员交接台账》。

②交接清点时若发现现金不符,应立即通知当班值班站长到票务收益室确认;接班人员按实际数进行签收。若差额原因无法当场查明,则短款由交班人补足,长款随当天票款解行,同时站区应于 24h 内上报票务科和安保科等相关部门进行调查处理。

(4)AFC 综合作业员与 BOM 机操作员之间的交接:

①结账时的票款交接:AFC 综合作业员与售、补票员在监控范围内当面进行现金清点按实点数填写《____车站日交款明细》,双方签字确认后将现金交 AFC 综合作业员保管。

②预收票款的交接:AFC 综合作业员向票务员收取预收票款时,双方应当面清点和交接

所预收的款项后,AFC综合作业员在《____车站日交款明细》上进行签收。

③双方交接清点过程中发现的假钞由BOM机操作员负责等额补足。

④BOM机操作员应按照机打水单所列款项足额交款,长款上交、短款自负。

② 值班员间的现金交接

车站值班员间的现金交接主要是指各班值班员在交接班过程中对车站备用金、票款的交接。交接账实是否相符直接反映车站备用金、票款收益安全情况及值班员差额补交情况,因此,值班员交接过程必须严格按照现金交接管理规定执行。交接前,交班值班员应根据相关原始报表记录核算交接时的票款收入金额及备用金金额,并记录在值班员交接班本和车站营收日报上,作为交接凭证;接班值班员应核算值班员交接班本和车站营收日报上记录准确,然后实际清点交接的票款、备用金,确保与值班员交接班本和车站营收日报上记录一致,在值班员交接班本上签名确认。

交班过程中,值班员如果发现实点金额与值班员交接班本和车站营收日报不一致时,若实点金额比报表金额小,则由交班人员补交相应差额,交接双方在交接台账和车站营收日报上做好记录说明;若实点金额比报表金额大,则多出金额作为其他票款,由接班人员计入营收,交接双方在交接台账和车站营收日报上做好记录,并对账实不一致情况立即组织调查。为避免值班员在交接过程中私自带走交接长款,侵占公司票款收益,车站值班员交接过程应在票务收益室监视区域进行,且由值班站长在现场监视,对交接中出现的长、短款情况,监视交接的值班站长需在交接台账和车站营收日报上做好记录说明。

③ 车站与银行之间的票款交接

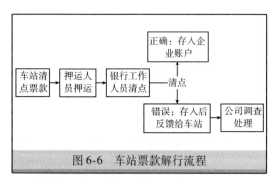

图6-6 车站票款解行流程

车站与银行之间的票款交接主要指车站将票款收益存入企业在银行的专用账户的过程,通常称之为票款解行。解行操作时要求轨道交通运营企业根据车站特点及银行的服务时间确定解行时间,以保证车站能将票款尽可能多地存入银行,尽量减少留存在车站过夜的票款,降低车站收益保管风险。车站票款解行流程如图6-6所示。

根据各轨道交通运营企业的实际情况不同,所采用的票款解行方式也不尽相同,目前轨道交通企业的票款解行方式主要有直接解行和集中站收款两种。相关资源见二维码26。

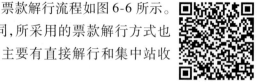

二维码26

(1)直接解行

直接解行是指由车站清点票款,并由车站人员送到银行,银行工作人员与交款人员当面清点票款并当即返还现金送款单的解款方式,这种方式适用于有驻站银行的车站。

（2）集中站收款

集中站收款是指由银行或者专门押运公司到车站收取票款,运送到银行,银行工作人员按规定清点票款后于次日返还现金送款单,最终确认送行金额的解款方式,这种方式适用于距离银行地理位置较远的车站。此种方式为每日白天运营低峰时段,车站票款清点封包后,由车站交款员及安保人员送至站区交款点,将票款交予银行工作人员。银行须将解行人员资料在安保部备案,由安保部将资料发至各收款点所在车站,以便核对;如有解行人员变动,银行须提前三日将解行人员变动名单在安保部备案,由安保部通知收款点所在车站;银行解行人员抵达收款点后,须到车站综控室由值班站长核对解行人员身份,办理登记手续,领取收款房间钥匙。各车站应于每日8:00前将本日交款人员名单报交款点所在车站,由该站值班站长将名单交收款点保安人员;车站交款人员前往交款点时,须有保安陪同。交款员持证登乘列车驾驶室,在规定时间和地点完成交款;各站交款人员交款时,须与银行解行人员共同核对封包数量、编号以及加封状况,无误后与解行人员办理交接手续;银行解行人员离开时须到车站综控室办理注销手续并交还钥匙。

两种解行方式的优缺点见表6-4。

直接解行和集中站收款的区别　　　　　　　　　　　　　　　表6-4

解行方式 优缺点	直接解行	集中站收款
优点	及时、准确地监控城市轨道交通车站收益票款环节,及时发现解行票款正确与否	具有专门配送机构,提高了运送途中的安全性,减少了城市轨道交通车站解行时间
缺点	票款运送途中的安全性不高,解行时间可能会受其他银行客户影响	银行入账凭证会延迟返还,不能及时发现城市轨道交通车站解行票款的问题,应与银行或专门配送公司签订相关协议,甚至应交付一定费用

三 备用金管理

票务收益室负责公司所辖各站客服中心备用金的统计、申领,车站负责客服中心备用金的管理。票务收益室将各站首次申请汇总,提交财务部核准,并根据核准金额配发车站。车站客服中心备用金的使用应严格执行财务制度,遵循专款专用的原则。若车站需要对客服中心备用金数额调整时,须先向站务经理提出申请,批准后转交票务收益室汇总,提交财务部核准,并根据核准金额进行调整。

由于各地硬币及零钞的使用及流通情况不同,备用金的获得途径也不一样。如上海、香港的硬币使用流通情况较好,市民广泛使用硬币,但北京、广州等硬币在市面上流通较少,市民习惯于使用纸币。当前情况下,各城市备用金使用最多的为备用硬币。票务收益室负责各车站备用硬币数量的测算和兑换工作的协调,车站负责备用硬币的管理。车站备用硬币应严格执行财务制度,遵循专款专用的原则。车站须在每周二18:00前以邮件形式向票务收益室提交下周的备用硬币兑换计划。

收益管理员接收到车站上传的《车站备用硬币兑换申请及配发计划单》后,填写《各站备用硬币兑换申请及配发计划汇总表》,将车站硬币使用申请通知财务部;如发现申请数量不合理,需与车站协商调整。收益管理员根据财务部确定的硬币实配数量,完成《车站备用硬币兑换申请及配发计划单》的填写,于每周五 17:00 前以邮件形式通知车站。《车站备用硬币兑换申请及配发计划单》左半部分由申请车站负责填写,右半部分由票务收益室负责填写。在车站硬币兑换计划确定后,票务收益室将本表单打印存档。

车站硬币库存的安全范围为:

$$车站库存基数 < 车站硬币库存 < 车站库存基数 \times 80\%$$

车站库存基数是指车站维持运营的基本硬币保有量,为本站单日最高硬币用量的 3 倍。

车站发现备用硬币数量接近或低于阀值时,应及时向票务收益室申请兑换。票务收益室定期组织车站进行备用硬币盘点。当发现硬币数量损失并在误差允许范围内时,车站应及时向票务收益室申请补足。当发现硬币损失量超出误差允许范围时,公司成立由站务室、财务部、票务收益室等相关部门组成的联合调查组,对硬币损失情况进行专项调查并最终得出调查报告,提出整改意见。

车站值班员在收到银行返还的兑零硬币时,应检查硬币袋上的封签或封捆硬币的扎把带是否完好,同时按封签或封捆硬币的扎把带上的金额在双方的交接登记本上办理交接(应注明交接金额)。若交接时发现封签破损,在不影响车站硬币使用的前提下,车站拒收该硬币,并在双方的交接登记本上注明情况;车站也可当场进行该袋硬币的清点,若出现少币等情况,按实际清点金额入账,同时向银行书面说明情况,差额由银行补还。车站值班员收到兑零返还的兑零硬币后,原则上应在 24h 内与车站站务员双人在监视仪监视下共同清点,在清点过程中,发现长款、短款或假钞时,值班员应保留该批硬币袋上的封签或封捆硬币的扎把带(有名章部分),同时将封签或封捆硬币的扎把带(有名章部分)用信封加封后返还银行。如为长款,将长款硬币加封后返还银行,如为短款(即出现机币、假币、外币、少币等情况),由银行补还车站。

车站硬币兑换管理流程如图 6-7 所示。

 知识链接

北京市地铁运营有限公司关于备用金管理的规定

(1)车站备用金分为半自动售票机操作人员备用金、自动售票机找零备用金。

(2)车站票务备用金的使用应严格执行财务制度、遵循专款专用的原则,不准挪作他用。

(3)各站区票务主管领导为站区车站备用金的领用、配发责任人。

(4)自动售票机找零备用金和其他备用金由车站 AFC 综合作业员负责保管和交接,值班站长负责检查、监督。

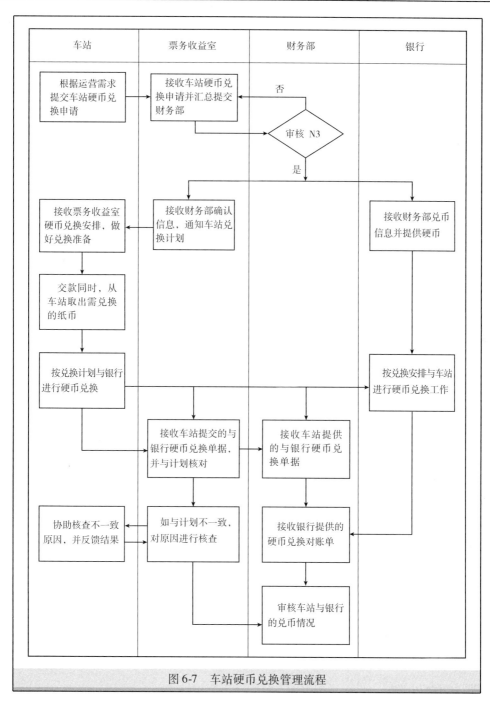

图6-7 车站硬币兑换管理流程

(5) 车站AFC综合作业员因工作调动或其他原因离开本岗位时,应及时办理备用金缴还或移交手续。

(6) 半自动售票机操作人员备用金由BOM机操作员负责交接、保管,并执行力度交接。

(7) 车站票务备用金必须放入专门的储币柜或保险柜加锁进行保管。备用金出入库必须有值班站长和AFC综合作业员双人在场,值班站长负责交接储币柜外门钥匙,AFC综合作业员负责交接储币柜内门钥匙。

(8)遇重大节假日等特殊运输组织时,经站区主管领导同意,车站间可以临时借用备用金,但使用后必须立即归还。

(9)临时借用车站票务备用金的,应在24h内归还,逾期未归还的按相关财务管理制度处理。

(10)车站票务备用金的清点与交接:交接双方须在车站AFC票务收益室内监控状态下进行。在交接备用金时,须双方当面清点,按规定填写交接台账(《备用金、福利票领用台账》、车站《AFC综合作业岗交接台账》),双方签字确认。

(11)各站区必须每半月对车站备用金组织自查一次,并在《AFC综合作业岗交接台账》上作相应记录。票务科、稽查科和安保科将对车站备用金交接、使用、保管情况进行不定期的检查和抽查。

(12)车站备用金在运转过程中原则上不会出现差额,若有差额情况发生时,必须立即向票务科、安保科报告。票务科、安保科会同其他相关部门到现场进行调查处理。

(13)领用整捆或整箱的备用找零硬币时,必须双人接收(其中一名为AFC综合作业员),确认封条正确完好后,放入储币柜或保险柜。

(14)票款解行。

①解行方式:

a.银行坐收:1、2号线、13号线、八通线由站区票务员到各站收集、汇总后分别送交复兴门、西二旗、四惠东收款点。

b.封包返纳:10号线、奥运支线由站区票务员到各站收集汇总后封包,银行到各站区上门收取。

②解行时间:每日14:00。

③解行负责人:站区票款员。

④10号线、奥运支线封包解行流程:

a.核对确认解行人员的身份;

b.当班站区票款员与解行人员双方共同确认封包数量、金额与《封包明细表》的一致性,同时应确认《站区收入日报》的"解交银行款"与《封包明细表》的金额相符;

c.核对无误后,与解行人员办理交接手续。

四 假钞的处理

在日常票务工作中,难免碰到假币、错款等问题,为了预防此类问题的发生,除了给票务人员配备相应的钞票真伪辨别设备以外,最重要的是提高票务工作人员的整体素质及工作能力,这就要求所有票务工作人员在工作中能够细致谨慎、一丝不苟,正确使用钞票真伪辨别设备,掌握必备的票款收缴、鉴别、计算、找零等技能。

1 车站客服中心假币、错款处理原则

车站客服中心进行现金交易时,需要使用相关设备辨别钞票真伪,如发现假钞或无法确认真伪的钞票时,应予以拒收。结账、缴款过程中发现收到假币时,若假币无法被车站验钞机正常检出,则相应票款损失由公司承担。若假币能够正常检出,则损失由相应责任人承担。

一般情况下,当出现错款情况时,人工作业遵循"长款上交、短款自负"的处理原则。若由于设备故障引起差款(例如:BOM 机车票批处理过程中应发行单程票 20 张,因设备故障实际只发出 10 张,而设备记录发行 20 张),则相应票款损失由公司承担。银行在票款清点过程中发现所收现金与应收票款存在差款时,相应损失由票款包封包人承担。

2 自动售票机假币、错款处理原则

当设备收到假币时须立即停用,对于 TVM 机收取的假币,必须是全过程在监控摄像头下清点,车站须做好相关记录,公司负责承担相应的票款损失。必要时公司将组织调查。

当 TVM 机差款额在应收金额的 0.03% 以内时,可由公司承担相应损失。当超出规定范围时,公司成立由财务部、站务室、票务收益室、设施室等相关部门组成的联合调查组,对事件进行专项调查并提出处理意见。此外,设备所收长款应上交。

3 鉴别真假人民币的传统做法

除了使用钞票真伪辨别设备来鉴别钞票的真伪外,为了以防万一,票务人员应当掌握鉴别真假人民币的传统四步骤:

"一看"——看钞票的水印是否清晰,有无层次感和立体效果,看安全线(假币常在纸张中夹入一条银白色塑料线,有时两头会露出来剪齐的断头)。

"二摸"——用手指反复触摸币面主要图景及"中国人民银行"字样,真币有凹凸感,假币则无。

"三听"——钞票纸张是特殊纸张,挺括耐折,用手抖动会发出清脆的声音。

"四测"——用紫光灯检测无色荧光图纹,用磁性仪检测磁性印记,用放大镜检测图案印刷的接线技术及底纹线条。

鉴别真假人民币的图例见图 6-8。

4 收到可能是假币的处理

收到可能是假币的处理程序如下:

(1)当收到可能是假币时,应请乘客换一张。

(2)如乘客执意不换的,应将其币种、编号抄录下来,请乘客确认、签字,并留下身份证上的地址、号码以及联系电话。

(3)然后,向乘客说明此币明日将送交银行鉴别:如是假币,您必须前来支付票款;如不是,我们会上门道歉并找零。

图6-8 鉴别真假人民币的图例

6.5 福利票换发管理

福利票是城市轨道交通运营企业免费给持有有效证件的相关人员发放的免费乘车的票卡,如北京、广州、上海等城市的都有各种福利票,极大地方便了相关人员(如老人、残疾人等)的交通出行。

一 福利票的换发方法

需要申领福利票的乘客,可持有效证件在车站售票处免费领取福利票卡一张。福利票仅限当日在换领站本人、单次进站使用,但需要申请人本人亲自领取,不得代领。使用福利票卡的乘客应当配合地铁工作人员对证卡核对检查。

乘客进站时使用福利票卡轻触进站闸机读卡区,闸机发出"嘀"声,黄色灯亮,提示刷卡成功,闸门开启,乘客可进站。

此外,持有《残疾人证》的视力残疾的盲人乘客可以有一名陪同人员免票乘车。

二 可换发福利票的证件

目前我国有多类人群乘坐城市轨道交通可享受免票政策,相关人员可凭借相关证件换发福利票,如《中华人民共和国残疾人证》(见图6-9)、《中华人民共和国老干部离休荣誉证》(见图6-10)、《中国人民解放军干部离休荣誉证》(见图6-11)、《中华人民共和国残疾军人证》(见图6-12)、《中华人民共和国伤残人民警察证》(见图6-13)、《中国人民解放军士兵证》(见图6-14)、《中国人民武装警察部队士兵证》(见图6-15)等。

图6-9 《中华人民共和国残疾人证》证样

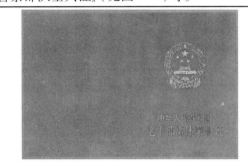

图6-10 《中华人民共和国老干部离休荣誉证》证样

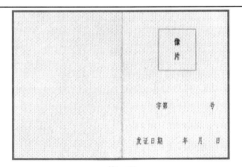

图6-11 《中国人民解放军干部离休荣誉证》证样

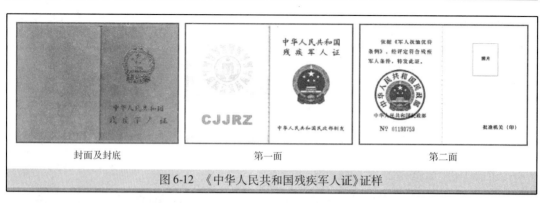

图 6-12 《中华人民共和国残疾军人证》证样

图 6-13 《中华人民共和国伤残人民警察证》证样

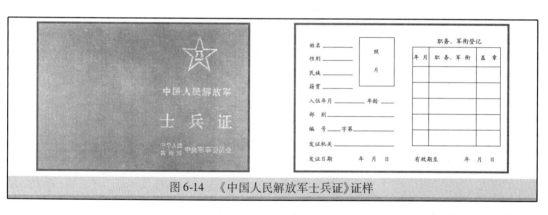

图 6-14 《中国人民解放军士兵证》证样

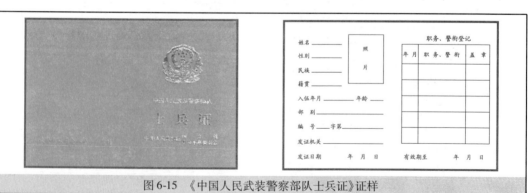

图 6-15 《中国人民武装警察部队士兵证》证样

6.6 车站票务备品管理

城市轨道交通车站的票务工作流程复杂,手续严格,所需的备品种类繁多,并且需要专人看管,各种备品的申领使用,需要做好登记,借出须及时归还。车站中的票务备品主要有各种票务钥匙、验钞机、点卡机、电子计数器、硬币分拣计数机、便携式查询机 PTCM(如图 6-16 所示)等。相关资源见二维码 27。

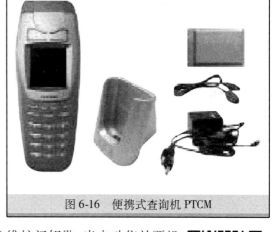

图 6-16 便携式查询机 PTCM

一 票务钥匙管理

票务钥匙指车站在开展票务工作时使用的钥匙。票务钥匙主要有自动售票机 TVM 维护门钥匙、半自动售补票机 BOM 维护门钥匙、闸机 AG 维护门钥匙、钱箱钥匙、票箱钥匙、回收箱钥匙、票柜钥匙、保险柜钥匙、票务收益室监视系统钥匙、票务收益室门钥匙、票务处防盗门钥匙等。由于票务钥匙的安全管理直接影响到车站车票、现金、设备的安全,在日常工作中,车站需严格按要求加强对票务钥匙的管理。

二维码 27

为保证票务钥匙保管有凭证记录,车站需设立专门的台账记录钥匙的配发、更换、回收等总体情况,所有的票务钥匙均统一配发,统一管理。车站需定期对所负责保管的所有票务钥匙进行盘点,做到账实相符,当盘点账实不符时,车站应立即组织调查。票务钥匙一般设有备用钥匙,以便在工作人员不慎遗失或损坏钥匙时,车站能使用备用钥匙正常开展票务工作;同时,为了确保当班员工掌握相关票务钥匙,进入相关车票、现金安全区域,进行相关票务设备操作的唯一人,保证现金、车票管理的安全及处理的独立性,备用钥匙一般情况下不得使用,需由站长与值班站长共同清点加封后交给站长保管。根据实际工作需要及收益安全管理需要,对于一些直接涉及收益安全的操作环节,需由双人掌握不同钥匙共同完成操作,以达到互相监控的目的。另外,车站在对票务钥匙的保管过程中需注意防止折断、重压,以避免对钥匙造成损坏。

为保证票务钥匙在各岗位之间交接过程中的安全,票务钥匙在保管人之间或在保管人与使用人之间交接时,车站需设置台账记录交接情况,详细记录钥匙名称、数量、交接双方人员姓名、时间、原因等;交接人员需根据书面台账凭证当面清点钥匙种类、数量,确认无误后填写交接台账。若交接时发现钥匙有误,交接双方需及时核查处理,不能及时查明原因的,应立即报告上级组织调查;票务钥匙借出时,借用人应负责钥匙的使用安全和保管,使用完毕应立即归还,并遵循"谁借用、谁归还"的原则,不得随意转借他人使用,每天运营结束后保管人应对所保管的钥匙进行清点,并确认全部归还。

二 票务工具和器具的管理

在日常票务工作中,车站需要进行大量的现金和车票的清点及运送工作,为了提高车站票务工作效率,同时保障现金、车票清点工作的准确性,以及现金、车票及相关票务设备在运送途中的安全性,通常需要使用一些辅助工具和器具完成票务工作,常见的票务工具和器具主要有保险箱(见图6-17)、票务手推车(见图6-18)、点票机[见图6-19a)]、点钞机[见图6-19b)]、点币机[见图6-19c)]、验钞机(见图6-20)、配票箱(见图6-21)等。

图6-17 保险箱

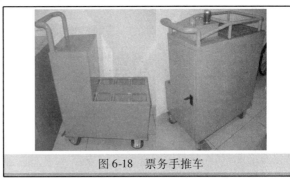

图6-18 票务手推车

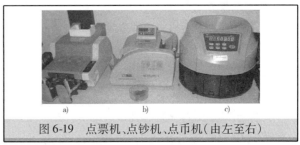

图6-19 点票机、点钞机、点币机(由左至右)

点钞机主要用于对车站所接收纸币的清点,可对所有面额的纸币进行清点,并能按照预先设置的数量自动停止清点,一般也具有验钞功能,当清点发现伪币时,能终止清点并发出报警提示。

验钞机一般具有多种验钞手段,如荧光检测、红外穿透检测、磁性检测、激光检测等,通过对人民币的纸质、油墨的颜色与厚度、磁性、荧光字等各方面进行检测,以达到辨别真伪的目的。

点币机和点票机分别用于对硬币及车票进行清点,具有速度较快、准确率高的特点。

票务手推车用于装运各种钱箱、票箱等贵重设备及现金、车票等有价证券,可锁闭,极大程度地保障了设备及有价证券运送的安全性和方便性。

配票箱用于票务员日常工作中票卡、备用金、票款的收纳,票务员上岗前由票务收益室领出,下班前将其交还。

票务工具和器具的状态直接影响车站票务工作的安全、效率和质量,车站应按相关规定加强对票务工具和器具的管理,以保持工具和器具数量完整、状态良好。工具和器具配发到站后,车站需设置专门的工具和器具台账,用以记录工具和器具的保管、交接和使用情况,保管人员需根据书面台账凭证定期对所负责保管的所有票务工具和器具进行盘点,清点工具和器具的种类、数量,并检查确认状态是否良好,确保做到账实相符、状态良好。票务收益室内的票务工具和器具由车站当班值班员全权负责保管,票务处的票务工具和器具由当班站务员全权负责保管,车站在使用工具和器具过程中需注意保持工具和器具的清洁,爱护票务工具和器具,并注意避免其受损。

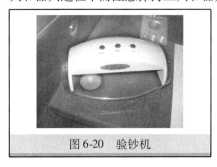
图 6-20 验钞机

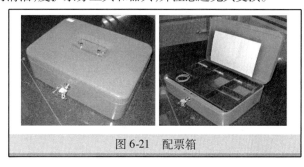
图 6-21 配票箱

知识链接

北京市地铁运营有限公司关于票务备品的管理规定

(1)车站的票务备品包括:钱箱、票箱、点钞机、验钞机、点币机、车票清点机、配票车、手推车、储票盒、储币柜、硬币托盘等。

(2)当班的 AFC 综合作业员全权负责车站的票务备品的交接与保管。

(3)票务备品在正常使用情况下的损坏由站区票务员负责按规定报告主管部门进行维修或以旧换新;人为损坏一律照价赔偿。

(4)钱箱、票箱保养注意事项:

①钱箱、票箱要轻放,不要在地上拖行,以免损坏。

②钱箱、票箱放入专用推车时要注意放置平稳,推行时要匀速前进。

③保持钱箱、票箱的清洁。

④放在高处的钱箱、票箱要注意双手平稳拿取,以免落下造成备品损坏、人员受伤。

⑤禁止踩踏钱箱或坐在钱箱上。

(5)各种票务钥匙实行岗位对口交接:

①AFC 票务收益室的大门、储票柜、储币柜内门、TVM/AVM 机维修门、钱箱定位钥匙、票箱钥匙由 AFC 综合作业员负责进行交接保管。

②储币柜外门、保险柜钥匙由值班站长负责交接保管。

③TVM/AVM 机钱箱现金钥匙必须加锁保管,不能带离 AFC 票务收益室。

④所有备用钥匙须装入口袋加封后由值班站长负责交接、保管。

(6)钥匙使用注意事项:

① 使用前认清钥匙是否与该设备配套。
② 扭转前确认钥匙是否到位,不要未到位就用力转动。
③ 严禁使用钥匙去撬硬物。

 实训任务

[**实训任务6-1**] 演练票务收益室与车站间报销凭证、发票的配发、接收及上交管理流程

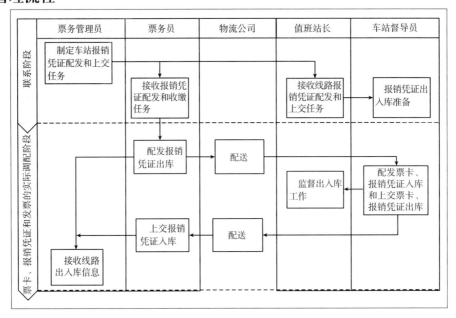

[**实训任务6-2**] 演练车站间报销凭证及发票调配管理流程

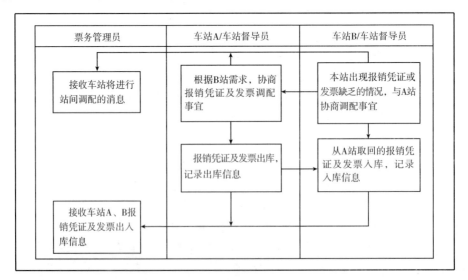

[实训任务 6-3] 填写《票务员日营收结算单》

票务员结算单

A 站　　　　　　　　　　　　　　　　　　　　　　　　　　　　　　No:　　年　月　日

时间									
BOM机编号									
票种	项目	配备备用金额(元)			值班员签名		中途可追加		
		配出张数	回收张数	张数(配出与回收差)	出售		项目	配出张数	回收张数
					遗失	押金	金额		
IC卡储值票	普通储值票							单程票 / 票种	
	学生储值票							普通单程票	
	老人储值票							单程福利票	
	储值福利票								
实收总金额	小计金额(元)						小计金额(元)	出售 张数	金额(元)
备注	(根据站务员回票务收益室后收益清点所有的现金所得金额减去所配备的备用金金额后填写)								
	(售票过程中出现的一些异常情况可此行进行备注说明)								
票务员						值班员			
票务员员工号						值班员工号			

(第一联——票务分部　第二联——车站)

[实训任务 6-4] 填写《钱箱清点报告》即《TVM 日营收结算单》

钱箱清点报告

A 站　　　　　　　　　　　　　　单位：元　　　　　　　　　　　　　　No:　　　年　月　日

自动售票机 TVM 号码	清点硬币				自动售票机 TVM 号码	清点硬币			
	钱箱号码	机器金额	实点金额	差额(+/-)		钱箱号码	机器金额	实点金额	差额(+/-)
合计					合计				
钱箱总数					钱箱总数				
清点人员		签章			备注：				
值班员			清点时间						
清点人员			员工号						

（第一联——票务分部　第二联——车站）

[实训任务6-5] 熟悉票款收缴及核对管理流程

车站	车站票务收益室	IT部门	财务部	银行
运营结束后，车站清点票款，留出本站备用金				
↓				
次日白天，车站工作人员到站区指定地点上交前一日票款				
↓				
与银行解行人员交接票款				收取车站上交的票款
	接收车站提交的票款收缴单据，并与系统数据核对		接收车站提交的票款收缴单据	
协助核查数据不一致原因，并反馈结果	如不一致，对原因进行核查	协助核查数据不一致原因，并反馈结果	接收银行提供的对账单	
			接收票务收益室提交的票款实交数与系统数量不一致的原因	

[实训任务6-6] 掌握人民币真假的鉴别方法

提示：人民币真假的鉴别方法传统四步骤：

"一看"——看钞票的水印是否清晰，有无层次感和立体效果，看安全线（假币常在纸张中夹入一条银白色塑料线，有时两头会露出来剪齐的断头）。

"二摸"——用手指反复触摸币面主要图景及"中国人民银行"字样，真币有凹凸感，假币则无。

"三听"——钞票纸张是特殊纸张，挺括耐折，用手抖动会发出清脆的声音。

"四测"——用紫光灯检测无色荧光图纹，用磁性仪检测磁性印记，用放大镜检测图案印刷的接线技术及底纹线条。

[实训任务6-7] 模拟收到假币的处理方法

（1）当收到可能是假币时，应请乘客换一张。

（2）如乘客执意不换的，应将其币种、编号抄录下来，请乘客确认、签字，并留下身份证上的地址、号码以及联系电话。

(3)然后,向乘客说明此币明日将送交银行鉴别:如是假币,您必须前来支付票款;如不是,我们会上门道歉并找零。

 ## 复习与思考

1. 简述票据及台账的种类。
2. 简述票据及台账管理的基本内容及流程。
3. 简述 AFC 现金日常管理及交接管理的各种方法、流程及注意事项。
4. 简述备用金管理的办法,如何正确处理票务工作过程中遇到的假钞?
5. 简述福利票有哪些类型?
6. 简述车站票务备品的种类及其简单的使用方法。

单元 7

正常情况下票务作业

 教学目标

1. 掌握售检票作业内容及作业程序；
2. 掌握退票规章及作业程序；
3. 掌握钱箱更换及钱箱内现金清点作业；
4. 掌握票款收缴作业。

 建议学时

8 学时

> **教学导入**
>
> 票务作业作为车站日常工作的重要组成部分,是城市轨道交通运营企业向乘客提供售检票服务、完成收益结算及实现财务管理的重要环节,是企业管理工作的组成部分。票务作业层面包括:乘客买票、乘车;车站对票款的管理及车票发售、循环使用管理;票务中心对各车站票款、客流数据汇总上传;其他部门对票务工作的支持和监督管理。站务员要完成票务作业,就需要较好地掌握票务政策、售检票模式、车票和现金管理等票务基础知识,熟练运用售检票作业、报表填写和AFC设备操作等基本业务技能,本单元重点讲述售检票作业、退票的相关规定,钱箱更换及现金的收缴作业等知识。

7.1 车站各岗位票务作业流程

一 车站运营开始前各岗位票务作业流程

1 值班站长

(1)组织本班组人员做好运营前的各项准备。

(2)接到各岗位完成各项准备工作的报告后,对AFC终端设备进行全面检查。

(3)用本人的ID及密码登录一台BOM机,由专人负责发售福利票。

(4)签退BOM机。向当天第一个班次的BOM机操作员发放福利票,并由BOM机操作员在《备用金、福利票领用台账》上进行登记。

2 助理行车值班员(或行车值班员)

(1)开站前30min打开AFC车站计算机系统(SC)服务器,用本人的ID及密码登录进入车站计算机。

(2)检查系统参数并通过AFC车站计算机系统(SC)远程开启车站AFC终端设备(BOM、AG、TVM/AVM、TCM),将本站设定为"正常模式"。

(3)检查AFC车站计算机系统(SC)与车站AFC各终端设备的网络连接状况,确认一切正常后,报告值班站长。

3 AFC 综合作业员

(1) 为票务员发放各类车票、IC 卡。
(2) 将前日收车后准备好的运营所需现金及票卡装入专用推车内,运至 TVM 机前。
(3) 待设备进入"正常服务"模式后,将票箱及钱箱逐一加入 TVM 机。
(4) 所有准备工作完成后,报告值班站长。

4 票务员

(1) 找本班组 AFC 综合作业员领取车票、IC 卡。
(2) 找值班站长领取福利票。
(3) 提前 20min 检查所有售/补票设备。
(4) 确认打印纸数量是否充足。
(5) 具备工作条件后,向值班站长报告。

5 监/补票员

(1) 找 AFC 综合作业员领取车票。
(2) 提前 20min 检查所有补票设备,确认打印纸数量充足。
(3) 确认 AG 处于开启状态。
(4) 具备工作条件后,向值班站长报告。

车站运营开始前各岗位票务作业流程如图 7-1 所示。

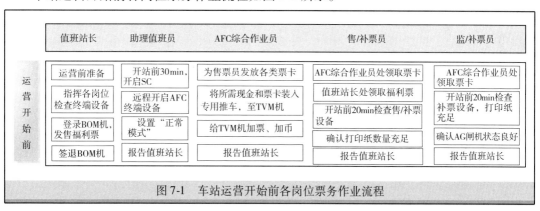

图 7-1　车站运营开始前各岗位票务作业流程

二 车站运营过程中各岗位票务作业流程

1 值班站长

(1) 检查、指导和督促各岗位票务作业情况,确保本班组的票务运作规范、顺畅。
(2) 监督 TVM/AVM 机钱箱的更换及现金清点。

(3)必要时,负责处理与乘客相关的票务纠纷。
(4)进行班组票务巡查工作,跟踪掌握 AFC 设备运转情况。
(5)遇紧急情况指挥各岗位执行车站应急预案。

② 助理行车值班员(或行车值班员)

(1)通过 SC 监控车站终端设备的运转情况。
(2)发现报警、警告应及时通知相关票务作业人员。
(3)落实值班站长的临时指令,负责信息的上传下达。

③ AFC 综合作业员

(1)巡视车站各类 AFC 终端设备运转情况。
(2)负责全部自动售票机具钱箱、票箱的更换及现金清点。
(3)给售/补票员发放车票及其他票务备品。
(4)通过票务工作站(或 SC)监控车站车票库存情况,根据站区命令进行站区内车票调配。

④ 售/补票员

(1)进行单程票的发售,储值票(一卡通)的发卡充值作业。
(2)按规定为符合免票条件的乘客换发福利票。
(3)为需要补票的乘客进行补票服务。
(4)更换 BOM 机票箱及打印纸。

⑤ 监/补票员

(1)进行闸机群的巡视,疏导进出站秩序。
(2)引导乘客正确使用售检票设备。
(3)闸机回收票箱满后进行票箱的更换。
(4)为需要补票的乘客进行补票作业。
(5)更换补票 BOM 机票箱及打印纸。

车站运营过程中各岗位票务作业流程如图 7-2 所示。

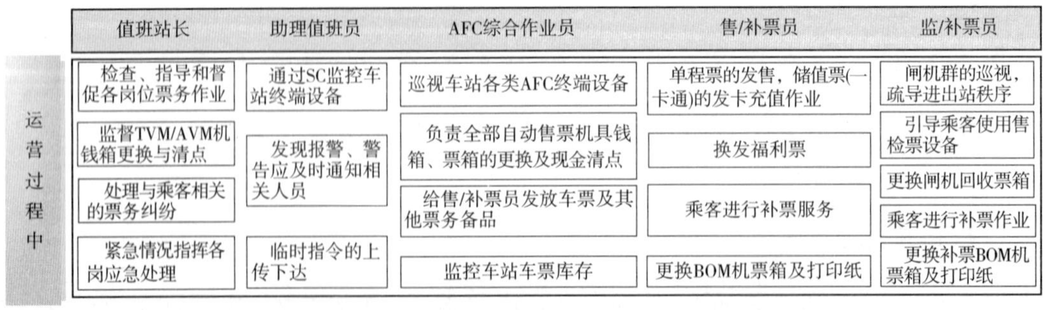

	值班站长	助理值班员	AFC综合作业员	售/补票员	监/补票员
运营过程中	检查、指导和督促各岗位票务作业	通过SC监控车站终端设备	巡视车站各类AFC终端设备	单程票的发售,储值票(一卡通)的发卡充值作业	闸机群的巡视,疏导进出站秩序
	监督TVM/AVM机钱箱更换与清点	发现报警、警告应及时通知相关人员	负责全部自动售票机具钱箱、票箱的更换及现金清点	换发福利票	引导乘客使用售检票设备
	处理与乘客相关的票务纠纷		给售/补票员发放车票及其他票务备品	乘客进行补票服务	更换闸机回收票箱
	紧急情况指挥各岗应急处理	临时指令的上传下达	监控车站车票库存	更换BOM机票箱及打印纸	乘客进行补票作业
					更换补票BOM机票箱及打印纸

图 7-2 车站运营过程中各岗位票务作业流程

三 车站交接班时各岗位票务作业流程

1 值班站长

(1) 交接终端设备的运转情况。
(2) 交接本岗位保管的钥匙。
(3) 交接传达上级指示命令及本班未尽事宜。
(4) 监督各岗位做好交接,确认本班所有岗位作业已结束。

2 助理行车值班员(或行车值班员)

(1) 交接终端设备的运转情况。
(2) 在值班站长的指挥下确认售/票岗已交接完毕。
(3) 打印报表并上交值班站长。
(4) 进行签退作业。

3 AFC 综合作业员

(1) 力度交接(力度交接:交接双方必须当面进行清点并在相关报表、台账上签字、确认)车站所有备用金、库存票卡及票务备品。
(2) 收取票务员交回的票款。
(3) 作业结束后报告值班站长。

4 售/补票员

(1) 力度交接岗上所有备用金、储值票(一卡通)、福利票。
(2) 在 BOM 机上进行签退作业。
(3) 交接本岗位设备运转情况及钥匙等岗位备品。
(4) 将当班所有票款及 BOM 机岗位结算单交给 AFC 综合作业员。
(5) 作业结束后报告值班站长。

5 监/补票员

(1) 交接闸机运转情况及钥匙。
(2) 在补票 BOM 机签退,将本班所有补票款及岗位结算单交与 AFC 综合作业员。

车站交接班时各岗位票务作业流程如图 7-3 所示。

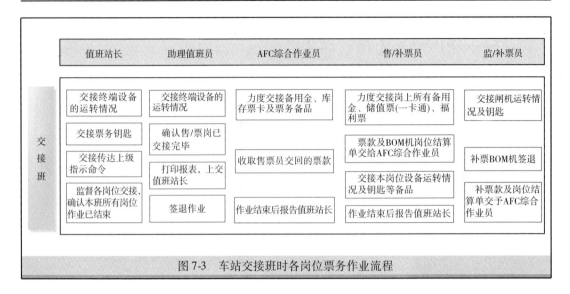

图 7-3　车站交接班时各岗位票务作业流程

四 车站运营结束后各岗位票务作业流程

1 值班站长

（1）组织人员协助 AFC 综合作业员进行自动机具票箱、钱箱的更换。
（2）所有作业均已完成后指挥助理值班员通过 AFC 车站计算机系统（SC）关闭车站终端设备，结束本站全天服务。
（3）监督 AFC 综合作业员进行现金清点作业。
（4）监督 AFC 综合作业员结算并封存本站当日全部票款。
（5）核对报表及台账。
（6）帮助 AFC 综合作业员做好次日运营准备。

2 助理行车值班员（或行车值班员）

（1）确认车站所有终端设备的结账及签退工作已经完成。
（2）在值班站长的指挥下通过 AFC 车站计算机系统（SC）关闭车站终端设备，结束本站全天服务。
（3）打印报表并上交值班站长。

3 AFC 综合作业员

（1）进行 TVM/AVM 机全部票箱、钱箱的更换。
（2）收取票务员交回的票款及剩余福利票。

(3)收取售、补票员及监票员交回的所有废票。
(4)在值班站长的监督下逐一对钱箱内的现金进行清点。
(5)结算并封存本站当日全部票款。
(6)做好次日运营准备。

④ 售/补票员

(1)清理废票箱,更换票卡箱。
(2)进行本岗位结算,签退后关机。
(3)将岗位结算单及所有票款、剩余福利票和清理出的全部废票交予AFC作业员。
(4)加锁保管好票卡。
(5)作业结束后上报值班站长。

⑤ 监/补票员

(1)清理废票箱,更换票卡箱。
(2)进行本岗位结算,签退后关机。
(3)将岗位结算单及岗上所有补票现金及清理出的废票交与AFC综合作业员。
(4)确认检票机正常关闭,妥善保管本岗位钥匙及其他备品。
(5)作业结束后上报值班站长。

车站运营结束后各岗位票务作业流程如图7-4所示。

图7-4 车站运营结束后各岗位票务作业流程

7.2 售检票作业

城市轨道交通运营企业根据自身发展阶段及客流情况、设备采购等因素,采用不同的售检票模式,目前主要有人工售检票模式和自动售检票模式,不同的售检票模式下都会产生不同的售检票作业。

一 车站售票作业

1 纸票发售及其检票

纸票一般情况是在人工售检票模式情况下发售。目前的城市轨道交通基本均采用自动售检票模式,但特殊情况下也会发售纸票。

在人工售检票模式下,由车站在售票处人工向乘客出售纸票,并在进(出)站口设置检票点,持票乘客经工作人员检票后进、出车站。具体检票方式可分为进站检票、出站检票和进出站均需检票三种。

(1)进站检票是指车站只在进站口安排人员检票,出站时不再检票,乘客可以自由出站,适用于单一票价的轨道交通系统。

(2)出站检票是指乘客可自由进入付费区乘车,车站只在出站口安排检票人员,对出站乘客进行检票出站,适用于单一票价的轨道交通系统。

(3)进出站均需要检票则是指车站在进出站口都安排检票人员,对乘客进出付费区都实行检票作业,可适用于非单一票价的轨道交通系统。

2 特殊情况下纸票出售

城市轨道交通车站会在以下特殊情况时出售纸票:

(1)车站 TVM 机、BOM 机全部故障或停电导致车站无法出售 IC 卡单程票,可由站长经行车调度员授权后决定出售纸票。

(2)在对全线预制票进行合理调配后,且预制票将售完的情况下,乘客经车站员工引导后,TVM机能力仍不足时,可由站长经行车调度员授权后根据客流情况决定出售纸票。

(3)大客流情况下票务系统无法应付或其他特殊情况下,可由站长经行车调度员授权后决定出售纸票。

3 纸票检票操作程序

(1)正常情况下纸票检票操作程序。

①乘客进站时检票人员撕下乘客纸票的副券Ⅰ;

②乘客出站时检票人员核查乘客所持纸票上的站名、日期章以及纸票票价无误后,撕下乘客纸票的副券Ⅱ,对超程使用的1元纸票出站时,车站员工也需撕下相应的副券联;

③若乘客的车票超程时,需在票务处补足相应的车费(乘客携带的行李票超程时,乘客需补交行李相应的超程费用)。

(2)特殊情况下纸票操作程序。

①纸票出售站值班站长向控制中心行车调度员通报出售纸票的信息;行车调度员将出售纸票的车站和时间通知其他车站。

②其他车站接到控制中心行车调度员的"××车站出售纸票"的通知后,安排员工做好持纸票乘客的引导和检票的准备工作;持纸票乘客到达本站时,车站员工打开边门,引导乘客到边门检票。

③车站停止出售纸票后,应立即向控制中心行车调度员汇报停止出售纸票时间;行车调度员通知其他车站。

4 运营开始前的作业准备

在运营开始前,由当班助理行车值班员(或行车值班员)负责登录进入车站计算机、检查系统参数版本并通过车站计算机监控台开启车站终端设备(BOM、AG、TVM、AVM、TCM),检测车站计算机与各终端设备的网络连接状况。

当班行车值班员(或综控员)负责通过SC监控器监视各终端设备运行状态。基本要求为:

(1)按照值班站长的指示进行车站各种AFC终端设备的设置。

(2)根据值班站长的指示,向LC提出设置降级模式的申请。

(3)根据LC命令进行模式设置,并及时报告值班站长。

(4)在通信中断时,负责通过电话将本站设置降级模式的具体情况及时报告LC;同时在接收到LC关于其他车站设置为降级模式的通知后及时在SC上进行模式记录,并报告值班站长。

5 普通单程票发售

车站发售普通单程票主要通过两种途径:自动售票机自助购买普通单程票和人工使用半自动售票机发售普通单程车票。

(1) 自动售票机自助购买普通单程票（相关资源见二维码28）

利用自动售票机自助式购买普通单程车票的流程如下：

①选择购票张数，如图7-5a)所示；

②投入对应数量的1元硬币或5元、10元的纸币，如图7-5b)所示；

③点击"确定"或"取消"；

④若点击"确定"，在下方出票口处取出票卡及找零硬币；

⑤若点击"取消"，投入的钱币退回，返回主界面。

二维码28

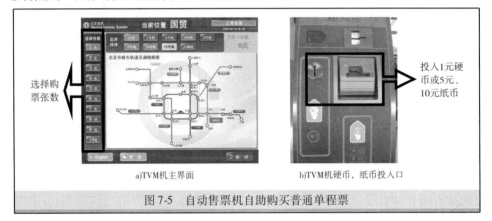

a)TVM机主界面　　　　b)TVM机硬币、纸币投入口

图7-5　自动售票机自助购买普通单程票

(2) 半自动售票机发售普通单程票

半自动售票机发售普通单程票是指在自动售检票模式下，由车站在票务处半自动售票机上根据乘客的需要向乘客出售单程票。

在日常工作中，半自动售票机发售车票要求站务员熟练掌握对半自动售票机的操作，以便迅速、准确地为乘客提供车票发售、充值等服务。AFC系统为每个操作员都设定了唯一的操作员号(ID)和密码，任何人使用设备时，必须首先使用ID和密码登录设备，才能进入设备的操作界面进行操作。

①BOM机登录操作。

打开半自动售票机电源，系统启动后，半自动售票机主程序自动以全屏方式运行。此时，操作界面中各功能模块（如"分析车票"和"数据查询"等）的功能按钮均处于未激活状态，需要点击"班次登录"按钮，输入班次操作员号(ID)和密码进入程序主界面后（见图7-6），这些按钮才会根据该操作员的权限被激活，操作员可开始系统允许的功能操作。

②发售单程票（相关资源见二维码29、二维码30）。

站务员在确认设备正常后，按有关设备操作规定的票务管理规定办理车票发售业务。站务员发售单程票时，将待发售的单程票放在读卡区，点击"单程票发售"按钮，进入

二维码29　　二维码30

单程票发售界面。售单程票分为两种不同的售卡方式：按金额售单程票和按站点售单程票。按站点发售，选择目的站后，应收金额栏会显示到该站的票价，然后在实收金额栏输入实际收到的金额，并点击"发售"按钮，半自动售票机开始发售单程票。其界面如图7-7所示。

a) 登录界面　　　　　　　　　　　　　b) 登录后主界面

图 7-6　半自动售票机登录及主界面

③签退。

点击主界面"操作员"模块后,选择"签退"进入签退的界面,输入对应操作员 ID 号的密码,点击"签退"即完成 BOM 机签退作业。其界面如图 7-8 所示。

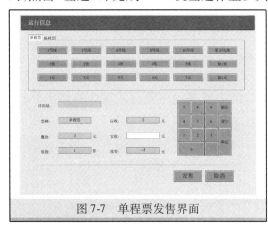

图 7-7　单程票发售界面　　　　　　　图 7-8　BOM 机签退界面

(3) 预制单程票的发售

预制单程票是车票主管部门提前制作并配发到车站,以应对设备故障或大客流时乘客购票困难的问题,预制单程票是属于预赋值票,在车站票务处通过人工出售,它的特点是已赋值,具有较长的使用期限,可以在沿线各车站进站乘车。相关资源见二维码31,二维码32。

二维码31　　二维码32

预制单程票的发售,应具备以下条件:客流较大时,车站站厅等待购票的乘客持续增多,在自动售票机发售和票务处半自动售票机无法缓解排队现象。

(4) 地铁储值票的发售

车站正常运营时,储值票在车站售票处发售。有些城市轨道交通运营企业考虑到储值票成本问题,乘客购买储值票时需要交纳一定的押金。相关资源见二维码33。

二维码33

①储值票发售：是指第一次发售充值，即储值票开卡。票务员将要发售的储值票放在储值票读卡区，单击主界面的储值票按钮，在储值票操作中单击储值票发卡，储值票发卡时，须向乘客收取20元押金。其界面如图7-9所示。

②储值票充值操作：票务员为乘客办理储值票充值时，将储值票放在读卡区，单击储值票按钮，进入储值票操作界面。其界面如图7-10所示。相关资源见二维码34、二维码35。

二维码34　　　二维码34

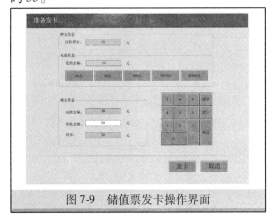

图7-9　储值票发卡操作界面

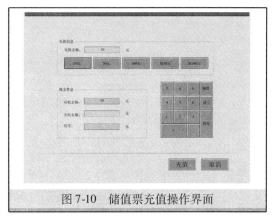

图7-10　储值票充值操作界面

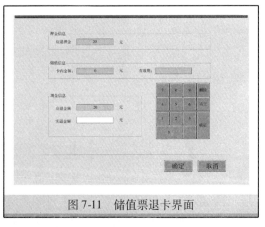

图7-11　储值票退卡界面

③储值票退卡：乘客在将储值票退卡时，票务员将要退的储值票放在储值票读卡区，单击主界面的储值票按钮，在储值票操作中单击储值票退卡，储值票退卡时，在检查储值票完好后，须向乘客返还20元押金。其界面如图7-11所示。

二 售检票作业标准及程序

通常情况下，售票工作在各车站的票务处进行。但当车站出现大客流或自动、半自动售票机故障，售票能力不足时，会安排人员在临时票务处人工出售单程票，以缓解售票能力不足的现象。售票时间一般安排在车站最早一班列车到达前至最后一班列车开出后。票务员售检票作业标准及程序如下：

1 售票前的准备工作

票务员到AFC综合作业员处报到，领取备用金、车票、票据等，按实际数量在《票务员结算单》上签收交接。领取票务处钥匙，同时做好相关登记。

2 开窗售票

（1）售票作业前必须使用自己的员工号和密码登录。

(2)售票作业时必须遵守"一问、二收、三唱、四操作、五找零"(见表7-1)。

售票作业程序表　　　　　　　　　　　　　　　表7-1

步骤	程序	内　　容
1	问	问清乘客欲购买车票张数,或问清乘客欲充值金额
2	收	收取乘客的票款
3	唱	唱收票款金额,重复乘客要求的购票张数和车票类型,如未听清乘客的要求,应主动礼貌地询问
4	操作	检验钞票真伪,如钞票为伪钞,则要求乘客另换张钞票;在BOM机上选择相应功能键,处理车票
5	找零	清楚说出找零金额和车票张数,将车票和找赎的零钱一起礼貌地交给乘客

(3)车票在交给乘客之前,必须使用半自动售票机进行分析,请乘客通过乘客显示屏或打印单据确认车票有效性。

(4)为乘客发售/充值车票后,随车票配发等额报销凭证、发票。

(5)若车票、备用金不足时,票务员必须及时通知AFC综合作业员,要求补充,并在《值班员交接班记录》及《票务员结算单》等相关台账上注明,做好交接工作。

(6)票务员暂时离岗时必须按规定进行"暂停"作业,否则由此引发的一切不良后果均由离岗者本人自行承担。

3 售票结束

(1)票务员交班时(临时顶岗或他人顶班时也要进行此项操作)必须按规定签退,否则由此引发的一切不良后果均由离岗者本人自行承担。进行BOM机签退前,交接双方须注意观察并记住设备提示的当前票卡数量,以便接班人员登录时准确输入车票数,防止人为造成车票库存差异。

(2)票务员清理现场,携带本人所有现金,以及在处理乘客事务处理中收取的车票、报表、单据和个人领用但未售完的车票,回票务收益室。

(3)票务员清点个人票款后,交予客运值班员,在纸质的《票务员结算单》上核对票款数目,签字确认。

知识拓展

半自动售票机更新车票

半自动售票机除能完成单程票的发售外,同时还可以完成车票状态的分析、对问题车票进行处理和给储值票(一卡通)加值等功能。

1 车票分析

车票分析是指通过半自动售票机分析车票的信息。票务员在接到乘客提供的车票后,首先必须进行车票分析,并根据分析结果进行后续处理。首先选择是付费区操作还是非付费区操作,将要分析的车票放在读卡区,点击"分析车票"按钮,就能在车票状态栏看到票卡当前的状态,如车票票卡号、种类、最近一次进出站的车站、进出站时间、车票余额等信息,同时在分析结果栏显示出系统对票卡单程票状态进行分析的结果。相关资源见二维码36。

❷ 车票充值

票务员为乘客办理储值票充值时,应将储值票放在读卡区,点击"分析车票"按钮,对于不超过余额上限的储值票可以进行充值,"充值"按钮会被激活,点击"充值"按钮,出现充值界面,在充值金额栏输入对应的充值金额并点击"确定"后,开始充值处理,处理完成后在分析结果栏显示"充值成功"字样。

二维码36

❸ 车票更新

车票更新是指对乘客手持的不能正常通过闸机的车票,根据车票分析的结果进行相应的处理,更改车票信息至符合闸机正常进出要求的操作。

三 车站监票作业

❶ 自动检票机 AG 检票作业(相关资源见二维码37)

二维码37

(1)进站检票机工作流程

①使用一张非接触式 IC 卡进入读卡区范围;

②读卡器将对车票进行有效性检查;

③若为有效票,则自动将进站站名、进站时间和设备号等信息写入车票中,然后打开扇门,检测到乘客通过后关闭扇门并返回到开始状态;

④若为无效票(车票无效条件:过期、次序错误、余额不足、黑名单车票、非本市发行的IC 卡等),则提示车票无效或报警,并维持扇门关闭状态禁止通行。

(2)出站检票机工作流程

①使用一张非接触式 IC 卡进入读卡区范围;

②检查车票有效性和车费;

③若为如下有效票,则扇门打开,检测到乘客通过后关闭扇门并返回到开始状态:

a. 单程票、福利票、出站票则自动写入注销信息并回收;

b. 定值票、储值票、计次票等扣除相应乘车费用和乘次;

c. 员工票、车站工作票等免费车票写入相应记录。

④若为无效票或费用不够,则提示无效或欠费,并维持扇门关闭状态禁止通行。

(3)双向检票机工作流程

①双向检票机具备进站检票机和出站检票机两种功能;

②双向检票机可设置为进站检票机状态、出站检票机状态、进/出站检票机状态;

③当检票机处于进站状态时,设备自动执行进站检票机的工作流程;当检票机处于出站状态时,设备自动执行出站检票机的工作流程。

2 自动检票机 AG 票箱的更换

更换自动检票机票箱时,打开自动检票机的维修门后,按维修面板显示要求输入正确的操作员号(ID)和密码,验证成功登录后,选择运营服务中的更换票箱操作,在更换票箱操作中选择取下票箱,当票箱电动机完全降下后,双手取出票箱,如图 7-12 所示。相关资源见二维码 38。

图 7-12　自动检票机维修面板

(1)拆卸票箱

拆卸票箱的工作过程如下,与安装方法一样要按顺序进行,在完成当前动作之前不能进入到下一个动作。

二维码 38

①开启维修门,操作维修面板。

更换 A 票箱的维修面板操作流程(位于左侧维修门上):输入员工 ID 及密码;选择"卸下 A 票箱";操作结束要签退;当选择"卸下 A 票箱"后,票箱 A 指示灯由"常亮"变为"闪烁",如图 7-13 所示。

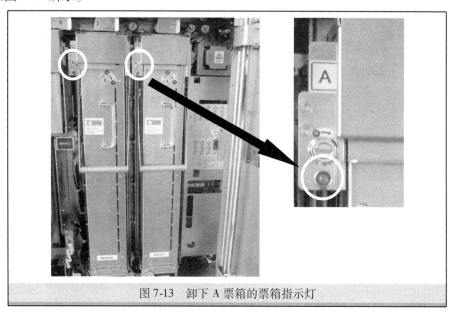

图 7-13　卸下 A 票箱的票箱指示灯

②推回对应票箱盖板并将锁打至"关"的位置。推回及拉出票箱盖操作如图 7-14 所示;插入钥匙顺时针扳动至"开"的位置;逆时针扳动至"关"的位置。

③向下拨动"拨动开关",使托槽下降。拨动开关位于票箱的底端,向上拨动是使托槽上升,向下拨动是使其下降。如图 7-15 所示。

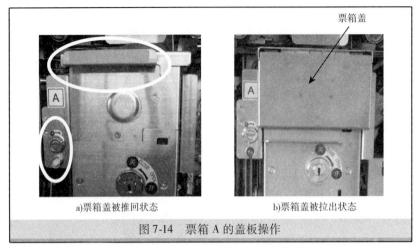

图 7-14　票箱 A 的盖板操作

④逆时针拨回"杠杆",双手取下票箱。如图 7-16 所示。

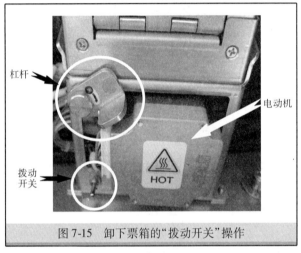

图 7-15　卸下票箱的"拨动开关"操作

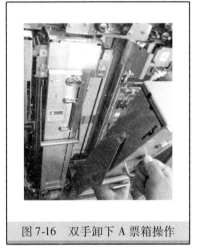

图 7-16　双手卸下 A 票箱操作

将装满单程票的票箱拆卸下后,更换上空的票箱。

(2) 安装票箱

安装票箱的工作过程如下,要按顺序进行,在完成当前动作之前不能进入到下一个动作。如图 7-17 所示。

①利用票箱前面的把手,以水平方向把票箱小心地安装在 ID Connector 上。

②检测票箱安装到位(检查票箱 ID)。

③向上拨动"拨动开关",即将拨动开关打到"ON"位。

④托槽移动机构带动托盘向上移动。

⑤检测车票最高位置:当检测到车票最高位置到达指定的位置时,托槽停止移动。

⑥将票箱顶部工作锁打至"开"位(顶盖板锁机构松开)。

⑦固定托槽的机构松开,打开票箱盖板。

⑧回收或售模块初始化。

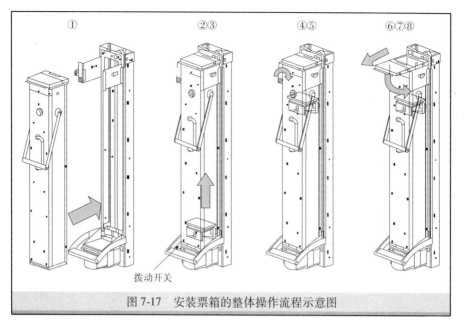

拨动开关

图7-17 安装票箱的整体操作流程示意图

⑨票箱安装完毕后,在维修面板中选择安装票箱,退出维修面板并注销,关好维修门。

设备读到不同的票箱 ID 后计数器清零,完成票箱更换工作,随后站务员将换出的票箱运回票务收益室进行清点。

 小贴士

更换票箱的安全注意事项

(1)运营安全

①更换 AG 票箱时,尽量考虑在非运营时间或客流较少的运营时间进行。

②更换时注意安放警示标志,隔离闸机,不要让乘客围观。

(2)设备安全

①按照规定的操作流程执行,禁止野蛮操作。

②卸下和安装票箱时尽量用双手,并避免刮碰到票箱和设备。

(3)人员安全

①采用合适的人力抬举方式,避免受伤。

②更换票箱时是带电作业,注意不要触电。

3 出站闸机卡票的处理

在车站运营过程中,出站闸机的车票回收模块通常会出现卡票的问题。卡票现象经常发生在票箱顶部的传送带区域。相关资源见二维码39。

卡票的应急操作如下:

①打开右侧维修门,拉出车票回收模块。

二维码39

②从票卡卡住的位置处左手边最近的绿色转盘开始,按照出卡方向旋转,依次旋转各转盘,直至票卡移至方便取出位置即可。如图 7-18 所示。

图 7-18 自动检票机处理卡票的操作流程

❹ 便携式验票机的使用(相关资源见二维码40)

便携式验票机简称 PTCM,具有验票和检票功能。操作员可以在付费区或非付费区通过切换费区,完成验票、进站检票、出站检票功能。在操作员使用便携式验票机 PTCM 进行监票作业时,应用本人 ID 和密码登录,使用结束后必须及时签退。便携式验票机 PTCM 的使用和归还应进行签名登记。

如图 7-19 所示,其主要由插卡槽、接触/非接触型 IC 卡读卡器(天线)、LCD 图形显示器、键盘、USB 和充电器等组成。

二维码40

便携式验票机 PTCM 的使用方法如下:

①开机。按"POWER"键,听到"嘀"的一声。

②关机。较长时间按住"POWER"键直至听到"嘀嘀"的声音。

③登录。选择"F1"或"F2"键,进入登录界面;输入操作员编号和密码后,按"ENTER"键;如果没有操作员参数,则直接按"ENTER"键登录。

④电池使用。界面的右上角有当前电池容量状态。

⑤车票处理。可以将车票插入"插卡槽",也可以直接置于"天线"上方;注意工作区域选择。如图 7-20 所示。

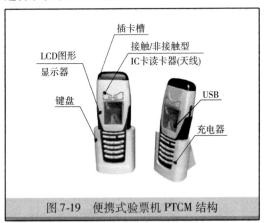

图 7-19 便携式验票机 PTCM 结构

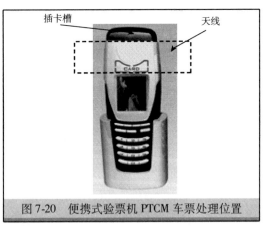

图 7-20 便携式验票机 PTCM 车票处理位置

a. 启动主程序:按"F1"键进入登录界面,登录后进入维护主界面(见图 7-21)。

b. 工作区域选择:按"F4"键可实现当前工作区域的切换。

c. 退出主程序:在主界面下,按"CLEAR"键进入退出确认界面,这时按"ENTER"键退出主程序。

d. 验票查询：验票功能主要是查看设备的基本信息、卡上的交易历史，以及对车票的有效性进行分析；在主界面下，按"1"键，进行车票查询；注意在验票前首先要确认所在的工作区域，因为不同区域可能的验票结果完全不同。

e. 进站检票：进站检票功能相当于进闸机的功能；在主界面下，按"2"键，进行进站检票；注意进站检票只能在"非付费区"进行。

f. 出站检票：出站检票功能相当于出闸机的功能；在主界面下，按"3"键，进行出站检票；注意出站检票只能在"付费区"进行。

g. 数据统计：数据统计功能是统计设备本地保存的交易数量信息；在主界面下，按"4"键。

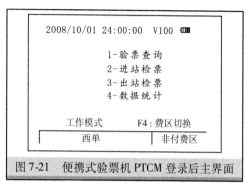

图 7-21　便携式验票机 PTCM 登录后主界面

⑥数据通信。数据通信功能是指 PTCM 与车站设备监控系统（SEMS）之间的通信功能，包括时钟同步、参数同步、数据上传、软件同步等。界面显示设备工作状态为"通信模式"，则已通信建立。

7.3 退票作业

城市轨道交通供乘客使用的 IC 卡车票是有价证券，一经乘客购买，正常情况下是不允许退票的，但在特殊情况下，也可办理退票。不同的城市轨道交通运营企业能否进行退票及退票时的限制条件各不相同。根据退票的责任不同，可分为乘客责任退票及运营企业责任退票。

一 乘客责任退票

乘客责任退票是指由于乘客自身原因造成购买单程票后不能及时乘坐或者储值票存有余额但不再继续使用时产生退票以及无效票产生退票的情形。

1　单程票退款

对于已售出单程票的退款，不同的城市轨道交通运营企业有不同的规定，有的规定：单程票一经售出若不属城市轨道运营企业的责任一律不予退款(如成都地铁)。有的规定:单程票售出当天,卡内信息可以读取、未曾用于乘坐地铁,在规定的时限内(如广州地铁要求在购票后30分钟内),乘客要求退票时,采用半自动售票机办理退款业务,填写《退款票处理记录表》,将车票票价全部退还给旅客,并由客运值班员(综控员)审查确认,超过系统规定的时间,则不予退款。相关资源见二维码41。

② 储值票退款

储值票在使用过程中,如还存有余额,但乘客不再需要储值票,要求退款时按以下情况分别办理。相关资源见二维码42。

储值票未损坏,卡内信息能查询到余额,采用半自动售票机办理退款业务,应填写《退款票处理记录表》,将车票余额及押金退还给乘客,并由客运值班员审查确认;若储值票由于持卡人保管不善出现卡折叠、断裂、涂鸦、张贴异物、缺边、缺角、打孔或因人为原因造成票面图案脱色或漆的储值票,但卡内信息能查询到余额,即:不可循环使用的车票,押金不退,只退还余额。

二维码41

二维码42

若储值票卡不能更新处理或不能查询到余额时,按无效票办理退款业务。

为了保证储值票退款的安全、准确,中央计算机系统还可设置退款的条件、使用次数限制、余额限制等以确保退票处理有足够的安全性,防止欺骗行为的发生。

③ 无效票退款

无效票是指经BOM机检验无法更新且系统无法读取数据的车票。

(1)即时退款

若半自动售票机能查询到车票余额,应按上述规定办理相应退款,并回收无效票。

(2)非即时退款

若半自动售票机不能查询到车票余值,应回收无效票,并填写《无效车票处理申请表》,请乘客在10个工作日内,凭车票处理申请表收据到指定的车站办理退款。

二 城市轨道交通运营企业责任退票

当车站发生不可预料的事情,比如列车故障、行车安全事故等造成乘客不能按时乘车,乘客提出退票要求时,在任何车站,持单程票的乘客可在当日也可在规定的日期内(如成都地铁要求在10日内)办理单程票退票,填写《退款票处理记录表》,使用储值票的乘客可在下次进站时给予免费更新。

三 退票作业程序

当乘客要求退票时,厅巡岗站务应引导乘客去票务处办理。票务员应根据需要先分析车票状态,确认车票能否办理退款,并根据退票的相关规定为乘客办理退票业务。

知识拓展

储值票替换

当乘客的车票由于自身原因造成车票不能使用,票务员应对车票进行分析后,对于符合系统设置参数的车票可允许替换。在进行替换处理时,在被替换的车票上写入有关替换信息,但车票的原有信息不能被修改或抹除,车票上的所有余值/乘车次数及优惠信息应完全转入新的车票上。

7.4 钱箱更换及钱箱内现金清点作业

售检票终端设备中涉及现金交易的自助设备主要有自动充值机和自动售票机。在车站的日常票务作业中或运营结束后需要回收设备内的钱箱,以便清点和票款解行。设备钱箱主要有自动充值机纸币钱箱、自动售票机纸币钱箱和硬币钱箱。

一、自动售票机(TVM/AVM)更换钱箱、现金清点与加币管理规定

1 自动售票机(TVM/AVM)更换钱箱管理规定

TVM/AVM 机的钱箱分为纸币钱箱和硬币钱箱,由 AFC 综合作业员负责更换。钱箱更换的管理规定如下:

(1)更换纸币钱箱、硬币钱箱的操作由 AFC 综合作业员和值班站长共同完成。AFC 综合作业员负责具体操作,值班站长负责监督和安全保护。

(2)各站必须结合本站具体情况制定更换钱箱的作业线路。

(3)更换纸币钱箱、硬币钱箱打开自动售票机维修门时必须输入操作员本人的 ID 及密码,逐台进行设备操作,严禁同时操作多台设备。

(4)更换钱箱完毕后,须收好设备打印单据,以备对账时使用。

(5)锁闭维修门后,应先确认 TVM/AVM 机已恢复正常服务,再立即将钱箱送返车站

AFC 票务收益室进行清点。

(6) 更换钱箱的注意事项：

① 每日运营结束后，必须更换所有投入服务的自动售票机的钱箱。

② 更换钱箱的工作须在车站计算机设置的设备服务结束时间之前全部完成。

③ 对于作业过程中，设备自动打印的水单必须签字后收好，以备对账时使用。

❷ 自动售票机(TVM/AVM)现金清点的管理规定（相关资源见二维码43）

(1) TVM/AVM 机的钱箱更换后，必须立即将钱箱运回车站票务收益室内，方可进行清点。

(2) 钱箱清点工作由当班 AFC 综合作业员和值班站长双方负责，值班站长负责监督，AFC 综合作业员负责清点。相关资源见二维码44。

二维码43　　　二维码44

(3) 进行钱箱内现金的清点作业时，必须在站区指定的视频监控范围内进行，纸币钱箱与硬币钱箱应分开并逐一进行清点。

(4) 在清点过程中若发现钱款有明显的失真特征或可通过验钞机识别为伪钞的，值班站长确认后做好记录，与 AFC 综合作业员双方签字确认加封（加封内容为日期、车站名、设备号、伪币种类、金额、数量、值班站长与 AFC 综合作业员双方签名），然后，由 AFC 综合作业员在当日《TVM/AVM 机钱箱日清点记录》上备注说明，按实际清点数目进行交款。

(5) 清点结果由 AFC 综合作业员负责填写相关台账：

① 运营时间内更换钱箱，在《钱箱更换记录台账》上进行如实登记，并由值班站长负责签认。

② 运营结束后回收所有钱箱，现金清点结果应登记在《TVM/AVM 机钱箱日清点记录》的"实点金额"栏中，同时认真核对设备打印的 TVM/AVM 机结算单与实际清点的现金数量是否一致，由 AFC 综合作业员和值班站长双方签字确认。

(6) 发生钱箱清点票款与设备打印结算单不符时：

① 通过调取录像资料若可以证明清点钱箱的全程操作是在规定的监控范围内，且经检查自动售票机未存在异常，则损失由公司承担。

② 若不能证明清点钱箱的全程操作是在规定的监控范围内，则损失由点钞者个人承担。

③ 若可以证明清点钱箱的全程操作是在规定的监控范围内，经检查自动售票机存在异常，则由相关部门进行妥善处理。

(7) 车站备用金换零工作必须在钱箱清点作业完毕后方可进行。换零时，当班 AFC 综合作业员和值班站长必须双方在场，由 AFC 综合作业员负责兑换，值班站长负责监督确认。

(8) 完成钱箱清点、备用金换零工作后，AFC 综合作业员负责计算本站当日全部票款，填写《××车站日交款明细》，将备用金以外的全部票款放入柜内加锁保管。

(9) 次日，由当班的 AFC 综合作业员负责将全部票款及设备打印的所有结账水单一并交站区票务员。

(10)从封存票款至站区票务员上门收款,由当班的 AFC 综合作业员负责票款的安全保管,逢交接班时,必须对票款进行力度交接,值班站长负责监督。

3 自动售票机(TVM/AVM)加币作业的管理规定

(1)TVM 机找零器的加币工作由 AFC 综合作业员和值班站长共同完成。AFC 综合作业员负责具体操作,值班站长负责监督和安全保护。

(2)进行加币作业前,AFC 综合作业员和值班站长应在车站 AFC 票务收益室监控状态下进行现金的出库、清点及放入补币钱箱等操作。

(3)各站必须结合本站具体情况制定 TVM 机加币的固定线路。

(4)打开自动售票机维修门,进行 TVM 机加币作业前,必须确认乘客交易已经完成,再输入操作员本人 ID 及密码登录。

(5)完成加币作业后,AFC 综合作业员负责确认自动售票机已恢复正常服务状态。

(6)携带机打水单和加币后已空的钱箱返回 AFC 票务收益室,核对水单与实际操作的一致性,并如实填写《TVM 机补票加币记录》,双方签字确认。

(7)如发生水单打印补币数量与实际补币数量不一致时,应在《TVM 机补票加币记录》台账的"备注"栏进行登记,并及时报告站区进行妥善处置。

(8)AFC 综合作业员在 TVM 机出币/出票口或其他地方拾获现金,应如实在《AFC 综合作业岗交接台账》"备注"栏进行登记。

(9)TVM 机加币的时机:
①运营开始前。
②运营期间当 SC 上自动售票机设备状态显示找零器将空。
③非人为设置情况下,TVM 机处于无找零模式时。

(10)更换找零器的注意事项:
①TVM 机的加币工作必须在车站计算机设置的系统服务结束时间之前全部完成。
②每日末班车后,必须进行 TVM 机结账,清空找零器。

二 自动售票机(TVM/AVM)钱箱更换流程

钱箱更换作业一般是由客运值班员负责安排更换 TVM 机钱箱。若在运营时间更换钱箱时,须设置"暂停服务"牌。更换完成后,须确认自动售票机已恢复正常服务状态后,再撤除"暂停服务"牌,并立即将钱箱送返票务收益室。

1 更换钱箱的时间

(1)车站计算机提示 TVM 机钱箱将满时。
(2)TVM 机显示屏出现"只收硬币"或"只收纸币"时。

(3)各站结合本站具体情况制定的更换钱箱的固定时间。

(4)本站最后一列载客列车开出后的规定时间内。

❷ 自动售票机(TVM/AVM)硬币钱箱更换操作(图7-22~图7-24)

(1)打开维修门。

(2)在维护面板上登录。

(3)在维护面板上选择"补充硬币"。

(4)将待更换钱箱的前盖板手动推回箱体。

(5)用钥匙将取箱锁扳至开位。

二维码45

(6)双手取下硬币钱箱,并取出钱箱内硬币装入指定容器中。相关资源见二维码45。

图7-22　自动售票机硬币钱箱

图7-23　自动售票机硬币钱箱推回盖板操作

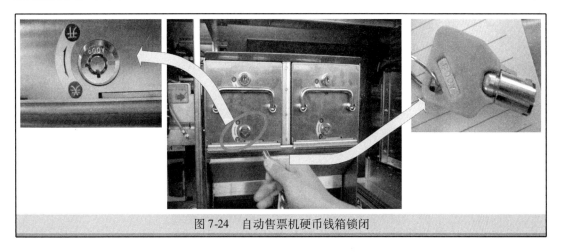

图 7-24　自动售票机硬币钱箱锁闭

❸ 自动售票机(TVM/AVM)纸币钱箱更换操作(图 7-25、图 7-26)

(1) 打开维修门。
(2) 拉动纸币模块下端"拉出把手"。
(3) 用钥匙将锁位扳至"开"状态。
(4) 拉出纸币钱箱把手,双手将纸币箱取下。
(5) 按照规定取出纸币钱箱内的纸币装入指定容器内,再装回自动售票机(或直接安装更新的纸币钱箱)。相关资源见二维码 46、二维码 47。

二维码 46　　二维码 47

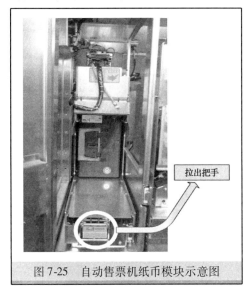

图 7-25　自动售票机纸币模块示意图

图 7-26　自动售票机纸币钱箱开锁操作

❹ 更换钱箱的注意事项

(1) 更换钱箱的工作必须在车站计算机设置的系统运营结束时间之前全部完成。
(2) 每日运营结束后,必须更换所有投入服务的自动售票机 TVM 的钱箱。

(3)每日实际运营结束后更换钱箱,须将找零器和副找零器内的所有硬币回收至硬币钱箱内。

(4)更换钱箱时需两人进行操作:一人负责具体操作,一人负责更换钱箱操作的监控和安全工作。

(5)打开自动售票机 TVM 维修门及取出钱箱时必须报车控室,在得到车控室在车站计算机上下达命令后,用员工号和个人密码登录。

(6)根据需要准备一定数量的空钱箱,以便更换时作替换用。

(7)从设备上取下钱箱后要立即放入运营小车中并上锁,并按操作规程要求装上空钱箱。

(8)钱箱更换完毕后,设备后门要及时上锁。

(9)须两人将运营小车推回票务收益室,并选择安全的路线,且任何一人都不可擅自离开。

三、钱箱清点工作

钱箱清点是收益管理的重要环节,应严格把控。一般情况下,钱箱的清点工作需要由两人在车站票务收益室共同完成。

清点出的所有钱箱票款金额,并扣除值班员为自动售票机补充找零硬币的金额,就是当日自动售票机票款收益。为保证自动售票机票款收益统计的准确性,车站对于补入自动售票机的找零硬币的清点及钱箱票款的清点必须按规范要求进行,以确保准确无误。一般情况下,硬币的清点及钱箱的清点工作须由两人在票务收益室监视仪监视状态下共同完成。值班员在清点用于补币的硬币时,每台自动售票机的补币清点数量必须在票务收益室监视系统下进行读数并加封。用于补币的硬币清点完至补币前,须存放在票务收益室监视区域,进行补充硬币操作时必须两人负责(一人操作,一人监控),补充硬币后须做好相应台账记录。清点钱箱时,相应的钱箱、钱袋和点币机必须放在安全区域。整个清点过程中任何人不得遮挡监视仪,若监视系统发生故障而造成车站无法按程序清点钱箱时,须由一名车站值班站长或以上职务人员和车站值班员两人一起清点钱箱,必须逐一清点,每个硬币钱箱的清点数量必须在票务收益室监视系统下进行读数,并将实点数及时记入《钱箱清点报告》对应的实点金额栏,每清点完一个钱箱,须确保钱箱已倒空并无现金遗留在钱箱内。清点钱箱过程中,非紧急情况不得离开票务收益室。

钱箱清点工作的作业标准如下:

(1)钱箱清点要在车站票务收益室进行。

(2)清点钱箱时,相应的钱箱、钱袋和点币机必须放在安全区域。

(3)在有监控设备的条件下,所有清点工作都要在摄像头有效的范围内进行。

(4)钱箱清点工作至少确保两人在场,并互相监督(一人负责清点,一人负责监督)。

(5)纸币钱箱和硬币钱箱要分开并逐一清点。

(6)钱箱清点和数据录入、台账填写要规范,并按解行的要求进行封存。

在清点过程中,若发现假币、机币等异常情况,需要在"钱箱清点报告"备注栏注明,假币、机币用票务专用信封加封后随报表上交票务收益室。在整个清点过程中,任何人不得遮挡监视仪,若监视系统发生故障而造成车站无法按程序清点钱箱时,须由一名车站值班站长或以上职务人员和车站值班员两人一起清点钱箱,必须逐一清点。钱箱清点过程中,非紧急情况下不得离开票务收益室。

7.5 票款收缴作业

车站的票款是车站现金的重要组成部分,应严格执行财务管理规定,严禁坐支票款,票款和备用金要分区管理。

车站票款主要有自动售票机售票收入、自动充值机储值票充值收入、票务处半自动售票机售票和充值收入、临时售票亭售票收入等。对于车站的票款收入,要求每日运营结束后进行清点、登记、系统录入、封装和解行。相关资源见二维码48。

1 票款封装

车站当日要解行的票款由值班员一人在监视仪状态下清点,清点完毕由车站值班站长复核并确认金额后,由值班员填写现金交款单,注明交款金额、企业账户等信息,与票款一起装入尾箱,并由两人共同加封尾箱。

二维码48

2 票款解行

票款解行是指车站与银行之间的票款交接,即:车站将票款收益存在银行的专用账户的过程。票款收入一般要求每日按时解行,不得在车站过夜保管,解行方式由各城市轨道交通运营企业视情况而定。

(1)解行方式

目前,城市轨道交通运营企业的票款解行方式主要有直接解行和打包返纳两种。

直接解行是指由车站清点票款,并由车站人员送到银行,银行工作人员与交款人员当面清点票款并当即返还现金送款单的解款方式,这种方式适合有驻站银行的车站。

打包返纳是指由银行或者专门押运公司到车站收取票款,运送到银行,银行工作人员按规定清点票款后于次日返还现金送款单,最终确认送行金额的解款方式,这种方式适用于距离银行地理位置较远的城市轨道交通车站。

(2)解行时间(相关资源见二维码49)

城市轨道交通运营企业应根据车站特点及银行服务时间确定解行时间,以保证车站能将票款尽可能多地存入银行,尽量减少存在车站过夜的票款,降低车站收益保管风险。

二维码49

(3)解行操作程序(相关资源见二维码50)

车站当日需要解行的票款由值班员一人在监视仪监视状态下清点,清点完毕由车站值班站长复核并确认金额后,由值班员填写交款单,注明交款金额、企业交款账户等信息,与加封好的票款一起送交银行,银行在清点完收到的票款并确认无误后,存入指定账户。

二维码50

当银行在清点车站解行的票款过程中,发现长款、短款或假钞(假钞不计入实际清点金额,发现假钞时按短款处理)时,按实际清点金额入账,并将差错情况反馈给相关车站,车站组织调查处理。车站票款解行的流程如图7-27所示。

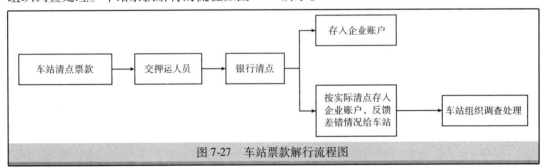

图7-27 车站票款解行流程图

7.6 乘客票务处理

乘客事务处理是指乘客在乘坐轨道交通工具的过程中,因自身原因或其他特殊原因造成无法正常进出车站时引起的事务处理。在实行计程票价制的城市轨道交通运营企业,常见的乘客票务事务处理主要有车票超程、超时、无效、进出次序错误以及自动售票机卡币、卡票、找零不足和充值不成功等。本节根据不同的票务事务产生的原因来分别叙述处理的办法。

一、车票超程

1. 车票超程的定义

车票超程是指按路程计价时,付费区乘客所持车票余额不够支付按标准计算所得的起点站至终点站之间的单程车费,车票不能正常通过出站闸机的情况。

2. 车票超程的处理办法

(1) 单程票超程

付费区乘客所持单程票超程时,票务员向乘客收取所欠车费后,在半自动售票机上操作更新车票,乘客持票出站。

(2) 储值票超程

付费区乘客所持储值票超程时,票务员向乘客收取充值金额,在半自动售票机上对车票进行充值操作后,乘客持票刷卡出站。

二、车票超时

1. 车票超时的定义

车票超时是指乘客验票进入付费区后,在付费区逗留时间过长,导致车票使用时间超过了系统规定的有效时间,车票不能正常通过出闸机的情况。

2. 车票超时的处理办法

(1) 乘客所持单程票超时

付费区乘客所持单程票超时时,票务员向乘客收取超时补款(各城市轨道交通运营企业自行规定)后,在半自动售票机上操作更新车票,乘客持票出站。

(2) 乘客所持储值票超时

付费区乘客所持储值票超时时,若车票进站日期显示是当天进站,则向乘客收取超时补款后在半自动售票机上操作更新车票,乘客持票刷卡出站;若车票进站日期显示不是当天进站,则扣除上次乘车费用(一般是最小车程费),输入进站码更新车票,乘客持票刷卡出站。

三、车票无效

1. 车票无效的定义

车票无效是指车票在使用过程中,因轨道交通设备原因或乘客自身人为原因造成车票异常,无法正常通过进、出闸机,且无法通过半自动售票机进行更新处理的情况。

② 车票无效的处理办法

车票无效票的处理按付费区和非付费区分别处理。相关资源见二维码51。

二维码51

（1）非付费区

当非付费区乘客持无效车票要求乘车时,票务员需判断造成车票无效的原因是轨道交通设备原因还是乘客自身人为原因,若属于乘客自身人为原因造成,则回收乘客手中的无效车票,并请乘客重新购票乘车;若为轨道交通设备原因造成,如自动售票机发售的无效车票,则回收无效车票,按规定办理乘客事务处理单,在半自动售票机上给乘客免费发售一张等值的普通单程票。

（2）付费区

当付费区乘客持无效车票不能出站时,票务员通过判断,如为乘客自己人为原因造成车票无效,则回收无效车票,并请乘客按规定补款后,在半自动售票机上发售有效车票供乘客出闸;若为轨道交通设备原因造成,则回收无效车票,并在半自动售票机上给乘客免费发售有效车票,以供乘客出站。

四 车票进出次序错误

① 车票进出次序错误的定义

车票进出次序错误是指车票所处付费区或非付费区模式与乘客实际所在的区域不一致的情况。

② 车票进出次序错误的处理办法

车票进出次序错误按非付费区和付费区分别处理。

（1）非付费区

主要表现为两种形式:一种是乘客在非付费区,但乘客车票显示已在进闸机验过票,显示为付费区模式,不能再次验票进站,这种情况一般是由于乘客持票在进闸机验票后未及时进闸所致;另一种是乘客在付费区,但所持车票没有进闸记录,显示仍为非付费区模式,车票不能正常通过出闸机,这种情况一般是因乘客进闸时没有成功验票,与其他乘客一起并闸进站或没有经进闸机验票直接从其他地方进入付费区所致。

当乘客在非付费区时,票务员在半自动售票机非付费区模式下分析车票,若车票上次验票时与当前时间之差在系统允许的更新时间范围内,则半自动售票机显示该票可以更新,票务员按"更新"按钮更新车票信息,乘客可持车票正常进站;若车票上次验票时间与当前时间之差已超出系统允许的更新时间范围,需要根据各轨道交通运营企业的票务政策与规定进行相应处理。

(2)付费区

当乘客在付费区时,票务员在半自动售票机付费区模式下分析车票,根据半自动售票机分析显示单程票发售车站名,输入进站车站进行更新。

五 自动售票机卡币、卡票或找零不足

1 自动售票机卡币

(1)自动售票机卡币的定义

卡币主要指乘客在自动售票机上投币购票时,因自动售票机自身原因或乘客所投纸币(硬币)边缘变形、胶带物等原因,导致纸币(硬币)被卡在自动售票机的某个部位,且自动售票机不再接收纸币(硬币)的情况。

(2)自动售票机卡币的处理办法

当乘客反映自动售票机卡币时,值班员首先要检查自动售票机投币口是否有纸币(硬币)堵塞或显示屏是否显示卡币故障代码,确认是否发生卡币情况。如显示屏显示卡币故障代码,则应按车站规定办理乘客事务处理单,对卡币的乘客以多退少补的原则给乘客发售相应面值的车票,同时报专业维修人员进行处理;如检查投币口无纸币(硬币)堵塞,显示屏未显示卡币故障代码,则由值班员与另一车站员工共同打开自动售票机维修门,查看自动售票机的最近交易记录,并根据查询情况进行处理。若自动售票机显示正常且没有与乘客反映购票情况一致的交易记录,则表示没有卡币情况发生,由值班员负责向乘客做好解释工作。

2 自动售票机卡票

(1)自动售票机卡票的定义

卡票主要是指自动售票机在给乘客发售单程票的过程中,因自动售票机自身原因或单程票边缘变形、变厚等原因,导致单程票被卡在自动售票机的某个部位,且自动售票机自动进入"暂停服务"模式的情况。

(2)自动售票机卡票的处理办法

当乘客反映卡票时,值班员首先查看显示屏是否显示卡票故障代码,确认是否发生卡票情况。如显示屏显示卡票故障代码,则应按车站规定办理乘客事务处理单,并在半自动售票机处按乘客需求重新发售一张车票或者办理退票手续,同时报专业维修人员进行处理;如显示屏未显示卡票故障代码,则由值班员与另一车站员工共同打开自动售票机维修门,查看自动售票机的最近交易记录,并根据查询情况进行处理。若自动售票机显示正常且没有与乘客反映购票情况一致的交易记录,则表示没有卡票情况发生,由值班员负责向乘客做好解释工作。

③ 自动售票机找零不足

（1）自动售票机找零不足的定义

找零不足是指当乘客投入自动售票机的现金金额大于实际购票金额，因自动售票机自身原因或找零硬币边缘变形、粘有胶带物等原因，导致找零硬币被卡在自动售票机的某个部位，自动售票机停止找零，造成乘客找零金额不够的情况。

（2）自动售票机找零不足的处理办法

当乘客反映自动售票机找零不足时，值班员首先检查自动售票机显示屏是否显示找零不足故障的代码，确认是否发生找零不足的情况。如自动售票机显示屏有显示找零不足故障代码时，则填写乘客事务处理单，注明找零不足的处理情况，在半自动售票机上给乘客退还相应款额，同时报专业维修人员进行处理；如自动售票机显示屏没有显示找零不足故障代码时，则询问乘客购票情况，由值班员和另一名车站员工共同打开自动售票机维修门，查看自动售票机的最近交易记录，确认是否与乘客反映的购票情况一致，若情况一致，则填写乘客事务处理单，注明找零不足的处理情况，在半自动售票机上给乘客退还相应款额，同时报专业维修人员进行处理；若自动售票机显示正常且没有与乘客反映购票情况一致的交易记录，则表示没有发生找零不足，由值班员负责向乘客做好解释工作。

六 自动售票机充值不成功

① 自动售票机充值不成功的定义

充值不成功是指乘客在自动售票机上投币充值时，因自动售票机自身原因或其他原因，导致自动售票机收取乘客投入的充值金额后，并不能充进票卡余额（未将充值金额信息写入票卡）的情况。

② 自动售票机充值不成功的处理办法

当乘客反映自动售票机充值不成功，值班员与值班站长共同打开自动售票机维修门，查看最近交易记录，确认是否有乘客反映一致的充值交易记录，若没有与乘客反映一致的充值交易记录，则应立即通知专业维修人员到现场处理，确认自动售票机是否发生已收款但充值不成功的情况，车站值班员根据维修人员判断结果进行乘客事务处理；若有与乘客反映相符的充值交易记录，在半自动售票机上分析车票，根据查询情况，核实是否确有发生自动售票机已收款但充值不成功的情况。

若半自动售票机分析车票显示已成功充值，则请乘客通过显示屏确认车票成功充值，则请乘客通过显示屏确认车票充值前后余额，做好解释工作后将票卡交还乘客。

若半自动售票机分析车票余额及历史交易记录均显示没有该次充值,则表示自动售票机确实发生已收款但充值不成功的情况,车站值班员按规定应办理乘客事务处理单,在注明充值不成功的处理情况,根据乘客需要在半自动售票机上给乘客办理等额充值或退还给乘客充值金额。

实训任务

[实训任务7-1] 售票员发售纸票

某年5月1日上午10时30分,某市地铁AFC系统设备大面积故障,此时自动售票机和半自动售票机80%故障,该站应如何应对?

要求:(1)每一学员能叙述处理流程。

(2)在实训场地将学员分组分岗位按处理流程来模拟现实情景的处理。

[实训任务7-2] 票务员登录半自动售票机BOM发售单程票

某年10月2日下午5时45分,某市地铁迎来客流高峰,自动售票机TVM无法满足乘客的购票需求,值班站长通知你登录空闲的半自动售票机BOM进行售票作业。

要求:(1)每一学员描述登录半自动售票机BOM并发售单程车票的流程。

(2)在实训场地将学员分组分岗位按处理流程来模拟现实情景的处理。

[实训任务7-3] 单程票退款

某年5月8日上午10时30分,某市地铁站一名乘客在自动售票机TVM上购买了一张单程票,当日上午10时45分,该乘客由于自身原因,找到该站一名站务人员要求退票,若你是该名站务员,你该如何应对?

要求:(1)每一学员能叙述单程票处理流程。

(2)在实训场地将学员分组分岗位按处理流程来模拟现实情景的处理。

复习与思考

1. 简述票务员售票作业标准及程序。
2. 储值票退款时,请简述哪些情况不予办理退款业务?
3. 简述票款解行操作程序。
4. 简述乘客车票进出次序错误时,应如何处理?

单元 8

特殊情况下票务处理

 教学目标

1. 掌握售票类设备故障时的票务处理方法;
2. 掌握检票类设备故障时的票务处理方法;
3. 掌握降级运营模式下的票务应急处理方法。

 建议学时

6学时

单元 8　特殊情况下票务处理

教学导入

正常情况下，自动售检票设备都是在正常运营模式下运行。当在运营过程中出现 AFC 终端设备发生故障或能力不足或出现其他系统设备故障、火灾等紧急情况，以及出现列车延误、清客、越站等特殊情况时，车站各岗位人员要在值班站长的全面指挥下，完成车站的票务运作。站务人员要完成特殊情况下的票务工作，必须掌握售票类设备故障、检票类设备故障以及降级运营模式下的票务应急处理办法。

8.1　AFC 正常与降级处理模式

所谓"模式"即指在不同状况、条件下，为达到某些特定效果所采用的方式方法。票务模式管理就是针对车站不同的运营状况、条件所作出的相应操作行为的选择和实施，包括正常运行模式、降级运行模式以及紧急放行模式。

模式执行优先权由高到低依次为紧急放行模式、降级运行模式、正常运行模式。如图 8-1 所示。

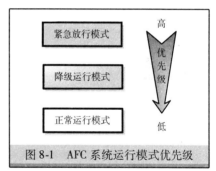

图 8-1　AFC 系统运行模式优先级

一　正常运行模式

通常情况下，自动售检票系统在正常运行模式下自动运行。正常模式主要包括正常服务状态、关闭状态、暂停服务状态、设备故障状态、测试（维修）状态及离线运行状态等。相关资源见二维码 52。

1　正常服务状态、关闭状态、暂停服务状态

在每日 AFC 系统运行开始时，自动售检票系统可根据时间表设置，自动将各车站终端设备（TVM、BOM、AG、TCM）设置为正常服务状态；每日运营结束时，系统也同样按顺序关闭终端设备，将其设置为关闭状态。同样，运营操作人员可以通过车站计算机（SC）将车站终端设备设置为正常服务状态或关闭状态。

当设备由于钱箱满、票箱满、票箱空等原因，或设备门被非法打开时系统会自动进入暂

二维码52

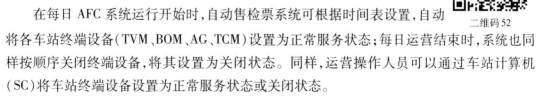

停服务状态,在此状态下终端设备不会对车票作出任何处理。

② 设备故障状态

在自动售检票终端发生故障时,设备将自动进入设备故障状态,并自动向车站上一级报告(如终端设备故障,向车站计算机报告故障信息;车站计算机故障,向中央计算机报告故障信息);故障消除后,设备再自动向上一级系统报告后自动进入正常服务模式或关闭模式。车站计算机和中央计算机系统会保存相关的故障和维护信息并形成相应的报表。

③ 测试(维修)状态

通过本地控制,车站维护人员可将车站终端设备设置为维修状态,对终端设备进行测试及维护。在维修状态下,所有车站终端设备不能进行车票及现金的处理,但在特定命令下可以使用测试车票。车站终端设备的乘客显示屏或状态显示器会显示"暂停服务"及相关的维修信息。

维修人员及管理人员经登录后才能进入维修状态。通过维修界面输入命令,对主要的部件和模块进行测试。

④ 离线运行状态

车站设备能在本机上保存相关的参数设置,并由车站计算机系统定期更新。当车站终端设备与车站计算机之间、车站计算机和中央计算机之间、中央计算机模块间的网络通信中断或无网络连接时,设备可在离线下运行。

小贴士

离线运行状态信息储存情况

在离线运行状态下,车站终端设备应能保存不少于7d的运行数据(包括交易数据、寄存器数据、设备运行状态信息等);车站计算机能保存不少于30d的业务数据;线路层计算机能保存不少于6个月的业务数据等。当网络恢复正常时,可自动检测未上传/下载的信息数据,并自动上传/下载相关数据。

二、降级运行模式

降级是指针对不同的运营状况、条件所作出的相应操作行为的选择和实施。一般包括列车故障模式、进出站免检模式、时间免检模式、日期免检模式、超程免检模式、紧急放行模式及其他模式等。

降级模式的设置可通过中央计算机设置,也可以通过车站计算机系统将车站终端设备设置为相应的降级模式,并做好相关记录,以车站计算机设置优先。

设置为相应降级模式后,设备的表现如下:

(1)中央计算机工作站上要明显的显示出该车站名称及模式,如字体或颜色闪烁等,以便监控。

(2)设置了该模式的车站计算机系统应在显著的位置,用明确的文字或符号显示所设置的模式,并用明确的文字或符号显示车站内已进入该模式的设备。

(3)在收到车站计算机系统下达的命令后,车站终端设备按模式要求进入相应的状态,按模式要求对车票进行处理。

1 列车故障模式

当出现列车运营故障,部分车站暂时中止运营服务时,暂停服务的车站需根据相关规定设置列车故障模式。在此模式下,对车票的处理如下:

(1)对本站进站的单程票及乘次票不扣除车费或乘次,单程票不回收,并写入此模式的标志信息。

(2)对本站进站的其他类型车票不扣除任何费用,并写入出站码和此模式的标志信息。

(3)对其他车站进站的单程票及乘次票不扣除车费或乘次,单程票不回收,并写入此模式的标志信息。

(4)对其他车站进站的其他类型车票不扣除任何费用,并写入出站码和此模式的标志信息。

模式结束后,所有车站的检票机对车票的处理如下:

(1)若单程票或乘次票具有列车故障模式信息,并在规定时间段内(系统设置),则应允许在任何车站进站使用,出站时根据实际车费进行检查,车费不足时应到补票机进行超程更新处理。

(2)储值票等其他车票正常使用和扣费。

列车故障处理程序如图 8-2 所示。

2 进出站免检模式

当车站的进站闸机全部故障无法立即修复或由于车站出现大客流冲击,允许乘客不通过进站闸机进站。此模式下对车票的处理如下:

(1)在设置此模式的车站,所有进站闸机开放,不检验任何车票,乘客可以直接进站。

(2)无进站信息的车票在其他车站或本站出站时,由出站检票机根据清分系统、线路中央计算机下载的设置信息,其进站地点为此次进站车站,并按该免检模式进出扣费,对余额不足的车票要到票务处进行超程更新处理。

(3)若有大于两个车站设置该模式,出站检票机按扣费最低的车费进行扣费。

(4)如果所有车站都设置为该模式,则对所有车票都不检查进出站次序,储值票将扣除最短程车费,乘次票被扣除一个乘次,单程票不检查车票余值,只回收。

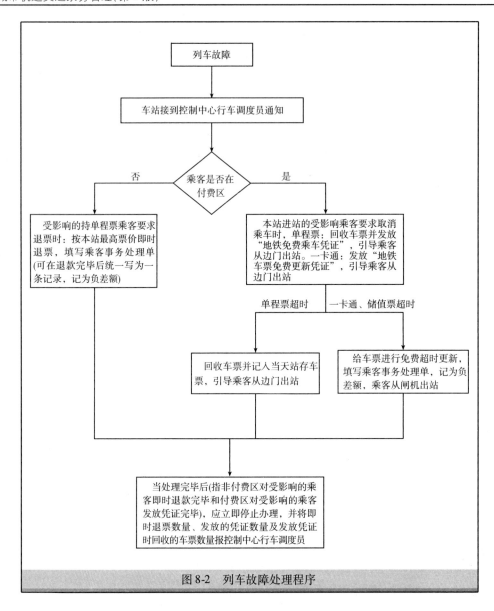

图 8-2 列车故障处理程序

 ## 小贴士

车站进出站免检的组织

车站值班站长安排车站员工打开边门,引导乘客凭票从边门进站,并上报控制中心行车调度员,由行车调度员通知其他车站,其他车站做好对乘客车票进行出站更新的准备工作。其他车站安排员工引导持单程票、储值票、一卡通的乘客到票务处更新车票(按相应情况扣费),若车票超程则按规定收取超程费用后更新车票,乘客从闸机出站,持老人免费卡的乘客从边门出站。

想一想

进出站免检模式和应急编码车票的应用表现有什么相同点和不同点?

③ 时间免检模式

由于列车延误或时钟错误等地铁原因导致乘客手中的车票超时无法出站,应及时设置时间免检模式。

设置此模式的车站,出站检票机对所有车票不检查车票上次的进站时间,但仍要检查车票的票值、进站码、日期等,所有车票按正常票价扣费。

④ 日期免检模式

由于运营企业原因导致乘客手中车票过期,根据运营工作的需要及相关规定的要求可设置日期免检模式。

设置此模式的出站检票机对所有的车票不检查车票上的有效日期,但是仍要检查车票的其他信息,如进站码、车票票值、时间等信息,所有车票按正常票价扣费。

⑤ 超程免检模式

由于某个车站因为事故或者故障而关闭,导致列车越过该站后才停车(跳停),可根据相关规定设置超程免检模式。

设置此模式的出站检票机不检查车票的余值,但是仍要检查车票的其他信息,如进站码、日期、时间等信息,储值票扣最低票价,乘次票扣一个乘车,单程票回收。

 知识链接

各种降级运行模式的设置原则

(1)列车故障模式的设置原则:地铁发生运营故障,需在某站进行清客时;列车晚点,要求退票的乘客超过10人时。

(2)进出站免检模式设置原则:车站的进站闸机全部故障且无法立即修复或者由于车站出现大客流乘客拥挤,大量由本站进站的乘客未通过进站闸机。

(3)时间免检模式设置原则:由于列车延误或时钟错误等地铁原因导致乘客手中的车票超时。

(4)日期免检模式的设置原则:由于地铁原因导致乘客手中车票过期。

(5)车费免检模式的设置原则:在接到行车调度员有关"列车越站"的通知时。

知识链接

列车"跳停"后的处理

（1）当列车越站时，控制中心行车调度员应及时通知列车越站后运行前方的第一个车站。车站接到控制中心行车调度员的通知后，安排车站员工引导乘客出站。

（2）对越站列车上受影响的乘客：

①单程票超程：回收车票并记入当天站存车票，引导乘客从边门出站。

②储值票、一卡通超程：给车票进行免费超程更新，填写乘客事务处理单，记为负差额，乘客从闸机出站。

③在付费区持票乘客强烈要求退票时，值班站长及以上级别员工确认车票与当天发生特殊情况的时间相符，单程票按车票实际票价即时退票，填写乘客事务处理单，记为负差额；储值票则转到非付费区模式下免费更新后给乘客发放免费出站票出站，填写乘客事务处理单，记为负差额。

④除以上情况外的其他车票按规定办理。

6 其他模式

除上述六种模式之外，有时候会出现如下模式组合：

（1）超程免检模式+时间免检模式（相互独立运作，出站检票机扣费方式按照超程免检下的扣费方式处理）。

（2）超程免检模式+日期免检模式（相互独立运作，出站检票机扣费方式按照超程免检下的扣费方式处理）。

（3）超程免检模式+进出站免检模式（相互独立运作，出站检票机扣费方式按照超程免检下的扣费方式处理）。

（4）时间免检模式+日期免检模式（相互独立运作）。

（5）时间免检模式+进出站免检模式（相互独立运作）。

（6）日期免检模式+进出站免检模式（相互独立运作）。

（7）超程免检模式+时间免检模式+日期免检模式（相互独立运作，出站检票机扣费方式按照超程免检下的扣费方式处理）。

（8）超程免检模式+日期免检模式+进出站免检模式（相互独立运作，出站检票机扣费方式按照超程免检下的扣费方式处理）。

（9）时间免检模式+日期免检模式+进出站免检模式（相互独立运作）。

（10）超程免检模式+时间免检模式+日期免检模式+进出站免检模式（相互独立运作，出站检票机扣费方式按照超程免检下的扣费方式处理）。

在组合模式下，车票的处理按照模式的并集方式处理，即各个模式情况均单独作用。

三 紧急放行模式

当运营过程中发生地震、火灾等紧急情况,需要乘客紧急撤离车站时,车站现场拍打紧急按钮,AFC系统进入紧急放行模式。进入紧急放行模式后,所有售票类设备停止售票充值业务,TVM/AVM机自动进入"暂停服务"状态、BOM机自动返回登录界面、闸机处于全开状态,顶棚向导标志处于禁入放行状态,乘客出站不检票。紧急放行模式具有最高级的模式执行优先权。

设置此模式时,半自动售票机可正常运作,但操作员显示屏上显示紧急状态的信息,自动售票机处于暂停服务状态。检票机都处于"常开"状态,保证乘客无阻碍离开付费区。另外,所有检票机不对车票进行写处理,如有车票放于读卡器上,不对车票进行写操作,轨道交通专用票不回收。

8.2 售票设备故障时的票务处理

一 自动售票机 TVM 故障

1 部分自动售票机 TVM 故障或能力不足的处理

自动售票机能力不足是指当车站出现突发大客流等特殊情况时,由于现有的自动售票机数量有限,不能满足乘客购票需要,导致大量乘客在车站非付费区滞留并等候购票的情况。

当站内部分自动售票机 TVM 故障时,若为职责范围内的故障情况,客运值班员或 AFC 综合作业员应进行简单故障处理,若非职责范围内或无法处理的设备故障,应及时向相关部门报修,并做好报修记录。站内站务人员对乘客做好引导宣传工作。若无法满足乘客需求,视客流情况,值班站长可下令适当加开半自动售票机 BOM,安排票务员在半自动售票机上出售单程票,以加大售票能力。

部分自动售票设备 TVM 故障或能力不足的处理流程如图8-3所示。

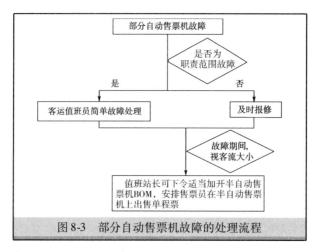

图8-3 部分自动售票机故障的处理流程

2 全部自动售票机TVM故障

当车站全部自动售票机TVM故障时,客运值班员或AFC综合作业员应立即通知值班站长,向相关维修部门报修,做好记录,并到站厅进行宣传疏导工作。

全部自动售票机故障时,值班站长安排票务员在半自动售票机上出售单程票;根据客流情况,当半自动售票机售票不能满足乘客购票需求时,值班站长需要报站长确定是否出售预制票或纸票,并报告控制中心OCC的行车调度员,由行车调度员通知其他车站做好给乘客检票的准备工作;同时安排人员引导持纸票的乘客从应急通道进站;车站在设备恢复正常或客流有效缓解后恢复正常运作,值班站长决定停止售卖纸票并上报控制中心OCC的行车调度员。全部自动售票机TVM故障的处理流程如图8-4所示。

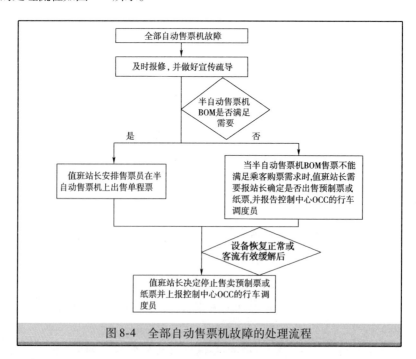

图8-4 全部自动售票机故障的处理流程

二 半自动售票机 BOM 故障

当车站半自动售票机故障时,乘客所持车票不能在半自动售票机上进行分析处理操作,当乘客不能正常进、出闸机时,车站应根据各自半自动售票机的功能不同而给予不同的处理。

1 部分半自动售票机 BOM 故障

若只有部分半自动售票机 BOM 发生故障,票务员应通知客运值班员进行故障处理,在售票窗口摆放"设备故障,暂停服务"提示牌,同时,客运值班员应安排人员引导乘客至自动售票机 TVM 购票充值及到其他票务处(即半自动售票机正常的票务处)办理相关票务业务。客运值班员无法处理的设备故障,通知相关维修部门,并做好报修记录。

若车站票务处内有其他空闲半自动售票机 BOM,票务员可在故障半自动售票机 BOM 上退出后,登录空闲半自动售票机 BOM,进行票务作业。部分半自动售票机故障的处理流程如图 8-5 所示。

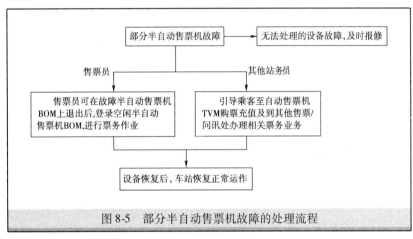

图 8-5 部分半自动售票机故障的处理流程

2 全部半自动售票机 BOM 故障

当全部半自动售票机发生故障时,会影响车站内售票充值的能力以及乘客票务处理的能力。此时,票务员应及时通知值班站长,值班站长应通知中心站站长现场情况,由中心站站长逐级向公司汇报,由中心站站长根据客流情况下令发售预制票来缓解车站的售票压力,票务员应按地铁票价表发售预制票;同时开启车站所有可用自动售票设备。

当全部半自动售票机故障时,对于乘客票务处理需视乘客是否在付费区进行处理。

(1)乘客在非付费区

当全部半自动售票机发生故障,乘客在非付费区时,引导其从边门进站,并告知将在出站时由出站的车站进行车票处理。

(2)乘客在付费区

当全部半自动售票机发生故障,乘客在付费区时,对持单程票的乘客,由票务员回收其单程票并引导其从边门出站;对持储值票的乘客,由票务员进行车票处理后刷卡出站。

全部半自动售票机故障的处理流程如图8-6所示。

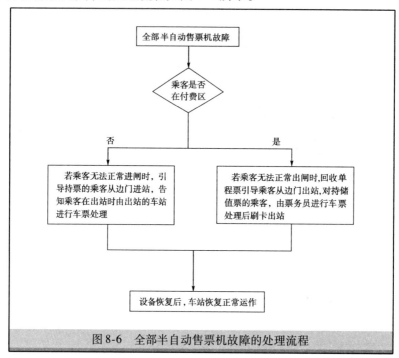

图8-6 全部半自动售票机故障的处理流程

三、全部售票类设备故障

当车站发生自动售票机和半自动售票机全部故障时,将无法出售单程票,乘客所持车票也不能在半自动售票机上进行分析、处理操作。此时,客运值班员应立即向值班站长汇报车站设备情况,向公司相关维修部门报修,做好报修记录。值班站长应立即将车站现场运营处置情况上报中心站站长,并由中心站站长逐级上报公司,由中心站站长根据客流情况下令发售预制票。

1 预制票的发售

若车站客运组织安全有序且运力允许的条件下,车站站存预制票可以满足发售需求,经值班站长下令,车站发售预制票。

(1)故障发生站的票务处置

①车站通过调度电话通知控制中心行车调度员,由行车调度员告知线路内其他车站做好应对准备。

②客运值班员至票务收益室,将封存预制票配发给各票务员,做好相关台账报表记录。

③客运值班员配发好预制票后,至站厅进行宣传疏导工作。

④票务员领取预制票,在车站票务处内依照票价表发售预制单程票。

⑤车站工作人员应做好宣传引导工作,组织乘客有序进出车站。

⑥车站通过广播、提示牌、人工宣传等方式提醒乘客暂停充值业务,引导乘客购买预制单程票。

(2)故障发生影响站的票务处置

当其他车站被告之线路内某车站发售预制票时,值班站长应立即告之站内所有票务工作人员,如有无进站标记且无购售站信息的预制票,按发售预制票车站进行相应补票作业,非当日乘坐回收原票卡,按过期票进行相应补票作业。

当部分设备恢复正常后,值班站长应根据客流情况决定停止售卖预制票,并上报控制中心调度员。

2 车票的更新处理

当全部售票设备故障时,对于乘客票务事务处理需视乘客是否在付费区进行处理:

(1)非付费区乘客

对非付费区乘客,引导持储值票无法正常进入闸机的乘客及持预制票的乘客从应急通道进站,对持储值票不能正常进站的乘客,告知其在出站时由出站的车站进行车票处理。

(2)付费区乘客

若乘客在付费区而无法正常出闸时,引导乘客从应急通道出站。对持储值票的乘客,应告知其在下次乘车时到票务处处理车票;持单程票的乘客,应回收其单程票。

全部售票类设备故障的处理流程见图8-7。

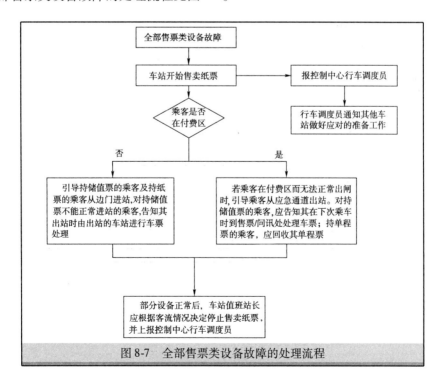

图8-7 全部售票类设备故障的处理流程

8.3 自动检票机故障时的票务处理

一 部分自动检票机故障

客运值班员对职责范围内的故障情况及时进行简单故障处理,若非职责范围内或无法处理的设备故障,应及时向相关部门报修,并做好报修记录。在故障自动检票机(即闸机)通道处摆放"设备故障,暂停使用"提示牌,引导乘客选用正常闸机进、出站。

若乘客进出速度缓慢,影响客流速度,可视情况,将双向站闸机人工设置为所需方向。

1 部分进站闸机故障

值班站长可视客流情况,下令减缓或减少售票窗口;如有需要,可适当关闭站内自动售票设备及售票窗口,以减小车站进站压力。

2 部分出站闸机故障

在车站条件可允许的情况下,可打开故障闸机通道,组织持回收类车票乘客出站,人工回收车票,宣传引导持非回收类票卡乘客刷卡出站。

若车站70%及以上进、出站闸机故障,且无法及时修复,可按突发性进、出站大客流来处理。

二 全部检票类设备故障

1 全部进站闸机故障

全部进站闸机故障是指全部进站闸机停止检票,乘客无法通过进站闸机正常进站。当发生全部进站闸机故障时,值班站长应指挥各岗位按以下程序处理:

(1)故障发生站票务处理

故障发生站必须及时安排人员引导持票的乘客通过边门进站,同时报控制中心行车调度员,由行车调度员通知其他车站做好给乘客更新车票的准备工作,车站在设备恢复正常或进站闸机客流有效缓解后恢复正常运作,并上报控制中心行车调度员。

（2）受影响车站票务处理

受影响车站在接到行车调度员通知后，安排票务员做好乘客车票更新工作，引导乘客更新车票后通过出站闸机正常出站。

进站闸机能力不足或全部进站闸机故障的处理流程如图8-8所示。

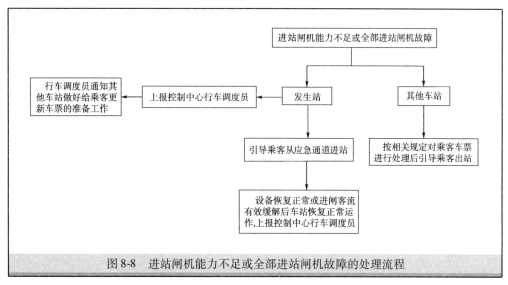

图8-8 进站闸机能力不足或全部进站闸机故障的处理流程

2 全部出站闸机故障

全部出闸机故障是指全部出站闸机停止检票，乘客无法通过出站闸机正常出站。当发生全部出闸机故障时，值班站长应指挥各岗位按以下程序处理：

值班站长及时报控制中心行车调度员，通知票务员及厅巡岗引导乘客从边门出站，对持单程票的乘客，应回收其单程票并记入当天站存；对持储值票的乘客，应告知其本次车费在下次乘车时到售务处扣除。车站在设备恢复正常或出闸客流有效缓解后恢复正常运作，并上报控制中心行车调度员。

出站闸机能力不足及全部出站闸机故障的处理流程如图8-9所示。

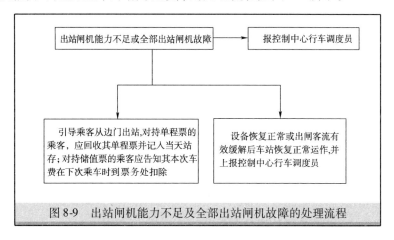

图8-9 出站闸机能力不足及全部出站闸机故障的处理流程

8.4 降级运营模式的票务应急处理

当轨道交通在运营过程中出现列车故障、火灾、电力供应中断等意外故障时,自动售检票系统的中央计算机或者车站计算机可以下达命令,将某车站或全部车站的终端设备设置到自动售检票系统降级运营模式,配合车站降级运营情况下的票务组织和客流组织,提高轨道交通降级运营时处理效率和管理水平。常见的自动售检票系统降级运营模式主要包括运营故障模式、进出站免检模式、日期免检模式、时间免检模式、超程免检模式、紧急放行模式几类。相关资源见二维码53、二维码54。

当自动售检票系统为降级运营模式时,其设备表现与正常运营模式时不同。设备主要表现见8.1节。

行车值班员或AFC综合作业员通过SC监控器显示发现终端设备异常时,按照下列规定处理:

二维码53

二维码54

(1)确认报警内容、报警设备号和报警原因。

(2)确认本站当前运营模式,必要时到现场进行查看。

(3)判断故障类型。

(4)如需更换闸机票箱或TVM机钱箱、票箱,及时更换。

(5)如设备故障不能使用时,通知站务人员摆放"设备故障停用"提示牌;并通知维修部门进行维修,做好维修登记。

当班行车值班员或AFC综合作业员负责按规定控制站厅的各种AFC设备,查询全线模式履历、车票库存管理记录、系统设置参数等,确保终端设备正常运行。

运营结束,由值班站长或AFC综合作业员确认所有终端设备关闭后,通过SC进行结束本站全天服务作业。

当班期间若遇到特殊情况,按如下要求设置降级运营模式:

1 列车故障模式

(1)设置时机。出现下列情况之一时,车站可设定为列车故障模式:

①车站不能正常运营,临时封闭时。

②双方向无车,需采取疏散处理措施时。

③双方向列车同时在站故障,不能继续运行时。

(2)设置权限:

①LC 根据车站申请进行设置。

②值班站长及以上人员下令,当班助理行车值班(或行车值班员)设置后报告 LC。

(3)设置后的设备表现:售票设备将关闭读卡器不再售票,TVM/AVM 机显示"暂停服务";BOM 机自动退到登录界面;进站闸机关闭读卡器不再检票,显示"暂停服务",闸门关闭;出站闸机处于开启状态并且出站不扣费,对单程票等回收类票卡不予回收,允许乘客在规定时间内再次乘车使用。

2 进站免检模式

(1)设置时机。出现下列情况之一时,车站可设定为进站免检模式:

①售票设备全部故障,无法发售车票时。

②进站及双向检票设备全部故障时。

③客流集中进站,导致售检票能力严重不足,危及乘客安全时。

(2)设置权限:

①LC 根据车站申请进行设置。

②值班站长及以上人员下令,当班助理行车值班(或行车值班员)设置后报告 LC。

(3)设置后的设备表现:进站闸机不对车票进行处理,出站闸机正常扣费。

3 出站免检模式

(1)设置时机。出现下列情况之一时,车站可设定为出站免检模式:

①出站及双向检票设备全部故障。

②客流集中出站,检票设备能力严重不足,危及乘客安全时。

(2)设置权限:

①LC 根据车站申请进行设置。

②值班站长及以上人员下令,当班助理行车值班(或行车值班员)设置后报告 LC。

(3)设置后的设备表现:进站闸机正常处理车票,出站闸机开启,不检票;单程票等回收类票卡不能再次使用,应通知站务人员人工收回。

4 日期免检模式

(1)设置时机:由于轨道交通的原因,导致车票超过日期使用期限,系统将设置为日期免检模式。

(2)设置方式:由 LC 直接设置后下发参数。

(3)设置后的设备表现:进出站闸机正常检票,只是不对车票的日期进行有效性检验。

5 时间免检模式

(1)设置时机:实行计程票价后,由于轨道交通的原因,造成乘客进站后在付费区内停留的时间超过系统设置的最大乘车时间。

(2)设置方式:由 LC 直接设置后下发参数。

(3)设置后的设备表现:进出站闸机正常检票,只是不对车票的时间进行有效性检验。

❻ 车费免检模式

(1)设置时机:实行计程票价后,由于轨道交通的原因,导致列车在站通过不停车,根据运营需求将相邻车站设置为车费免检模式。

(2)设置方式:由 LC 直接设置后下发参数。

(3)设置后的设备表现:相邻车站在该模式下,出站闸机正常检票,只是不对车票里程计费进行有效性检验。

❼ 紧急放行模式

设置紧急放行模式需按照如下要求:

(1)设置时机:发生地震、火灾、爆炸等危及乘客和工作人员安全的事件,需要紧急疏散乘客时。

(2)设置权限:当班助理行车值班(或行车值班员)无需请示,直接按压紧急按钮进行设定。设定后按照突发事件报告程序向值班站长、站区领导、客运营销科、LC、属地派出所报告。

(3)设置后的设备表现:TVM/AVM 机自动进入"暂停服务",BOM 机显示为"登录界面",所有闸机通道处于全开状态,顶棚向导标志处于禁入放行状态,乘客出站不检票。

(4)紧急放行模式的解除与确认:设置紧急放行模式的条件消除后,拔出紧急按钮,报告 LC 进行解除确认。

设置降级模式的条件消除后,需恢复正常运行模式应采取如下方式:

(1)通过 LC 设置将车站设置为"正常模式"。

(2)值班站长及以上人员下令,当班行车值班员(或综控员)在 SC 上设置"正常模式",然后报告 LC。

实训任务

[实训任务8-1] 半自动售票机故障的处理

1.2011 年 4 月 9 日(星期六)某市地铁 1 号线天府广场站票务服务中心(票务处)的所有半自动售票机 BOM 全部发生故障,该站应如何应对? 注:天府广场是该市的购物中心。

2.2011 年 5 月 1 日,某市地铁 1 号线人民北路站 B 出口的半自动售票机 BOM 发生故障,此时 D 出口的两台半自动售票机处于正常状态,该站应如何应对?(注:该站只有 B、D 两个出口)

要求:(1)每一学员能叙述处理流程;

(2)在实训场地将学员分组分岗位按处理流程来模拟现实情景的处理。

[实训任务 8-2] 自动售票机故障的处理

2010年10月22日某市地铁1号线世纪城站自动售票机TVM全部故障,该站应如何应对?注:2010年10月22日~26日在某市新会展中心(世纪城站)举行西博会。

要求:(1)每一同学能叙述处理流程;

(2)在实训场地将学生分组分岗位按处理流程来模拟现实情景的处理。

[实训任务 8-3] 全部售票机故障的处理

2011年3月20日某市地铁1号线锦江宾馆站全部售票类设备发生故障。该站应如何应对?注:2011年3月19日~22日在某市举行糖烟酒会。

要求:(1)每一同学能叙述处理流程;

(2)在实训场地将学生分组分岗位按处理流程来模拟现实情景的处理。

[实训任务 8-4] 部分进、出站闸机故障的处理

2011年3月8日某市地铁1号线天府广场站一出口处进、出站闸机发生故障,此时,该站应如何组织乘客?注:天府广场共有4个出口,其他3个出口进出站闸机处于正常状态。

要求:(1)每一学员能叙述处理流程;

(2)在实训场地将学员分组分岗位按处理流程来模拟现实情景的处理。

[实训任务 8-5] 全部进站闸机故障的处理

2010年10月1日某市地铁1号线世纪城站进站闸机全部故障,该站应如何应对?

要求:(1)每一学员能叙述处理流程;

(2)在实训场地将学员分组分岗位按处理流程来模拟现实情景的处理。

[实训任务 8-6] 全部出站闸机故障的处理

2011年3月22日某市地铁1号线火车北站站全部出站闸机发生故障。该站应如何应对?注:2011年3月19日~22日在该市举行全国糖烟酒展销会。

要求:(1)每一学员能叙述处理流程;

(2)在实训场地将学员分组分岗位按处理流程来模拟现实情景的处理。

复习与思考

1. 简述车站全部自动售票机TVM故障时的处理流程。
2. 简述车站部分半自动售票机BOM故障时的处理流程。
3. 简述车站全部出站闸机故障时的处理方法。
4. 简述在何种情况下需设置紧急放行模式,在紧急放行模式下,如何进行票务处理?

单元 9

票款清分结算管理

教学目标

1. 掌握票款清分结算的概念及其规则;
2. 明确票款清分对象与清分的收益方;
3. 掌握七种清分方案的清分方法。

建议学时

8 学时

教学导入

随着我国城市化建设步伐的加快,中心城市都在向周边辐射,城市轨道交通作为城市交通的重要交通工具在快速发展。随着城市轨道交通线路的增加,城市轨道交通网络化建设得到人们的重视。城市轨道交通网络就是指交通线路以交织成网的形式覆盖整个城市各个区域。用于最大限度地改善城市交通状况,方便人民群众。城市轨道交通自动售检票系统利用计算机管理购票、检票、计费、收费、统计的全部过程,能够减少票务管理人员,减少人为造成差错,加快售检票速度,提高城市轨道交通系统的运行效率和效益。

那么地铁工程建设系统规模的不断扩大,我国大多数城市轨道交通将逐步形成网状结构,出现多家运营企业同时运营的局面。从方便乘客、为乘客创造便捷的出行环境的角度出发,轨道交通内部将实现轨道交通专用票和城市公共交通"一卡通"的"一票换乘"。在"一票换乘"的前提下,各个运营企业之间票款如何清分、相应的轨道交通票款清分中心如何建立、单程票如何管理、下级 AFC 系统如何统一建设等一系列问题,都必须解决。

那么在城市轨道交通系统中解决"一票换乘"的票款清分的部门为城市轨道交通清算中心(AFC Clearing Center,简称 ACC)。清算中心作为 AFC 系统最上层的管理中心,在线网 AFC 系统中扮演着非常重要的角色,清算中心 ACC 是城市轨道交通线网 AFC 系统各线路各类数据汇总、处理的唯一中心,可完成 AFC 系统各种运营参数的统一协调管理,是 AFC 系统运行状态监控管理中心及系统各线路之间和对外统一的技术接口,具有 AFC 系统票务客服以及对外信息服务和管理等功能。

9.1 票款清分结算概述

随着城市轨道交通网络化运营的发展,对票务收益的清分日益成为运营主体的关注焦点。上海、广州、北京等城市已建立了清分中心,其他如南京、杭州、重庆等城市也正在建设中。清分中心的主要职责是依据城市轨道交通网络中各运营主体的运营贡献进行运营收益分配。

客流量是衡量运营贡献大小的主要依据。影响客流量的因素有很多,包括车站数量、线路里程、站间行车时间、服务质量、换乘站个数、票价政策、便捷程度等。按照不同的计算方式和原则，所得出的各运营主体的贡献大小也不尽相同。因此，城市轨道交通运营收益清分的关键在于制定相对合理的清分规则。

一 清分

清分也叫清算，指清算中心 ACC 按照一定的清分规则将合法交易数据对应的资金进行清分，并将清分的结果详细列示出来。

票务清分是指把服务接受者上缴的全部收益，按照各服务提供者的贡献进行有效的利益分配，实质上是依据一定原则计算并分配轨道线网中各运营实体的经济贡献，关键是制定相对合理的清分原则。

清分模型由清分主体、清分原则、清分比例三大要素组成。

（1）清分主体：为收益分配的主体。常见的清分主体有运营主体、线路主体、区域主体和发卡主体四类。目前国内的主流是按线路进行清分，然后按线路所属运营企业进行清算。

（2）清分原则：为路径选择原则。即如何确定乘客选择的乘车路径。常见的清分原则有路径最短原则、时间最少原则、换乘最少原则等。

（3）清分比例：为各清分主体的收益分配比例。当按清分原则确定乘车路径后，就需量化路径中各清分主体所提供的运营服务质量，然后根据"多劳多得"原则进行收益分配。

二 结算与清分规则

结算是指清算中心 ACC 按照清算结果将资金划拨给相应的收益方账户，完成资金的实际交收。

清分规则是指交易金额、费用如何在不同的利益主体之间进行分配的原则，是清算中心 ACC 进行交易清分的依据。

包括城市轨道交通系统与市政交通一卡通系统的清算对账和城市轨道交通各线路的清分对账。清算分账由城市轨道交通清算管理中心完成，其中与一卡通对账由清算管理中心和一卡通总中心完成，与各线路对账由清算管理中心和各线路中心或线路集中控制中心完成，并生成相应的对账报告。

三 影响清分因素和原则

1 影响清分的因素

影响清分的因素主要可以分为四类，即乘客本身的因素、乘客出行特征因素、城市轨道交通网络因素以及运营企业管理因素。

(1) 乘客本身的因素

包括:年龄、职业、收入水平。

年龄:通常年龄较大的乘客由于身体原因,在路径的选择过程中,更希望选择乘次数少且乘坐方便舒适的路径。

职业:职业因素对乘客路径选择具有一定影响,一般情况下,离退休人员更希望选择换乘次数少,且方便舒适的出行路径,这与年龄因素的影响是一致的。另外,学生和工薪阶层更倾向于选择出行时间最少的路径。

收入水平:通常随着收入水平的提高,乘客对于方便、舒适和安全等方面的要求更高,因此,对于收入较高的乘客来说,在其路径选择中,更希望选择换乘次数少且方便舒适的路径。

(2) 乘客出行特征因素

包括:出行距离、出行目的、出行时段。

出行距离:出行距离是指乘客一次城市轨道交通的出行距离。通常,不同的出行距离对乘客选择路径具有一定影响。例如对于长距离的出行,乘客一般希望能够通过换乘来节省总的出行时间;而对于短距离出行来说,乘客一般都不希望换乘。

出行目的:不同的出行目的,乘客对路径选择也是不同的,例如以探亲访友为目的的乘客一般不会太在意出行时间的长短,而更在意出行过程中的方便舒适等因素;而上班或公务的出行则对时间比较敏感,此类出行更希望能够通过换乘来节省总的出行时间。

出行时段:在城市轨道交通系统中,出行时间是影响乘客出行路径选择的最主要因素。出行时间是乘客从出发地至目的地所需的全部时间,包括区间运行时间、中间站停站时间、换乘步行时间、换乘候车时间等。当乘客从出发地至目的地有多条路线可供选择时,通常情况下,出行时间越短的路线被选择的概率越大。一般来说,出行时间与里程是正相关的。但在实际路网中,可能会存在这种情况:两条出行路径中,里程较短的路径旅行时间较长;里程较长的路径旅行时间较短。

(3) 城市轨道交通网络因素

包括:路网结构、换乘方便性、运营模式、运营时间、出行时间。

路网结构:随着城市轨道交通网络化的形成,线路之间相互交叉衔接,使得路网的连通度大大提高,为乘客在两站之间出行提供了更多的路径选择。这就要求在确定清分规则的时候充分考虑乘客出行路径选择多样性的特点,采用切实有效、接近实际的清分方法,以确保运费在作出经济贡献的各运营主体之间进行合理分配。

换乘方便性:当乘客有多条路径可供选择且各条路径的旅行时间相差不大时,换乘方便性会对乘客的路径选择产生一定的影响,进而影响运费的清分。换乘方便性主要包括换乘次数和换乘时间两个方面。对于换乘次数来说,在各条路径的旅行时间相差不大的情况下,换乘次数越少的路径被选择的概率越大。乘客会在路径的旅行时间和换乘次数之间权衡考虑。换乘时间则包含换乘步行时间和换乘候车时间两部分。在旅行时间相近的多条路径中,乘客倾向于选择换乘时间较少的路径。

运营模式:指线路的共线运营的模式,如北京地铁1号线和八通线共线运营的四惠站到四惠东站,以及上海地铁3号线和4号线的宝山路站到虹桥路站。共线部分的车站都是换乘车站,这对于清分的影响是应该重点考虑的。

运营时间:运营时间作为清分影响因素主要是由于线路或换乘站提供的运营服务时间存在差异而引起的。当某OD对之间存在多条乘客的可选路径时,每条路径的运营时间可能不一致。因此,根据各条路径的运营时间,可以得到一天当中的不同时段由不同路径参与该OD的运费清分。

出行时间:出行时间是指乘客从轨道交通起始点至轨道交通出行终点所需的全部时间,包括乘车时间、换乘时间等。当乘客从出发地至目的地有多条路径可供选择时,一般来说,出行时间越短的路线被选择的几率越大。一般来说,出行时间与里程是正相关的。但在实际路网中,可能会存在这种情况:两条出行路径中,里程较短的路径出行时间较长;里程较长的路径出行时间较短。

(4)运营企业管理因素

包括:票价、安全性、方便舒适性、正点率。

票价:一般情况下,乘客会选择票价较低的路径。在本项目中,由于OD点之间的票价是确定性,所以票价的影响可以忽略。

安全性:安全性是指运营企业保证乘客使用其轨道交通线路的安全程度。

方便舒适性:方便性和舒适性参数是指乘客在使用轨道交通时能享受的一些舒适功能。基本内容包括:是否拥挤、环境是否适宜、是否有空调、车内坐椅的舒适程度、站内设施的布局合理程度等。

正点率:正点率是指运营企业在运输组织时,提供给乘客出行的客运产品,即运行列车的准时程度。高的正点率会节省乘客的时间,满足乘客出行对于时间的需求。

❷ 影响清分的原则

结合城市轨道交通清分管理中心的基于一家运营企业的"统一收费、按比例分成"的思路,主要的清分原则为:

①与票价政策相关,满足票价政策调整要求。

②清分方法应以影响清分的路网结构因素为主,结合乘客社会经济因素、出行特征和运营企业管理因素。

③按照全路网中独立的经营核算实体清分,利益分配应与其经济贡献合理的匹配。

9.2 清分对象与清分受益方

一 清分的对象

票务清分系统模型构建中,最重要的是明确收益的清分对象,即为清分主体、运营主体、线路主体、区域主体、发卡主体五个主体。一般而言,清分主体即为城市轨道交通网的清算中心 ACC,运营主体为城市轨道交通运营企业,线路主体为线路的所有权拥有者,区域主体为线路组成的区域即为路网中某组成部分的所有权者,发卡主体即为发行储值票或轨道交通专用票卡的票卡发行商。相关资源见二维码55。

二 清分的受益方

城市轨道交通系统中参与清算的收益主体包括票卡发行商、售票代理商、运营企业、清算商。

二维码55

(1)票卡发行商承担城市轨道交通系统中使用的票卡的发行和管理,具有票卡所有权。票卡的销售和充值资金划入指定账户,由票卡发行商统一管理。

票卡发行商包括发行"公共交通一卡通"IC 卡的一卡通中心和发行城市轨道交通专用票卡的 ACC。

(2)售票代理商是城市轨道交通网提供售票、售卡、充值和票卡处理服务的。对于城市轨道交通网内的售票代理商应该是属于运营企业的各售票点。

(3)运营企业是城市轨道交通网内提供运营服务的,收取运费作为其提供服务的收益。如北京城市轨道交通网内运营企业包括北京地铁运营公司和北京京港地铁公司两家。

(4)清算商是为城市轨道交通网内各收益方主体进行清分清算服务的,以收取清算费作为提供清算服务的收益。城市轨道交通网内的清算商是 ACC。对于整个城市市政交通系统还应包括一卡通中心。

一定时期内,城市轨道交通网内的全部收入是通过各种票卡的销售和充值来形成。收入的组成可用公式表示:

$$A = B + C + D + E$$

式中：A——城市轨道交通网内全部收入；

B——售票代理费；

C——清算费；

D——运营企业的运费；

E——票卡发行商的票卡收益。

运费是以全部收入减去售票代理费、清算费之后剩余部分为基数，以乘客实际的消费额按规则清分的。

票卡收益应是管理票卡销售、充值资金（包括票卡押金）所得收益的全部或一部分，可协议约定或政府指定。

9.3 清分方案

城市轨道交通运营收益，是根据清分规则来计算各个收益方的收入，根据收集的城市轨道交通自动售检票系统单程票和"一卡通"所产生的交易和审计数据进行数据清分、对账和结算，进行线路之间的票款清分和数据挖掘，辅助各个业务部门进行分析决策。城市轨道交通主要收益来源形式是单程票得收益和"一卡通"的收益，两者的处理办法如下，相关资源见二维码56。

（1）单程票运营收益

清分系统根据当日单程票所有出站扣款记录上的进出站信息，按城市轨道交通路网的统一清分标准计算各个收益方的运营收入。如果单程票信息收益不全而不能进行清分的可疑消费收益，直接进入待清分的账户。常遇到的信息收益不全的情况有单程票发售收入和出站扣款不一致，存在差异，或者单程票本身存在可疑的交易。全路网单程票收益计算如下：

二维码56

$$全路网单程票收益 = 单程票发售收入 + 单程票各类更新收入$$

（2）"一卡通"运营收益

清分系统根据当日"一卡通"所有出站扣款记录上的进出站信息，按城市轨道交通路网的统一清分标准计算各个收益方的运营收入，并且如果有手续费同样要进行清分。如果"一卡通"信息收益不全而不能进行清分的可疑消费收益，直接进入待清分账户（注："一卡通"

待清分账户中的收益没有扣手续费)。如果是不涉及换乘站点的同站进出的运营收益统一计入本站所属收益方,如果是换乘站则按比例将收益划分给该站的所属各收益方。

一 换乘的方式与票务清分

随着城市的发展,城市轨道交通的线路交错逐渐形成路网状,乘客在出行时乘坐地铁所选择的路径相对丰富一些。如果乘客由一车站换乘至另一车站所经过的路径是唯一确定的话,则每段运营线路的收益将是明确的。如果乘客根据自身需求,包括对时间、走行距离、车厢舒适度、是否拥挤等因素,会自主选择不同的路径换乘,综合起来乘客所选择的路径就不唯一。乘客进出站路线图如图9-1所示。

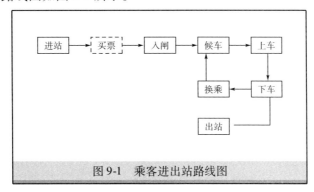

图9-1 乘客进出站路线图

1 换乘的方式

在城市轨道交通线路之间发生换乘时,根据是否有进、出检票的过程,换乘方式有无标记换乘和有标记换乘两种形式。

(1)无标记换乘

无标记换乘模式也叫做无缝换乘模式、一票换乘或多线路联乘。乘客只需在起点站根据目的地购买一张车票后,凭允许进站的单程票或储值票进站,经由不同运营企业经营的线路时,在付费区换乘不再刷卡,便可以直接连续地在不同线路上乘车,此种换乘方式成为无标记换乘。如果乘客在换乘车站无需经历一次进出检票过程,在乘客出站时系统无从知晓乘客的乘车路径,乘客有多条路径可以选择。由于不同的线路可能分属于不同的运营主体,所以运费收入归属不同的路径就会涉及不同运营主体的利益。

无标记换乘的一个显著特点是乘车路径的多样化。目前,上海市采用的运费清分方法是基于乘客路径选择的最短路径清分方法。

(2)有标记换乘

采用出付费区换乘方法,乘客需要多次购票,即乘客在换乘车站(或通过换乘通道)需经历一次进出检票过程,增加了乘客的不便,降低了整个轨道交通系统的吸引力。这种有障碍换乘模式,可以通过辅助手段准确记录乘客的乘车路径,整个乘车路径中所涉及的换乘站点被准确记录下来，不同的运营线路之间独立收费，因此在这些城市的轨道交通中并不涉及清分问题。

如东京地铁的换乘模式就多种多样。东京的地铁由两家公司负责经营、维护和技术管理，分别为营团地铁和都营地铁，形成了帝都高速交通营团(TRTA)。地铁开拓了多种融资渠道，资本金由日本政府和东京都政府分摊，运营补助金50%以上来自地方公共团体，贷款来自于政府的公共基金、运输设备整备事业团的无息贷款以及民间借入金和交通债券等。东京地铁运营模式见表9-1。

东京地铁运营模式 表9-1

项　目	公　私　合　营　模　式
线路所有权	政府、地方公共团体
线路经营权	政府、地方公共团体
范例	东京
特点	①多方投资共同修建地铁（政府投资、商业贷款民间投资、交通债券等）； ②政府控制运营集团高层人员的任免； ③成立多方参与的运营管理委员会

东京地铁的换乘模式分为以下三种：

①单程票直接到达目的地。乘客在进站时检票乘车，到达换乘站通过换乘通道至另外的线路乘车，到达目的地出站并有出站检票机回收车票。

②单程票只到换乘站。乘客在进站时检票乘车，到达换乘站要再次购买到达目的地车票，再次进站到达目的地出站并有出站检票机回收车票。

③单程票到达换乘站但须重新检票。乘客在进站时检票乘车，到达换乘站要通过专用闸机检票并取回单程票出站，并凭借此票换乘另一条线路进站检票乘车，到达目的地出站并有出站检票机回收车票。

❷ 换乘的票务清分

换乘票务清分的目的就是依据清分规则，对票务收入进行及时、公平的清分，使各运营公司能够及时将运营收入入账，同时可提高各收益主体的资金效益。通过清分，可以充分、客观地反映城市轨道交通路网的客流情况，特别是各线路、各车站、各断面和各方向路径的客流情况。

根据不同的换乘方式，清分算法也不同。

（1）无标记换乘的清分

在路网中，乘客从进站到达出站，经过的路径和运营线路有多种选择。由于路径的不确定性，清分时可以采用路径算法、数理统计算法或模糊算法，确定各运营线路的票款收益。

（2）有标记换乘的清分

乘客在换乘时记录了乘客的进站交易数据、出站交易数据、路径数据，在自动售检票系统中可以获得换乘交易的一条完整的路径数据,根据路径数据,清分系统能够精确地清分各运营线路的收益,但在换乘站必须在车票上留有换乘标志信息,并经车站计算机上传给有关系统集中处理。

由于网络化运营的条件下,线路的归属权可能不同,所以针对客流分配之后的运距分配也会有所不同。在进行换乘时根据车站OD路径上的运营模式,会遇到以下几种模式:

①单路径单运营主体:OD之间只有一条合理的路径,并且该路径只涉及一个运营主体。
②单路径多运营主体:OD之间只有一条合理的路径,并且该路径涉及多家运营主体。
③多路径单运营主体:OD之间有多条合理的路径,并且各条路径只涉及一个运营主体。
④多路径多运营主体:OD之间有多条合理的路径,并且其中有的路径涉及多家运营主体。

二 路网模型描述

城市轨道交通各个车站可看作一个节点,在每条线路上的两个相邻车站之间由列车运行通道连接,这段车站间的通道称为路段,为路径组成的最小单位。若干车站和路段构成一条城市轨道交通线路。若干条城市轨道交通线路构成了整个城市轨道交通路网。

1 城市轨道交通路网的数学图形描述

(1)节点(node):普通车站或换乘车站(两线换乘生成两个虚拟节点)。

(2)有向边(arc):两个相邻车站即节点之间有方向的连接弧(即两个相邻车站之间分上下行的区段)。

(3)边权值:是路段某个或某些特征属性的量化表示。根据不同的最优目标,可以选择不同的路段属性,属性我们一般用"阻抗"来表示,如路段长度、路段费用、路段通过设计等作为该路段对应弧的权值或称为路段的权重。换乘站内部的边权值用它的节点阻抗来确定,而对于普通车站之间或者普通车站与换乘站之间的边权值用它们之间的路段阻抗加上第一个节点的节点阻抗来确定。

在规定了节点、有向边及边权值之后,便将整个城市轨道交通路网转化为一个带权值的有向图,从而把确定路网上的乘客出行路径选择转换为几何图论中的 K 条短路径搜索。但是路径搜索要注意一个问题:如果起始站是换乘车站,那么同一个换乘站对应的若干车站到任意车站的 K 条渐短路径的数目和其对应的阻抗应该完全相同。

根据不同的最优目标,可以定义相应的路段权重,反映到图上,就是各条有向边的权。权值是寻径的重要依据,一般有以下几种选取方法:

(1)将出行距离最短作为最优目标,选取路段长度作为路段权重。
(2)将出行时间最短作为最优目标,选取换乘次数或车辆班次的间隔时间作为路段权重。
(3)将出行费用最小作为最优目标,选取该路段上的乘车费用作为路段权重。

对乘客来说，一般关心的核心问题基本上为两站之间是否能够到达，如果到达哪条线路路程最快或者换乘次数最少，哪条线路的车体乘坐起来比较舒服而且车辆发车间隔较小，哪条线路的票价更便宜，有折扣优惠。

② 路网模型描述的名词和概念

为了便于解释路网换乘清分的解决方法，需要明确以下几个名词和概念：

(1) 线路：道路客运线路是指城市轨道交通车辆的运行路线。它以唯一始发点、经过点、唯一终点为路线界限。

(2) 路径：从站点 A 出发，到达站点 B 的路线，因为轨道交通的网状拓扑中，存在 A 站到 B 站的多条路径。

(3) 路段：两个相邻车站之间由通道连接，这段通道称为路段，为路径组成的最小单位。对于跨越多条线路的换乘路径，是以实际换乘点为断点的线段组成，而每条线段属于且仅属于一条线路，此线段即为路段。

(4) 换乘次数：遍历路网拓扑时经过换乘点且发生实际换乘的最大换乘次数。

(5) 路网状况信息，包括：站与站之间的距离；换乘站的位置；车次间隔时间；换乘站的换乘步行时间；车站客流量。

(6) 乘客对各因素考虑的权重，包括：乘车时间；换乘步行时间；车厢舒适度；由车次间隔时间引起的候车时间等。

三 人为比例分配方法

人为比例分配方法是一个整体行为，对于任意两个站点之间的某一笔换乘交易不单独考虑清分。即把整个城市轨道交通路网作为一个整体来考虑，通过对整个网络中每条线路的里程数、走向、客流量和服务质量等进行综合评估后，由人为规定每条线路在整个城市轨道交通路网中的关于所有跨线换乘票务收益的清分系数。当运营结束后，清分系统将对所有换乘总票款按各线路既定的清分系统数进行清分。

在实际应用比例分配算法进行清分时，票款总额可从不同覆盖范围来进行计算，分别为：

(1) 路网：整个城市轨道交通网络。

(2) 区域：某些关联度较高的几条城市轨道交通线路组成的区域。

(3) 运营线路。

四 最短路径法

在假定 OD（出发—到达）站之间的乘客全部选择最短路径的基础上，将运费收益分配给最短路径上作出贡献的运营主体（具体方法与以下多路径选择概率法所用运费分摊方法相同)。该方法比较简单,在路网规模不大、结构简单、清分精度要求不高的条件下,可以作为确定运费清分比例的可行方案;但是它的不足之处是根据时间要素进行路径选择分析,忽略了影响乘客出行路径选择的其他主、客观因素,而且某一 OD 对只选用唯一的路径进行清分计算,不能体现乘客选择的多样性特点,故难以真实地反映实际情况。

如果通过在路网中找出从 A 车站到 B 车站的一条确定的最短路径,然后按照各运营线路在此最短路径中所占的比例,对每笔换乘交易的票款收益进行清分,即称为最短路径方法。

通常采用经典的 Dijkstra 算法,按路网中车站间路径长度递增的次序产生出最短路径,把最短路径中相关线路段所占的比例作为清分规则,并对换乘交易进行清分。

常用的最短路径清分方法如下:

假设:从站 A 换乘至站点 B 的最短路径为 Q,对应通路为 $<q_1,q_2,\cdots,q_n>$,n 为该笔换乘交易乘载的线路,q_1 = 站点 A,q_n = 站点 B,其他为换乘站。

令 $L_{i,j} = \sum_{k=i}^{j-1} w(q_k, q_{k+1})$ 为站点 i 至站点 j 的里程数,$w(q_k, q_{k+1})$ 为站点 q_k 到站点 q_{k+1} 的实际里程数。

注:这里的里程数可将每次换乘步行时间以及平均等车时间按地铁平均旅行速度折算成相应虚拟里程,因为需要步行的关系,增加一个随着运营状况变化而随时调整的系数。以折算后的虚拟里程对路径进行排序。

则各相关线路(段)对应从站点 A 换乘至站点 B 的票款 F,可以按下述计算公式分得票款 f_i:

$$f_i = F \times (L_{i,i+1}/L_{1,n}) \quad (其中 i = 1,\cdots,n)$$

按最短路径确定的清分规则,只需将任意两个可换乘互达的站点,分别算出其最短路径的通路即可,因此,实施起来较为简单。

结合上述内容,最短路径法(考虑总的旅行时间最短),主要有以下几个特征:

(1)根据存储的路网基本信息数据,自动建立全路网的网络模型。
(2)根据路网模型按里程最短路径算法,计算出任意站点间的最短路径。
(3)根据最短路径计算出站点间的换乘信息。
(4)根据最短路径分析出站点间的换乘信息。
(5)根据最短路径计算各站点间的票价。

最短路径法的主要不足之处在于,如果城市轨道交通实行多线路的路网模式中,只考虑最短路径法进行计算、清分、结算时,有可能不能完全反应实际乘客乘坐的线路的情况。乘客在选择线路时需要考虑旅行时间、换乘距离、舒适度、旅途过程是否拥挤等诸多因素。而且它只提供了一种路径用于客流统计,对于复杂的路网情况不符合,甚至造成换乘收益清分不公的现象。

乘客在选择乘坐线路的时候会考虑的因素如图 9-2 所示。

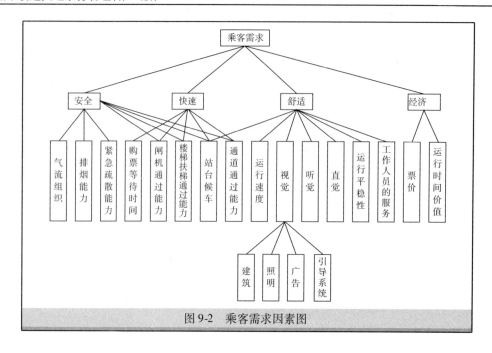

图 9-2 乘客需求因素图

五 多路径影响法

最短路径算法忽略实际运营中列车或车站拥挤程度、乘客的个人偏好对乘客选择换乘线路的影响,最短路径和一些不是最短的路径都可能被采用,只是它们被采用的概率不同,导致清分结算方式和真实的结果不符合。使用合理路径原则寻径将会得到多条两站点间路径,由于这些路径都可能被乘坐,所以与这些路径有关的路段都需要考虑按一定比例参与收益的分成。在其基础上城市轨道交通路网的寻径方案一般应将最短路径与合理路径结合起来考虑,其中,票价的费率制定采用最短路径进行寻径,而票款收益拆分则使用合理路径进行寻径。

多路径影响法方法考虑了乘客出行路径的多样性,确定 N 条乘客可能选择的理性路径,根据一定的方法确定每条路径的客流分配比例,进而结合各线路承担的运输里程计算出清分比例。进而结合各线路承担的运输里程计算出清分比例。该方法更切合实际地反映了乘客的出行情况,能充分兼顾路网运营中作出贡献的运营主体利益,体现了更加科学、准确、客观、公平地分配运费收益的原则。

该算法将换乘站步行时间以及平均等车时间折合成虚拟里程,以虚拟里程作为优选路径排序依据,取排序靠前的优选路径,实际应用时,多路径影响分配算法一般将参加分配选择的路径数量限定为 $1 < M \leqslant 4$。综合主要因素进行加权,产生最终清分比例表。

多路径影响法是指对于从车站 A 到车站 B 的每条可能得路径都确定一个选乘概率,在确定参加选择路径的最多数量后,认定的选择路径是确定路径长短排序后参加分配的路径数量,结合选乘概率后确定的。这样,某路径上的收益方应得的某笔票款的清分收入份额,就应该是其在所有可能路径中的所有允许参加分配的路径与被选乘的概率乘积之和除票款得到。

多路径影响法简述如下:

假设:从站点 A 换乘至站点 B 的 M 条(选定的)换乘路径为 Q^j,对应通路为 $<q_{j1}^j,\cdots,q_{jn}^j>$,$j=1,\cdots,N$。其中 N 为选定的路径数、j_n 为最大线路数且为每笔换乘交易对应换乘通路中被乘载的线路数,对未涉及被换乘的线路,在通路中的某个 $q_{ji}^j=0$,$q_{j1}^j=$ 站点 A、$q_{jn}^j=$ 站点 B、其他为换乘站。

设在多条最佳路径确定的清分规则中,从站点 A 换乘至站点 B 的票款 F 共有 j_n 条线路段可以分得,第 i 条线路分配的票款得益为 f_i。

令 $L_{i,p}=\sum_{j=1}^{N}\sum_{k=i}^{p-1}w(q_{ji}^j,q_{jk+1}^j)$ 为站点 i 至站点 p 的 N 条路径的里程数之和。

注:这里的里程数可将每次换乘步行时间以及平均等车时间按地铁平均旅行速度折算成相应虚拟里程,因为需要步行的关系,增加一个随着运营状况变化而随时调整的系数。以折算后的虚拟里程对路径进行排序。

则各相关线路(段)对应从站点 A 换乘至站点 B 的票款 F,可以按下述计算公式分得票款 f_i:

$$f_i = F \times (L_{i,i+1}/L_{j_1,j_n}) \quad (\text{其中 } i=1,\cdots,j_n)$$

因为对每对可换乘互达站点可以预先算得相关的所有 $L_{i,p}$,因此,多路径影响法可以清分换乘票款,但很难清分换乘交易,因此对统计线路的换乘运载量存有很大的困难。

结合上述内容,多路径算法路径的选择是一个决策过程,影响决策的因素主要有以下几个:

(1)旅行时间:路径平均旅行时间要考虑换乘与平均等车时间。
(2)步行时间:路径换乘步行总时间。
(3)起点站:换乘站点(进站)为起点站的乘坐时间总和。
(4)拥挤度:路径中拥挤段乘坐时间的加权总和。

多路径影响法从多条路径的角度出发,计算任意站点间运营里程最短的前面优化的几条路径(一般取前 4~5 条),通过对里程的修正对路径排序,选出前 3 条路径进行加权计算。在此每条线路的所使用的概率通过不断修正来调整,通过长期的数据分析、现场调查对加权因子验证和修正,逐步逼近实际的清分比例。

六 最短时间法

对于城市轨道交通来说,由于车站之间的里程是确定的,因此一般的概念总是用最短里程来搜索路径。但是对于大部分乘客来说,乘客出行对于距离的概念是比较模糊的,而旅程花费的时间却是每个乘客非常关注的,因而不能够将运送距离作为主体考虑的因素,我们还要引入"时距"的概念。而且乘客选用轨道交通和选择乘坐路径的出发点多数是为了节省时间,因此可以"最短时间"来确定路径。我们采用旅程时间作为边和路径的权值,用"最短时间法"来确定大部分乘客愿意选择的路径。

简化和忽略一些固定的时间,考虑一些主要因素,得到一对车站之间可能的路径所花费的平均时间。那么路段阻抗设为 $A_{i,j}$,等于列车在该区间的 T_{min} 运行时间 $t_{i,j}$。节点阻抗可分为以下两种情况:

第一种,乘客在车站不下车,此时节点阻抗值 B_k 等于列车停站时间即站台等待时间 T_3 可表示为:

$$B_k = T_3$$

第二种,乘客在换乘站换乘,此时节点阻抗值 $B_{k换乘}$ 等于该站的换乘时间 T_2 乘以换乘放大系数 α 可表示为:

$$B_{k换乘} = T_2 \cdot \alpha$$

换乘总时间 T 可表示为:

$$总时间(T) = 乘坐列车时间(T_1) + 换乘时间(T_2) + 站台等待时间(T_3)$$

换乘走行时间通过实测直接获取,候车时间一般取换乘列车发车间隔时间的 1/2。其中,T_1 和里程、列车平均速度直接有关,T_2 则和换乘次数、换乘步行时间和换乘列车等待时间有关,T_3 和起点站列车间隔时间有关。

根据乘客选择线路时关心的问题,我们进行有效路径集合的筛选要考虑以下两点:

(1) 运营时间主要是通过综合考虑乘客起始站和换乘站的首末班车时间来确定的。在某一个时间段内,如果 K 条可选渐短路径集合中的某条路径在运营时间之外,则该路径不作为有效路径参与客流的分配。路径的运营时间以通过该路径起点站的有效运营时间表示。起点站的有效运营时间为起点车站的首末班时间和该路径中各首末班时间反推起点时间的交集。

(2) 综合出行阻抗函数值的容许区域判断。由于一对 OD 车站的可行路径较多,在搜索出的两站之间的 K 条可选的渐短路径集合中,如果次短路径或者次次短路径的综合阻抗值较最短路径的综合阻抗值超过某一个阈值(设该值为 T_{max})时,则认为该次短路径是不合理路径。该阈值可以采用相对值和绝对值综合确定,表示为:

$$T_{max} = \min\{T_{min}(1+m), T_{min}+U\}$$

式中:T_{max}——有效路径的综合出行阻抗值的上界;

T_{min}——有效路径的综合出行阻抗值的下界;

m——比例系数;

U——常量。

为了使权值的确定更加客观、合理,并且在计算方面又比较简单,对上述参数加以简化。假定 T_1 和里程成正比,即不考虑列车的启动和制动时间,以及站间距离对列车速度的影响。若不考虑换乘通道长度的影响,T_2 则和换乘次数成正比。T_3 一般可以选作列车间隔时间的 1/2,数值较小,对总时间的影响不大,而且由于列车间隔时间由运行方控制,可能根据客流的变化而不断变化,因此舍去 T_3。到任一条路径 L_j 的权值为:

$$T_j = aM_j + bC_j$$

式中:T_j——路径 L_j 的权值;

M_j——边 L_j 得里程(km);

C_j——L_j 的换乘次数;

a、b——参量,a 可以取列车的平均速度的倒数,例如 $40km \cdot h^{-1}$,换算成 $1.5min \cdot km^{-1}$;b 为每次换乘所花的平均时间,例如 $8min$。

该权值公式同样可用于计算相邻车站构成路径图形边得权值。对于 2 个临街车站之间的边,C_j 等于 0,M_j 等于车站间的里程;对于一次换乘,则 M_j 等于 0,C_j 等于 1。该权值的可操作性是明显的,每一条边和每一条路径的权值计算都是确定的、非常简单的。

具体清分的基本理念归结与根据乘客选择路径的概率计算路径分配比例。

假定乘客在 LABe 中选择路径 L_i 的概率为 $p_i(i=1,\cdots,k)$,则用 p_i 作为路径 L_i 的分配比例是最合理的。显然 p_i 是路径权值 T_i 的函数。不失一般性,设 $0 < T_1 \leq T_2 \leq \cdots \leq T_k \leq DABcut$,即路径按权值递增排序。

知识链接

考察分配概率比例 p_i,它有如下特性:

(1) $\sum_{j=1}^{k} p_i = 1$,即一对车站之间全部有效路径的比例之和等于 1。

(2) 若 $T_i = T_j$,则 $p_i = p_j$,即权值相等的路径被选择的概率也相等。

(3) $1 \geq p_1 \geq p_2 \geq \cdots \geq p_k \geq 0$,即权值越大的路径被选择的概率越小,其中最小权值路径的被选择概率最大。

(4) 若 T_j 非常接近 T_1,则 p_j 应该很接近 p_1,即当权值在 T_1 附近时,p_j 的下降速率很小。实际上,乘客对乘坐时间在 T_1 附近变化不太敏感。

(5) 随着权值的增加,p_j 的递减速率将迅速增加,即路径被选择的概率将迅速减少。实际上,乘客对乘坐时间较大的延长会比较敏感。

概率计算中常用到的正态分布函数能够很好地满足上述要求。其函数公式如下:

$$p(x) = \frac{1}{\sigma\sqrt{2\pi}} e^{-\frac{(x-a)^2}{2\sigma^2}}$$

其中,自变量 x(随即变量)取为 T_j/T_1;a 为得到概率最大期望值的 x 值,这里是 1;e 是自然对数的底,约等于 2.718;σ 是一个常量,它的值将决定正态曲线的陡峭程度。由于不可能由权值 T_j 小于最小值 T_1 的路径,因此只需要取正态分布曲线 $x \geq a$ 的正半部分。

使用此方法计算实际收益比例,确定各有效路径承担某一 OD 客流的比例后,根据各运营主体承担每条路径的运输里程以及客流在各路径中的分配比例,计算出相关运营收益方的清分比例。

单路径单运营主体:OD 间的收益所得全部分配给该运营主体。

单路径多运营主体:OD 运费所得应根据各运营主体的运距比例分配。

多路径单运营主体:OD 的运费只要根据客流在各路径的分配比例分摊给各条路径运营主体。

多路径多运营主体:该 OD 的运费。首先,在多条可选路径之间分配;然后根据每条路径所涉及的各运营主体的运距比例,分配该路径的运费。

该模式的优点是:将乘客在换乘站的换乘时间合理地折算为列车区间运行时分;乘客出行路径阻抗是考察渐短路径偏离最短路径的程度,不是简单的相差比较。

该模式的缺点是:清分模型参数标定的不确定性,需要对实际 OD 旅行时间进行统计分析来标定相关的参数。

七 多因素修订综合优选多路径法

乘客在出行时根据自身需求,综合线路的运营里程、发车间隔、舒适性、拥挤度、换乘走行距离、换乘花费时间等因素综合,考虑选择路网中哪条路径为出行最后路径。通过长期的统计、调查和分析,能够得出乘客选乘路径的概率结构,长期的数据能显示出每条路径的乘坐情况。那么多因素修订综合优选多路径法就是在多路径算法基础上的,以乘客出行选择因素作为修订依据,根据线路被选乘的概率进行清分结算的。由于乘客是否选择某条换乘路径在现实中具有统计意义,因此,这一概率能够通过人为修正权重来不断满足实际的运营情况。

在操作过程中,首先列举出各种影响乘客选择路径的因素,通过不断地统计、模拟抽样调查、分析及修正各线路的权重因子,并把所有可供乘客选择的路径都考虑在内,由各受益方共同决策计算出每条可供选择路径的被选择概率值,根据路径及比率计算出各相关路段客流和票款的清分比例。

小贴士

多因素修订综合优选多路径法的计算方法

首先考虑路网中任意链路上权重的确定:

路网 G 中任意一条运营线路的发车密度为 $p_i(i \in [1,m])$(单位:min/班),m 为路网中不同运营线路的个数。那么可知,在某条运营线路 i 上的任意两个站点乘车时,乘车的时间最长为 $2 \times p_i$。

如果线路 i 上节点 A 与节点 B 之间有 n 个站点,那么由发车密度的定义可知在站点 A、B 之间乘车最长的时间将为 $(n+1) \times p_i + p_i$,以此作为 A、B 之间的时间权重,确定整个路网链路权重。

由此,通过类似上述寻路方式确定任意两个异线站点之间,换乘时间最少的 K 条换乘路径。

如果假设乘客在任意换乘站点之间的换乘时间平均为 T,那么对于有 C 个换乘站点的换乘路径来说,其整个换乘时间还需加上 $C \times T$。由于乘客在乘车过程中,为了换乘次数少而选择的线路。因此,在K条最佳换乘路径中通过$C \times T$时间的修正我们可以得出时间要求最短的换乘路径。

综上可知,在相同运营里程情况下,发车密度越小贡献率越大,而在发车密度相同的情况下,里程越长贡献率越大,因此,以$w_i = l_i \times 1/p_i$为权重去衡量各个不同运营线路在某一条换乘线路中的贡献率,并按照$\dfrac{w_i}{\sum w_i}$计算相应的清分比例。

此种方法考虑了各种影响乘客换乘选择的因素,对实际运营过程中的换乘情况作出了较为贴近的拟合。其中最核心的工作即为确定线路的选乘概率因子,那么在目前城市轨道交通系统接收大量乘客的状况下,如果做到非常精确地计算概率因子是不可能的,我们只能尽量扩大样本的范围和数量,使得清分误差能控制在很小的范围内,而并非对每个乘客的每一次乘坐都能够进行精确清分。

那么对于城市轨道交通路网发生变化,如新增线路、车站功能变化(从非换乘站变为换乘站)时,均表示路网拓扑结构的改变。可以重新调用清分模型计算模块,重新生成新拓扑结构下的清分规则表。

 实训任务

[实训任务9-1]　最短路径法计算清分和结算

在实际情况中,应用最短路径法计算清分和结算。如图9-3所示:

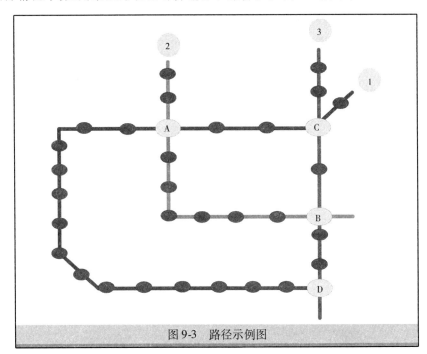

图9-3　路径示例图

(1) 红色线路为1号线、绿色线路为2号线、蓝色线路为3号线。

(2) 从A站到B站有三条路径可以选择,ACB=6元;AB=5元;ADB=4元。

(3) AC=10min;CB=5min;AB=15min;AD=30min;DB=5min;换乘需要5min。

若采用路径最短原则,应选择哪条路径?在时间最短原则,换乘次数最少原则,所用车费最少原则,又分别应选择那条路径?

[实训任务 9-2] 路径比选分析

根据图9-4地铁1号线、2号线和5号线的部分线路图,如果乘客出行的起讫点为2号线的"长椿街"和5号线的"和平里北街",那么乘客根据自身需求和地铁线路的实际情况大致会选择以下三条路径:

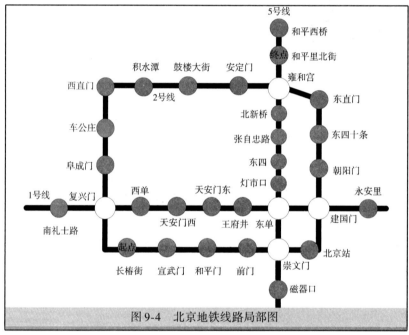

图9-4 北京地铁线路局部图

路径1:长椿街—崇文门—建国门—雍和宫—和平里北街

路径2:长椿街—复兴门—西直门—雍和宫—和平里北街

路径3:长椿街—崇文门—东单—雍和宫—和平里北街

请思考以下问题:

① 选择哪条路径的乘客较多?

② 哪条路径的票务清分最多?

③ 哪条路径的票务清分最少?

根据长期的数据分析、现场调查,对每条路径的加权因子及每条路径被乘客选用的概率进行验证与修正,逐步逼近,由此计算出比较符合实际的清分比例。表9-2已根据加权因子给出三条路径中路径1和路径2的配流比例,以及在三种路径中,每条线路所占的运营历程的比例。

各线路配流表   表9-2

路径	换乘次数	出行站数	配流比例(%)	运营企业承担的运距比例(%)		
				1号线	2号线	5号线
1			9.68			8.4
2			80.64		90	
3					41.7	

根据表9-2所示线路图,能够清楚地计算出每条路径所经过的出行车站数量,根据表9-3已给出的数据能够计算出表格中其他空缺位置的数值。

各线路结果配流表   表9-3

路径	换乘次数	出行站数	配流比例(%)	运营企业承担的运距比例(%)		
				1号线	2号线	5号线
1	1	12	9.68	0	91.6	8.4
2	1	10	80.64	0	90	10
3	1	12	9.68	0	41.7	58.3

分别计算路径所占的配流比例与路径中每条线路所占运距比例的乘积得出每条路径中每条线路所占的权重,然后把三条路径中的每条线路的权重加总及得出三条线路在三种路径中的清分比例。

路径一:2号线权重为 9.68%×91.6%=8.8669%,5号线权重为 9.68%×8.4%=0.8131%
路径二:2号线权重为 80.64%×90%=72.576%,5号线权重为 80.64%×10%=8.064%
路径三:2号线权重为 9.68%×41.7%=4.0366%,5号线权重为 9.68%×58.3%=5.6434%
综上所述得出:2号线权重值为 8.8669%+72.576%+4.0366%=85.4795%
    5号线权重值为 0.8131%+8.064%+5.6434%=14.5205%

各线路的清分比例见表9-4。

各线路清分比例   表9-4

运营企业	清分比例(%)	运营企业	清分比例(%)
1号线	0	5号线	14.52
2号线	85.48		

复习与思考

1. 简述影响城市轨道交通运费清分的因素。
2. 简述票款清分对象与清分的收益方。
3. 简述七种清分方案的清分方法。

附录 1　AFC 常用缩略语英汉对照表

缩写	英文解释	中文解释
ACC	AFC Clearing Center	城市轨道交通 AFC 清算管理中心
AE	Assistant Equipment	辅助设备
AFC	Automatic Fare Collection	自动售检票系统
AG	Automatic Gate	自动检票机（闸机）
BOM	Booking Office Machine	半自动售票机
CAD	Card Acceptance Device	卡读写设备
DCU	Door Control Unit	闸门控制单元
ECU	Equipment Control Unit	主控制单元
E/S	Encoder / Sorter	编码分拣机
GUI	Graphical User Interface	图形用户界面
ID	IDentification	身份
ISAM	Issuing SAM	发行 SAM 卡
LC	Line Center	线路中央计算机系统
MTP	Maintenance Panel	维修面板
OCT	One Card Through	一卡通
PIS	Passenger Information System	乘客信息系统
PTCM	Portable Ticket Check Machine	便携式检票机
SAM	Security Access Module	安全存取模块
SC	Station Computer	车站计算机系统
SVT	Stored Value Ticket	储值票
TC	Training Center	培训中心计算机系统
TCM	Ticket Check Machine	自动查询机
TCU	Ticket Capture Unit	车票回收模块
TIU	Ticket Issue Unit	车票发售模块
TMS	Ticket Management System	票务管理系统
TVM	Ticket Vending Machine	自动售票机
UPS	Uninterrupted Power Source	不间断电源

附录 2 《城市轨道交通票务管理(第2版)》课程标准

一 前言

1 课程的性质

本课程是高职高专城市轨道交通运营管理专业的核心课程。本门课程的目标是:培养学生在城市轨道交通车站的各个岗位上,从事票务作业、票务管理岗位的职业能力,达到本专业学生获得车站值班员、车站自动化综合控制员中级职业资格证书考证基本要求。

本课程以《计算机应用基础》、《管理运筹学》、《城市轨道交通车站设备》等课程学习为基础。

2 设计思路

本课程的总体设计思路是:首先明确城市轨道交通车站票务作业与管理工作过程的系统化和关于在工作任务中学习任务,培养学生职业岗位的职业能力的基本要求,在这样的理念和思路下对本门课程进行了系统化的课程设计。

由于本课程是城市轨道交通运营管理三年级的职业能力必修课,是培养城市轨道交通站务员的核心职业课程,因此,课程整体设计前应当对城市轨道交通车站站务类岗位(站务员、自动化综合控制员和值班站长)的职业能力、岗位职责、岗位典型工作任务进行分析,这样才能有效把握课程整体设计准确的方向。本门课程从06年开始至今,通过和多家地铁公司的校企合作,利用企业调研,下站实习和与一线技能专家的研讨会等多种形式,积累了丰富的经验和对企业运营类岗位职业要求。通过实训室建设和下站实习,丰富了教师的车站设备实操能力,并能够应用于教学当中,培养学生的职业岗位技能和职业能力。

在课程内容设计上,邀请行业企业专家对城市轨道交通运营管理专业的专业背景、专业所涵盖的岗位群进行工作任务和职业能力分析,以及支撑专业核心能力的课程分析,并以此为依据确定本课程的工作任务和课程内容。

在课程教学方法和教学手段设计上,以具体工作任务组织教学,并让学生在完成具体任务的过程中学会完成相应工作任务,根据高职学生的认知规律和知识基础,实施情景化教学、理实一体化教学,利用运营管理实训基地,使学生做到"学中做,做中学",并以此锻炼学生自主探索、合作学习的能力。

在教学效果考核上,采取过程评价与结果评价相结合的方式,重点考核学生必备的专业知识和职业能力。

二 课程目标

1 总体目标

通过本课程的学习,学生应掌握城市轨道交通自动售检票系统、票卡和设备结构等相关知识,能够应用自动售检票系统设备(如自动检票机、自动售票机、半自动售票机 AFC 监控设备,AFC 辅助设备)完成票务作业和票务管理工作,具备在特殊条件下(如大客流、列车故障、区间或站内火灾等)完成应急票务处理和能力。

2 能力目标

(1)通过完成具体车站工作任务,学生能根据自动售检票 AFC 系统要求,运用自动售检票系统设备,完成地铁车站票务设备开启并做好检查工作。

(2)通过完成具体车站工作任务,学生能根据正常客流情况下,根据票务作业和票务管理流程,运用 AFC 自动售检票设备,完成使用半自动售票机和自动售票机售票作业,监护自动检票机检票作业,辅助乘客完成购票、进站、出站和票卡异常作业,填写各种票务报表作业。

(3)通过完成具体车站工作任务,学生能根据在客流高峰(如早晚客流高峰或节假日客流高峰)或特大客流的特殊票务作业规定,对 AFC 自动售检票设备进行降级作业模式转换,完成对客流的引导,确保乘客安全。

(4)通过完成具体车站工作任务,学生能根据车站正常运营作业自动售检票设备的要求,对设备进行检查和维护,适当开启和关闭部分自动检票机,完成正常情况下对客流的引导工作,为乘客提供良好的运营服务。

(5)通过完成具体车站工作的任务,学生能够根据地铁票务间歇/换班的规定,进行票卡、票款和发票等结转作业,闭站后的清票、票务盘点等工作。

3 知识目标

(1)知道 AFC 自动售检票系统的功能、结构、设备种类和布局。

(2)知道票卡媒介的作用原理,AFC 系统的票卡种类及其功能。

(3)了解自动售检票系统的清分系统和清分规则。

(4)掌握自动检票机、自动售票机、半自动售票机的功能、结构和基本操作。

(5)掌握自动售检票设备的基本故障处理。

(6)理解地铁车站各岗位票务管理工作内容。

(7)掌握地铁车站票据与台账,AFC 现金及票务备品的管理。

（8）掌握正常和特殊条件下的售检票作业、退票作业、钱箱更换及现金清点和票款收缴作业流程。

4 素质目标

（1）具有安全、准确、高效的城市轨道交通服务意识。
（2）在票务作业过程中养成严谨、认真、细致的职业习惯。
（3）具有良好的职业道德，能够给乘客提供优质的服务。
（4）能够耐心细致地解决乘客疑问。

三 课程内容和要求

根据专业课程目标和涵盖的工作任务要求，确定课程内容和要求，说明学生应获得的知识、技能与态度。

根据以上课程的设计思路和课程目标，现将课程教学设计的项目、学习情境以及对应的课时数，列表如下。

序号	工作任务	知识要求	技能要求	参考学时
1	描绘城市轨道交通票务系统概貌	1. 了解城市轨道交通票务发展现状； 2. 了解城市轨道交通票务系统的业务管理与实施	能根据某地铁站AFC设备运用情况，描绘AFC系统发展的情况，国内外票务管理情况	2
2	描绘你所在城市AFC系统架构	1. 掌握自动售检票系统的架构层次； 2. 理解自动售检票系统各层次主要功能； 3. 掌握自动售检票系统设备配置与布局的考虑因素； 4. 掌握自动售检票系统设备配置的原则	1. 理解AFC自动售检票系统的架构层次。 2. 各层次的主要功能其所起到的作用	8
3	运用不同类型的票卡媒介	1. 理解售检票方式及票卡的识别方式，掌握票卡的分类； 2. 掌握纸票、磁卡、智能卡的构成、分类及特点； 3. 掌握AFC系统中各类型票卡的定义及适用范围； 4. 了解我国主要城市一卡通的应用情况及一卡通使用的一般要求	1. 能熟练掌握纸质车票使用的环境和情况； 2. 能准确描述AFC系统中各种不同类型卡的使用规则； 3. 知道一卡通使用的一般要求	4

续上表

序号	工作任务	知 识 要 求	技 能 要 求	参考学时
4	AFC系统各设备上电/断电和各模块检测	1. 掌握自动售检票系统的概念； 2. 理解自动售检票系统应用技术组成； 3. 掌握自动检票机、自动售票机、半自动售票机、自动查询机的结构组成及其结构功能原理	1. 能掌握AFC系统的设备名称及其用途； 2. 能准确描述售票类设备的结构、作用原理和技术参数； 3. 能准确描述检票类设备的结构、作用原理和技术参数； 4. 能准确描述便携式设备和系统辅助设备的结构、作用原理和技术参数	12
5	AFC设备日常巡视与维检修	1. 了解AFC线路中心LC的结构与功能和日常巡检的内容； 2. 理解AFC车站中心SC的结构与功能和日常巡检的内容，熟悉并掌握其日常维检修的操作方法； 3. 掌握AFC售票类设备常见故障，检查方法和维检修的程序，检查标准； 4. 掌握AFC检票类设备常见故障，检查方法和维检修的程序，检查标准	1. 能准确描述AFC线路中心LC的结构与功能和日常巡检的内容； 2. 能准确描述AFC车站中心SC的结构与功能和日常巡检的内容，熟悉并掌握其日常维检修的操作方法； 3. 当车站AFC售票类设备出现故障时，能运用正确检查方法和维检修的程序； 4. 当车站AFC检票类设备出现故障时，能运用正确检查方法和维检修的程序	10
6	某车站三个班组间票款、票卡配发与核对	1. 了解票据及台账的种类，掌握票据及台账管理的基本内容及流程； 2. 掌握AFC现金日常管理及交接管理的各种方法、流程及注意事项； 3. 掌握备用金管理的办法，能够正确处理票务工作过程中遇到的假钞； 4. 掌握福利票的类型及换发流程； 5. 了解车站票务备品的种类及其简单的使用方法	1. 能掌握票据及台账管理的基本内容及流程； 2. 能掌握AFC现金日常管理及交接管理的各种方法、流程及注意事项； 3. 能识别票务工作过程中遇到的假钞； 4. 能掌握福利票的类型及换发流程； 5. 会使用车站票务备品	8
7	非客流高峰售票、检票、设备钱箱票箱清点和交接班作业	1. 掌握售检票作业内容及作业程序； 2. 掌握退票规章及作业程序； 3. 掌握钱箱更换及钱箱内现金清点作业； 4. 掌握票款收缴作业	1. 能完成与前一班次进行当面交接工作；票务收益室票务备品及票务钥匙情况；台账填写情况；根据交接班本检查票款、备用金及库存车票情况； 2. 能完成在票务处利用BOM机完成对乘客的窗口售票作业，对特殊乘客的福利票发售作业；相关报表的记录作业； 3. 能利用BOM机完成单程票退票，储值票退款和无效票退款作业； 4. 能正确操作TVM机和BOM机，按规定将机器内的钱箱卸下并装入指定保管容器内并更换空钱箱打印单据并填写表单	10

续上表

序号	工作任务	知识要求	技能要求	参考学时
8	体育场足球赛后,某地铁站大客流条件下,AFC设备降级运营模式处理	1. 掌握售票类设备故障时的票务处理方法; 2. 掌握检票类设备故障时的票务处理方法; 3. 掌握降级运营模式下的票务应急处理方法	1. 能熟练掌握AFC系统的降级模式,分别在何种情况下应用;熟练操作AFC系统的车站控制设备调整相应设备的降级模式; 2. 能熟练掌握AFC系统大面积TVM机故障的表现形式和故障处理流程图; 3. 能熟练掌握AFC系统部分或全部BOM机故障的表现形式和故障处理流程图; 4. 能掌握在大客流条件下,AFC系统全部售票类设备超饱和的判定条件和表现形式,以及在该种情况下的处理流程图; 5. 能掌握车站运营期间部分或全部自动检票机AG故障的表现形式;能应用在该种情况下的处理流程方案	8
9	某地铁线路票务清分结算	1. 掌握票款清分结算的概念及其规则; 2. 明确票款清分对象与清分的收益方; 3. 掌握七种清分方案的清分方法; 4. 理解国内外主要城市轨道交通清分方案的具体清分方法	1. 会使用不同的清分方案的清分方法; 2. 能使用国内外主要城市清分方案的具体清分方法	8
	合　　计			72

四 实施建议

1 教学条件

（1）软硬件条件。运输调度教学做一体化室:配备有电脑网络多媒体教学系统、运输调度设备。

（2）师资条件。组成一支职称结构、学历结构、年龄结构、专兼比例合理的课程教学"双师"结构师资队伍。主讲教师具有硕士以上学历和中级以上职称,能综合实施项目教学法、任务驱动法、引导文法等各种行动导向教学法,能较好掌握计算机技术、网络技术等新知识、新技能,并具有相关职业资格技能证书,动手能力强;辅助教师应具有较强的职业技能,具有较丰富的企业一线工作经验。

② 教学方法

贯彻"以学生为中心"的教学理念,实施行动导向教学方法,学生以小组形式,在教师的引导下通过项目的完成,达到专业知识学习和专业技能训练的目的。创造学习环境,创设有利于学生对知识构建的教学情境,在教学情境下使学生能够独立思考、共同探索、协作完成,使老师从知识传授者的角色转为学生学习过程的组织者、咨询者和指导者,使教学过程向学生自觉学习过程转化。每项工作任务完成后,各小组应提交一份成果报告。

③ 教学评价

(1)改革传统的学生评价手段和方法,采用过程性评价与目标评价相结合,项目评价,理论与实践一体化评价模式。

(2)关注评价的多元性,结合课堂提问、学生作业、平时测验、项目考核、技能目标考核作为平时成绩,占总成绩的50%,理论考试和实际操作作为期末成绩,其中理论考试占30%,实际操作考试占70%,占总成绩的50%。

(3)应注重学生动手能力和实践中分析问题、解决问题能力的考核,对在学习和应用上有创新的学生应予特别鼓励,全面综合评价学生能力。

五 参考教材

于涛.城市轨道交通票务管理,2版[M].北京:人民交通出版社,2011.

参考文献

[1] 中国土木工程学会标准.城市轨道交通运营管理指南(CCES 01 - 2010)[S].北京:中国建筑工业出版社,2010.

[2] 中国城市轨道交通年度报告课题组.中国城市轨道交通年度报告[M].北京:中国铁道出版社,2010.

[3] 魏晓东.城市轨道交通自动化系统与技术,2版.[M].北京:电子工业出版社,2011.

[4] 上海申通地铁集团有限公司轨道交通培训中心.城市轨道交通概论[M].北京:中国铁道出版社,2009.

[5] 毛保华,四兵锋,刘智丽.城市轨道交通网络管理及收入分配理论与方[M].北京:科学出版社,2007.

[6] 人力资源和社会保障部教材办公室,广州市地下铁道总公司组织.城市轨道交通岗位技能培训教材站务人员[M].北京:中国劳动和社会保障出版社,2009.

[7] 周顺华.城市轨道交通设备系统[M].北京:人民交通出版社,2009.

[8] 刘莉娜,于涛,高蓉.城市轨道交通客运组织[M].北京:人民交通出版社,2010.

[9] 赵时旻.轨道交通自动售检票系统[M].上海:同济大学出版社,2007.

[10] 杨甲,罗钦,徐瑞华.城市轨道交通网络清分方法研究[J].城市轨道交通研究.2009.12(5).

[11] 金懋.基于规制理论的城市轨道交通票款清分研究[J].铁道运输与经济.2009.5.

[12] 赵峰,张星臣,刘智丽.城市轨道交通系统运费清分方法研究[J].交通运输系统工程与信息,200.7(6):85-90.

[13] 张彦,史天运,李仕达,李超.AFC技术及铁路自动售检票系统研究[J].中国铁路.2009.3.

[14] 陆春江.城市轨道交通网络"一票通"换乘的票款分配比例模型[J].现代城市轨道交通.2004.5.

[15] 高朝辉,张宁,夏德传,郭靓.轨道交通清结算系统的分析与设计[J].交通运输工程与信息学报.2008.6.

[16] 陈鹏辉.城市轨道交通自动售检票系统的现状与发展趋势[J].城市轨道交通研究.2009.5.

[17] 邓先平,陈凤敏.我国城市轨道交通AFC系统的现状及发展[J].都市快轨交通,2005,6(3):18.

[18] 裴瑞江.城市轨道交通客运组织[M].北京:机械工业出版社,2009.